Paul Steegemann Verlag
Sammlung Marzona
Sprengel Museum Hannover

Jochen Meyer

Paul Steegemann Verlag

1919 – 1935 | 1949 – 1955

Sammlung Marzona

Sprengel Museum Hannover

Paul Steegemann Verlag
1919–1935|1949–1955
Sammlung Marzona
Sprengel Museum Hannover
3. X. 1994 – 15. I. 1995

Ausstellung
Ulrich Krempel

Sekretariat
Elke Püschl
Presse- und
Öffentlichkeitsarbeit
Birgit Grüßer
Konservatorische Betreuung
Ria Heine
Martina Mogge-Auerswald
Verwaltung
Carola Hagenah

Gefördert von der Abteilung
Kultur des Ministeriums
für Wissenschaft und Kultur
des Landes Niedersachsen.

Soweit nichts anderes
angegeben, sind die Reproduktionen nach Vorlagen
aus der Sammlung Marzona,
Bielefeld, gemacht.

Katalog
Ulrich Krempel
Egidio Marzona
Jochen Meyer

Umschlag
Paul Steegemann, Hannover,
um 1920,
Paul Steegemann im
Romanischen Café, Berlin,
um 1930, nach Fotografien
im Nachlaß Paul Steegemann
im Deutschen Literaturarchiv
(DLA) Marbach am Neckar
Frontispiz
Paul Steegemann, 1954,
Foto Bildstelle Telegraf
Walter, Berlin-Grunewald
(DLA Marbach)
Beilage
Werbeplakat des
Paul Steegemann-Verlages,
1920. Privatbesitz.
© VG Bildkunst, Bonn, und
DuMont Buchverlag, Köln.
Vgl. S. 58 f.
Reproduktionen
Michael Herling
Bernd Hoffmann
Gestaltung
Gerd Fleischmann
Gesamtherstellung
Dr. Cantz'sche Druckerei
Ostfildern

© 1994
Landeshauptstadt Hannover
Der Oberstadtdirektor
Sprengel Museum Hannover
und Autoren

Die Deutsche Bibliothek –
CIP-Einheitsaufnahme
Paul-Steegemann-Verlag
1919–1935, 1949–1955:
Sammlung Marzona ; [Sprengel
Museum Hannover, 3.X.1994 –
15.1.1994] / Sprengel Museum
Hannover. Jochen Meyer.
[Katalog Ulrich Krempel ;
Egidio Marzona ; Jochen
Meyer]. – Hannover : Sprengel
Museum, 1994
ISBN 3-89169-082-7
NE: Meyer, Jochen; Krempel,
Ulrich; Marzona, Egidio;
Sprengel-Museum <Hannover>

Buchhandelsausgabe
Verlag Gerd Hatje
Stuttgart
ISBN 3-7757-0528-7

Printed in Germany

Inhalt

Zuvor

Für gewöhnlich sind eigentlich für ein Museum 100. Geburtstage und ähnliche Festivitäten allein kein zureichender Anlaß, an ein Lebenswerk zu erinnern: sollte bei Ausstellungen doch immer zunächst die Idee der künstlerischen Qualität und besonderen Aktualität auch völlig unabhängig von solchen Jahrestagen im Vordergrund stehen. Wie ist dies aber bei einem weitgehend vergessenen, längst aber wieder als Geheimtip gehandelten Menschen, der nur in der vermittelten Form über sein verlegerisches Werk und gar hier noch entfremdet auf uns kommt? Wie ist das bei einem Verleger, der für die Geschichte der Moderne in dieser Stadt, in Deutschland und darüber hinaus für eine kurze Zeit der Avantgarde eine wichtige Rolle gespielt hat, um dann in einer Bedeutungslosigkeit zu verschwinden, die ihn bis in unsere Tage nicht mehr verlassen sollte? Ist es nicht unsere Verpflichtung, ein solches Werk von Zeit zu Zeit – und da lassen sich Jubiläen dann doch gut nutzen – einmal wieder in das Licht der Öffentlichkeit zu rücken, auf Vergessenes und Übersehenes hinzuweisen und auch die Breite und Bedeutsamkeit der Wirkung einer solchen Person neu zu bedenken?

PAUL STEEGEMANN, der Verleger und Bohémien, der Initiator wichtiger Publikationen, der Verleger von KURT SCHWITTERS, MYNONA, HANS REIMANN, KURT HILLER und WALTER SERNER, weist in seinen Veröffentlichungen keine gradlinige Strategie auf. Nach der Unterstützung der jungen avantgardistischen Positionen von der Wende der 10er zu den 20er Jahren tauchen in seinem Verlagsprogramm viele ›Brotbücher‹ auf: solche Dinge, die in Leserkreisen, denen an Erotika und literarischen Kuriosa gelegen war, an bibliophilen Kostbarkeiten gar, Interesse finden sollten. Später suchte STEEGEMANN ein größeres Leserreservoir, verlegte Kriminalromane und sah sich gegen Ende der Weimarer Zeit der wachsenden nationalen Bewegung gegenüber so sehr gebannt, daß er eine eigene Reihe veröffentlichte: *Die Erhebung*, eine Schriftenreihe, in der von ihm die parteioffiziellen nationalsozialistischen Autoren publiziert wurden. Hier wird der opportunistische und abenteuerliche Aspekt der Figur STEEGEMANNS zur tragikomischen, aufs tiefste stürzenden Figur des Scheiterns. Der Verleger STEEGEMANN nämlich, der sich an Verhandlungen vor Gerichten um Copyrights, Erregung des öffentlichen Ärgernis u. a. gewöhnt hatte, wurde hier einer, der gegen die eigenen Prinzipien handelte: der sich auf abenteuerliche Weise andiente, und dessen Freibeuterei ihm hier das Genick noch einmal brach, das der Versuch einer solchen nationalsozialistischen Schriftenreihe längst vorher gebrochen hatte. Wenige Verleger haben ähnlich anarchisch gewirtschaftet wie STEEGEMANN, nur wenige haben vermutlich auch ökonomisch einen so permanenten Schiffbruch erlitten. Aber wenige andere sind mit ihren sehr heterogenen Produkten so interessant geblieben, so nachhaltig wirksam vor allem wie Steegemann mit seiner Serie der *Silbergäule*, die durchaus programmatischen Charakter für die Aufbruchstimmung in der deutschen Literatur und Kunst der Zeit um die Wende der 10er in die 20er Jahre hat.

Diesem PAUL STEEGEMANN ist diese Ausstellung gewidmet, die auf einigen wesentlichen Quellen basiert: der lange vergriffenen und für diese Edition intensiv überarbeiteten Monographie von JOCHEN MEYER, dem Leiter der Handschriftenabteilung des Deutschen Literaturarchivs in Marbach am Neckar, der eine erste ausführliche Bibliographie und eine Verlagsgeschichte bereits 1975 vorgelegt hat. Die zweite Quelle ist die Sammlung Marzona: von EGIDIO MARZONA über die Jahre zusammengetragen,

Carla und Paul Steegemann in Hannover, um 1925
(DLA Marbach)

basiert diese Ausstellung so auf einer fast kompletten Übersicht über die Publikationen des Verlegers STEEGEMANN. Ihnen gesellen sich zu die ausgewählten Briefe und anderen Materialien aus dem Nachlaß STEEGEMANNS, der im Literaturarchiv in Marbach verwahrt wird. Und schließlich ist zu nennen das, was aus den Sammlungen der Stadtbibliothek Hannover und dem Sprengel Museum Hannover, sowie von privaten Leihgebern hinzugekommen ist.

Aus vielen Richtungen ist die Unterstützung für dieses Projekt gekommen: der Abteilung Kultur des Ministeriums für Wissenschaft und Kultur des Landes Niedersachsen, und hier ganz speziell Frau BARBARA KISSELER, ist für die Bereitschaft zur Unterstützung des Projektes zu danken. EGIDIO MARZONA, dessen Initiative sich aus vielen Gründen auf den 3. Oktober, den 100. Geburtstag STEEGEMANNS, gerichtet hat, ist für seine Anregung, die Bereitstellung seiner Sammlung und seine unkomplizierte Mitgestaltung des Projektes zu danken. Und den vielen Freunden am Ort, im Verlag und anderswo sei gesagt, daß sich auch das Sprengel Museum Hannover glücklich schätzt, zum 100. Geburtstag von STEEGEMANN eine Neuausgabe dieser ausführlichen Verlagsgeschichte und Bibliographie vorlegen zu dürfen. Es sei noch angefügt, daß die weitere Beschäftigung mit STEEGEMANN – im Zusammenhang mit vielleicht noch neu zu findenden Aspekten seiner Tätigkeit, neuen Quellen usw. – durch diese Ausstellung und diese Publikation einen neuen Anschub erfahren möge. Das wäre ganz im Sinne all derer, die sich hier kurzfristig zu diesem Unternehmen zusammengefunden haben.

ULRICH KREMPEL

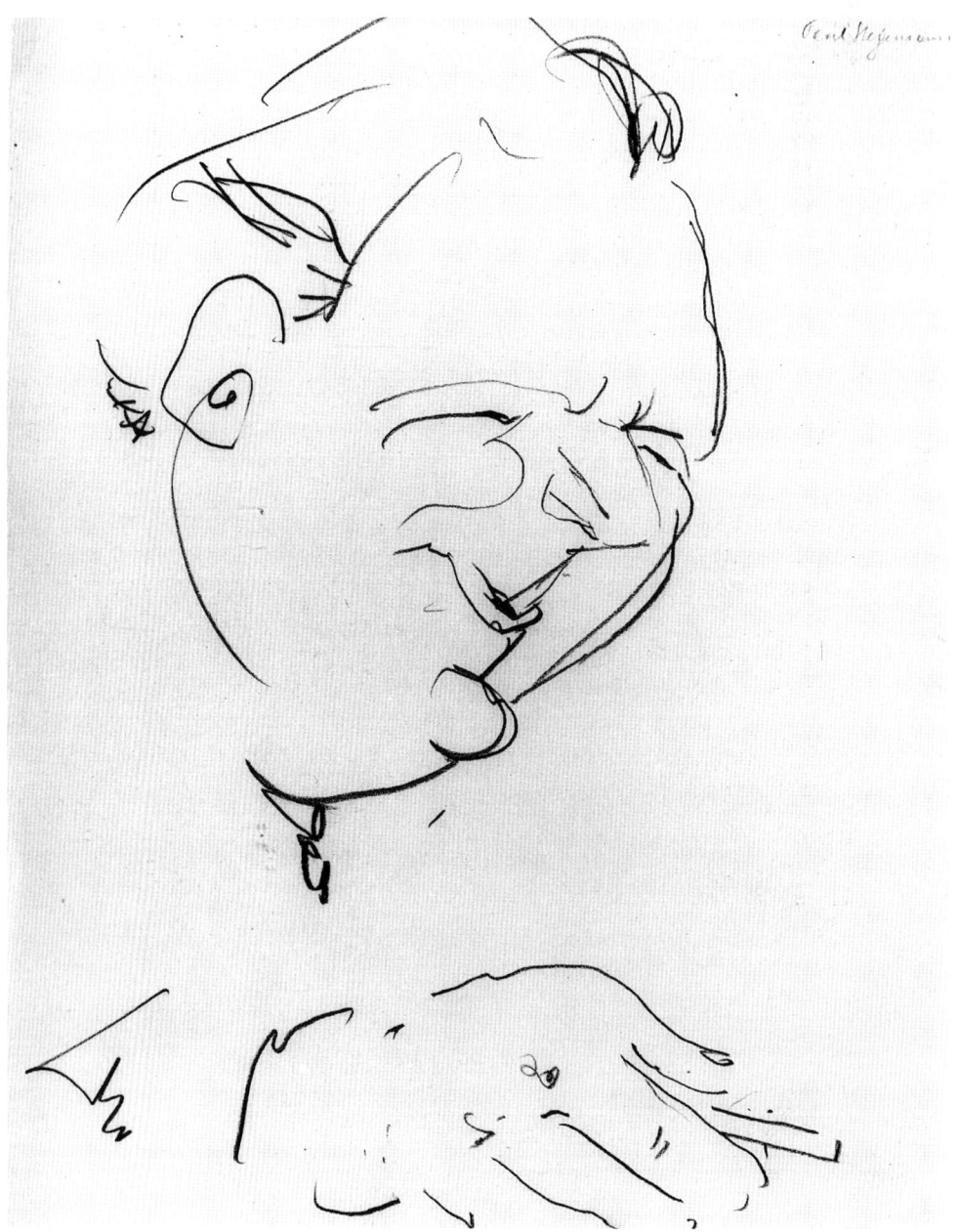

Paul Steegemann, um 1930, Bleistiftzeichnung
von Benedikt F. Dolbin (DLA Marbach)

Gruß des Sammlers

Der Termin stand lange fest: der 3. Oktober 1994, der 100. Geburtstag PAUL STEEGEMANNS. Es ist trotz aller Bemühungen nicht gelungen, alle Publikationen des Paul Steegemann Verlages zusammenzutragen. Jahrelange Recherchen, Antiquariatstouren durch halb Europa, Suchlistenversand erreichten nicht, alle Bücher in eine Hand zu bekommen.

Angefangen hat dieses Abenteuer für mich vor ca. 25 Jahren, als ich die berühmte *Anna Blume* in der Grabbelkiste eines Münchner Antiquars fand. Neugierig geworden und angeregt durch das ausführliche Verlagsprogramm, welches in der Broschüre abgedruckt war, begann ich zunächst, nach den Titeln der Dadaisten zu fahnden. Schnell fand ich ARPS *Wolkenpumpe,* WALTER SERNERS *Letzte Lockerung* und HUELSENBECKS *En avant Dada.* Im Laufe einiger Jahre hatte ich dann die Serie der *Silbergäule* fast komplett. Es stellte sich auch heraus, daß etliche der von STEEGEMANN angekündigten Bücher nie erschienen waren.

Die Suche wurde erheblich einfacher mit der Bibliographie des Paul Steegemann Verlages von JOCHEN MEYER. Endlich hatte ich eine Orientierung über Ausmaß und Umfang des Verlagsprogramms. Immer mehr packte mich der Ehrgeiz, den Paul Steegemann Verlag auf Vollständigkeit zu sammeln. Eine Sternstunde war dann, die von MARCO PINKUS zusammengetragene Sammlung von 120 Titeln zu übernehmen. Die vielen Doubletten, die diese Sammlung enthielt, benutzte ich zum Tausch mit anderen Sammlern.

Für mich eröffnete sich ein hochinteressantes Zeitbild, das mich fesselte, aber auch bestürzt hat.

Daneben die faszinierende Figur des PAUL STEEGEMANN, über dessen Licht- und Schattenseiten ich mehr in Erfahrung bringen wollte.

Nun freue ich mich, daß das gesamte Material der Öffentlichkeit in einer Ausstellung zugänglich gemacht wird.

Für ihre Unterstützung bedanke ich mich bei Frau CHRISTIANE DOUKAS, der Tochter PAUL STEEGEMANNS, Herrn JOCHEN MEYER, Herrn MARCO PINKUS und den beiden ›Jockies‹ der Silbergäule aus Hannover.

EGIDIO MARZONA
Bielefeld / Verzegnis,
im September 1994

Schutzumschlag von Christian Schad, 1927,
aufgeklebter Andruck, darunter Andruck noch
ohne rot, vgl. Nr. 129 (DLA Marbach)

»Moment mal. Ich weiß, daß ich (mit einem halben Dutzend Kollegen) seit schier dreißig Jahren in jeder besseren Literaturgeschichte stehe – und die anderen Herren im Branchen-Adreßbuch.«[1] Mit dieser selbstbewußten Aussage begleitet der Verleger PAUL STEEGEMANN im Jahre 1950 einige Titel seines Nachkriegsprogramms, das nun freilich der Vehemenz und Bedeutung seiner verlegerischen Anfänge um das Jahr 1920 in gar keiner Weise gleichkommt. Was den Ruhm dieses Verlegers ausmacht und was ihm in der Tat einen Platz in der deutschen Literatur-, Kunst- und Verlagsgeschichte der ersten Hälfte des zwanzigsten Jahrhunderts sichert, das sind die spätexpressionistisch-dadaistischen *Silbergäule* aus den Jahren 1919 bis 1922, damals die wichtigste deutsche Buchreihe zeitgenössischer Literatur und Kunst nach dem *Jüngsten Tag* aus dem Kurt Wolff Verlag, das sind ferner einige Titel aus seinem Verlagsprogramm in den zwanziger Jahren.

Ein Vorläufer der hier unternommenen Darstellung von Geschichte, Programm und Bibliographie des Paul Steegemann Verlages ist der verdienstvolle Katalog zu einer Ausstellung, die der Kunstverein Hannover 1962 unter dem Titel *Die Zwanziger Jahre in Hannover* veranstaltet hat. HENNING RISCHBIETER war für die Vorbereitung der Ausstellung und die Redaktion des Kataloges verantwortlich. Sein Katalogbeitrag ›Literatur zwischen Expressionismus und Dadaismus‹ (S. 83–96) gibt einen ersten Überblick über das verwickelte und erstaunlich reichhaltige literarische Leben in Hannover um 1920. Der umfangreichste Abschnitt dieses Beitrags gilt dem Paul Steegemann Verlag (S. 90–95). RISCHBIETER gibt eine Charakteristik der hannoverschen Jahre des Verlages von 1919 bis 1927 und liefert im übrigen eine knapp kommentierte Bibliographie der *Silbergäule* und einiger ihm besonders wichtig erscheinender Titel aus der übrigen Verlagsproduktion. Nicht überholt bleibt diese erste Annäherung auch künftig für jede Beschäftigung mit dem Gegenstand des vorliegenden Ausstellungsbuches dadurch, daß sie den historischen, politischen und literarisch-künstlerischen Kontext zeigt, in den die Anfangsjahre des Paul Steegemann Verlages eingebettet sind.

PAUL RAABES Repertorium *Die Zeitschriften und Sammlungen des literarischen Expressionismus*[2] enthält ebenfalls eine Bibliographie der *Silbergäule* mit einer knappen Charakteristik der Reihe. Im übrigen fördert dieses Nachschlagewerk vergleichende Seitenblicke auf ähnlich gerichtete zeitgenössische Unternehmungen in Hannover oder außerhalb.

Als »typischen spätexpressionistischen Provinz-Verlag« präsentiert GÜNTHER ERKEN den Paul Steegemann Verlag in seinem Aufsatz ›Der Expressionismus – Anreger, Herausgeber, Verleger‹[3]. ERKENS kurze Analyse des Verlagsprogramms führt über den Beitrag RISCHBIETERS nicht hinaus.

Ich selbst habe den folgenden Weg beschritten. Da es kein Verlagsarchiv im eigentlichen Sinne gibt (die Überlieferung im Nachlaß PAUL STEEGEMANNS, der sich seit 1979 im Deutschen Literaturarchiv befindet, fehlt für die entscheidenden Jahre um 1920 ganz, für das folgende Jahrzehnt bis 1933 und die Geschicke von Verleger und Verlag in der HITLER-Zeit fast ganz), diente als Ausgangspunkt eine womöglich vollständige Bibliographie der Verlagsproduktion. Ich habe dabei für alle Titel, alle Neuauflagen und für die Originalausgaben derjenigen Werke, die zunächst in anderen Verlagen erschienen sind, Autopsie angestrebt. Eine ideale Möglichkeit zur Überprüfung und Vervollständigung der gesammelten Daten bot schließlich die PAUL STEEGEMANN-

Sammlung von Egidio Marzona, Bielefeld. Auf diese Weise ließ sich zum Beispiel Gewißheit auch über den Anteil von Titelauflagen ›fremder‹ Ausgaben am Programm des Paul Steegemann Verlages gewinnen. Als Ergänzung der eigentlichen Bibliographie der Verlagsproduktion ergab sich ein überraschend langes Verzeichnis von Titeln, die Paul Steegemann geplant und angekündigt hat, die aber entweder niemals oder nicht in seinem Verlag erschienen sind. – Da Steegemann die Bücher seines Verlages in der Regel mit ausführlichen Annoncenanhängen versehen hat, die der Präsentation seines Verlagsprogramms dienten, da er ferner diese Anhänge mit redaktionellen Anmerkungen und Kommentaren zu garnieren liebte und in späterer Zeit – nach 1945 – dazu neigte, in Vor- und Nachworten Rechenschaft über seine Verlegertätigkeit abzulegen, diente die bibliographische Vorarbeit zugleich der Feststellung wichtiger Quellentexte zur Verlagsgeschichte. Die Durchsicht von Zeitungen und Zeitschriften vermehrte das Ausgangsmaterial beträchtlich. Als ergiebig erwiesen sich dabei insbesondere die folgenden Titel: *Der Zweemann, Die Pille* und Hans von Webers *Zwiebelfisch* für die Anfangsjahre des Verlages; *Das Stachelschwein* von Hans Reimann für die Mitte der zwanziger Jahre; *Die Weltbühne* und das *Börsenblatt für den Deutschen Buchhandel* für den ganzen Zeitraum von 1919 bis 1933 (im Falle des *Börsenblatts* noch über dieses Jahr hinaus); Will Vespers *Die Neue Literatur* für die Jahre 1933 und 1934. Weitere Ergänzungen lieferte eine Reihe von Erinnerungen und Autobiographien der Zeitgenossen Paul Steegemanns. – Auf der Basis des gesammelten Materials habe ich mich mit den überlebenden Autoren und Künstlern aus der Frühzeit des Verlages, mit Nachkommen und Erben von Autoren, mit einer Tochter Steegemanns und mit einigen Zeugen seiner späteren Berliner Jahre in Verbindung gesetzt und sie um Auskünfte und Quellenmaterial gebeten.

Zum Schluß dieser Vorbemerkungen erfülle ich gern die Pflicht, allen, die durch Überlassung von Dokumenten, durch Informationen, Ratschläge und durch die Beschaffung von Material meine Arbeit gefördert haben, herzlich zu danken. Den Schriftstellern und den Malern und Graphikern, die mir in Briefen oder mündlich ihre Erinnerungen an Paul Steegemann, seinen Verlag und seine Autoren mitteilten, gilt mein besonderer Dank; es sind dies: Frank Arnau, Emil Belzner, Bernhard Dörries, Ernst Moritz Engert, Werner Finck, Hans Havemann, Ossip Kalenter, Ernst Sander, Bettina und Christian Schad, Anton Schnack, Fritz Usinger, Heinz Wanders und Franz Johannes Weinrich. Für die Überlassung von Quellenmaterial danke ich Frau Christiane Doukas (Berlin), einer Tochter Paul Steegemanns, Herrn Heinz L. Friedlaender, dem Sohn Mynonas, Herrn Walther G. Oschilewski, Frau Wilma Reimann (Hamburg), der Witwe Hans Reimanns, und Herrn Georg R. Schodder (Aachen), einem Sohn des Steegemann-Mitarbeiters Karl Schodder. Für weitere Auskünfte und Hinweise danke ich insbesondere Herrn Wilhelm F. Arntz, Herrn A. Brauer, dem ehemaligen Leiter des Historischen Archivs im Börsenverein des Deutschen Buchhandels in Frankfurt, Frau Ilse Brauer und Herrn Walther Huder vom Archiv der Berliner Akademie der

1 Paul Steegemann: Piston-Solo eines Verlegers. Zit. nach: Karl Escher: *Hinter dem Hoftheater.* 1950, S. 51.
2 Stuttgart 1964.
3 In: *Handbuch der deutschen Gegenwartsliteratur.* Bd 2. München 1970, S. 335–364 (über den Paul Steegemann Verlag: S. 354 f.).

Künste, der Firma EDLER & KRISCHE (Hannover), Herrn MARTIN GREGOR-DELLIN, der das Klaus Mann-Archiv der Stadt München bearbeitet hat, dem Verleger JOHN JAHR, Herrn HELMUT PAPE, Herrn PAUL RAABE, dem ehemaligen Direktor der Herzog August Bibliothek Wolfenbüttel, Herrn RÜDDIGER, ehemals Börsenverein der Deutschen Buchhändler zu Leipzig, Herrn GÜNTER SCHNICK (Bendestorf), Herrn OSCAR SCHOLZ von der arani Verlags-GmbH in Berlin, Herrn WILHELM SCHWALENBERG (Lahstedt), Herrn Richard Sheppard (Oxford), Frau BRIGITTE VÖLKER von der Stadtbibliothek Hannover, dem Berliner Buchhändler und Antiquar KURT WEGNER und THOMAS MILCH (Heidelberg), dem Entdecker und Editor WALTER SERNERS.

An FRITZ EGGERT, den wunderbaren Menschen und Bücherfreund, denke ich in großer Dankbarkeit; er hat 1975 die erste Ausgabe dieser Monographie verlegt. Dem vorliegenden Katalogbuch hat GERD FLEISCHMANN Gestalt und Gesicht gegeben; ihm sei Dank für Einfallsreichtum, Sorgfalt und Mühe, auch für Nutzen und Vergnügen typographischer Unterhaltungen. Dem neuen Direktor des Sprengel Museums Hannover und dem Verleger gilt mein Dank: ULRICH KREMPEL ist der Anregung des Sammlers spontan gefolgt und hat langfristige Planungen auf das Steegemann-Projekt eingestellt; GERD HATJE hat das opulente Katalogbuch verwirklicht. Schließlich und nicht zuletzt der Sammler: Ich danke EGIDIO MARZONA. Er hat mir den Anlaß und die Grundlage zur Neubearbeitung dieser Verlagsgeschichte und Bibliographie gegeben.

JOCHEN MEYER
Schiller-Nationalmuseum / Deutsches Literaturarchiv
Marbach am Neckar, im August 1994

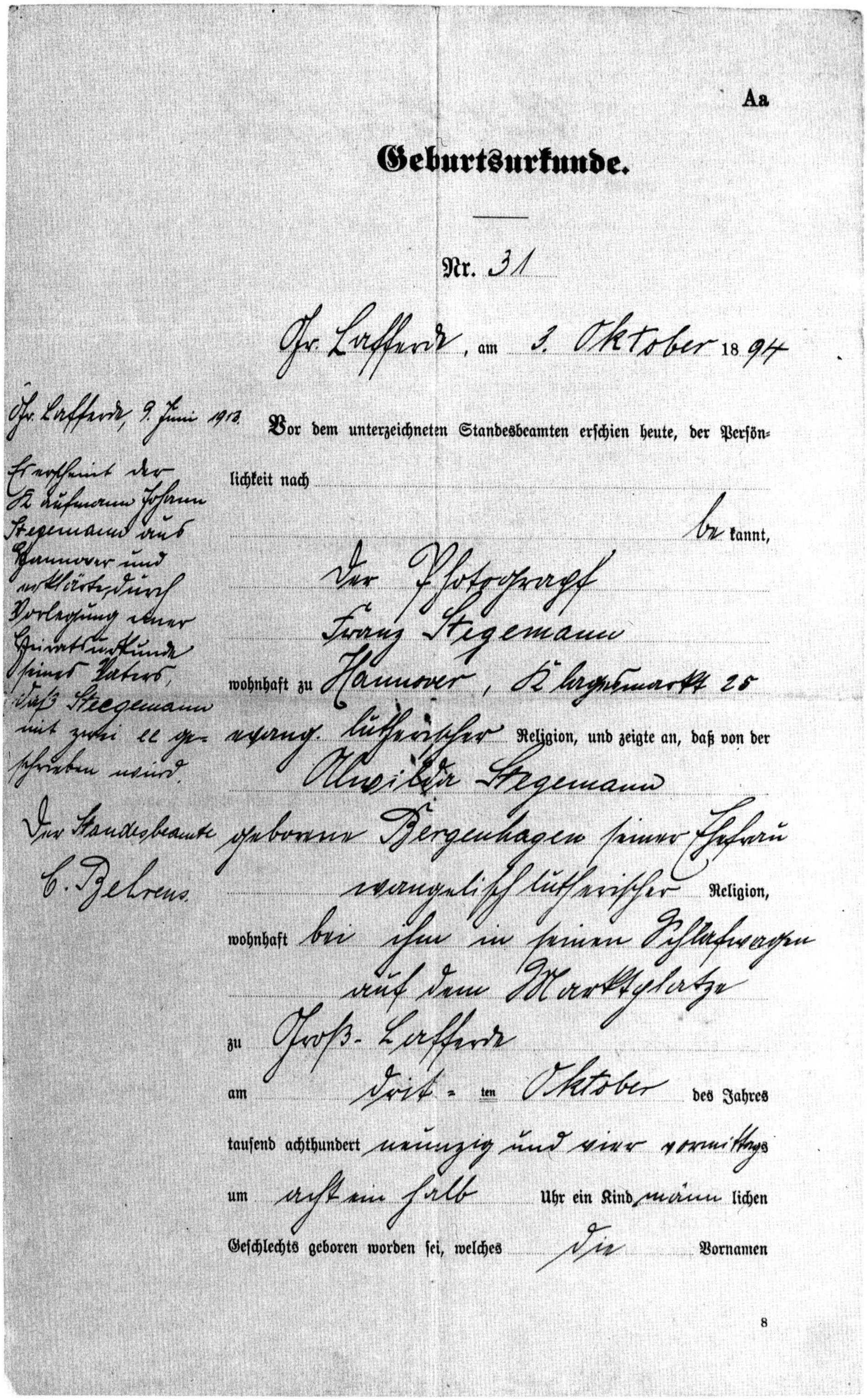

Aa

Geburtsurkunde.

Nr. 31

Gr. Lafferde, am 3. Oktober 1894

Gr. Lafferde, 9. Juni 1913.
Es erscheint der Kaufmann Johann Stegemann aus Hannover und erklärte durch Vorlegung einer Heiratsurkunde seines Vaters, daß Stegemann mit zwei ee geschrieben wird.
Der Standesbeamte
C. Behrens.

Vor dem unterzeichneten Standesbeamten erschien heute, der Persönlichkeit nach bekannt,
der Photograph
Franz Stegemann
wohnhaft zu Hannover, Klagesmarkt 25
evang. lutherischer Religion, und zeigte an, daß von der
Mathilde Stegemann
geborene Bergenhagen seiner Ehefrau
evangelisch lutherischer Religion,
wohnhaft bei ihm in seinem Schlafwagen
auf dem Marktplatze
zu Groß-Lafferde
am dritten Oktober des Jahres
tausend achthundert neunzig und vier vormittags
um acht ein halb Uhr ein Kind männlichen
Geschlechts geboren worden sei, welches die Vornamen

8

Abschrift der Geburtsurkunde, 1919 (DLA Marbach)

›**Kuriose Jugend**‹ Paul Steegemann hat in der *Weltbühne* vom 28. Juni 1927 unter dem Titel ›Kuriose Jugend‹ einen augenzwinkernd-ironischen Bericht von seiner Kindheit und von den Schuljahren bis zum Beginn der Buchhändlerlehre gegeben.[4] Er wurde demnach am 3. Oktober 1894 geboren, im Wohnwagen seiner Eltern »am Anfang des Oktobermarktes in dem gesegneten Nest Groß-Lafferde, zwischen Peine und Braunschweig«. Steegemanns »dänischer Onkel Charles Bergenhagen, der Bruder meiner Mutter«, war hier mit einer »Riesenschaubude« vertreten. »Mein Vater hatte sein Geschäft schräg gegenüber [...]. Es war eine Photographenbude, in der Bilder gleich zum Mitnehmen auf Blech fabriziert wurden. Unsre Verwandtschaft von fahrenden Leuten bildete damals einen kleinen Konzern. Dazu gehörte noch ein Pferdekarussell, ein Panorama, eine Schießbude, eine Luftschaukel, wovon speziell mein Vater Intendant war.« PAUL STEEGEMANN zieht aus der Schilderung seiner Kindheit unter fahrenden Leuten das Resümee: »Fern lag mir das elterliche Heim im verbesserten gotischen Stil; fern die treu hütenden Dienstboten, Onkeln und Tanten; fern die gute Erziehung, mit Schokolade und Lebertran garniert, fern der ganze Komfort humanistischer Schulbildung. Karussellbesitzer, Schwertschlucker und Athleten waren meine Paten; Clowns, Marktweiber und Bürgermeister meine Spielgefährten.«

Diese Erzählung ist durchaus kein dadaistischer Scherz. Die Geburtsurkunde des Verlegers bestätigt, daß PAUL FRIEDRICH JOHANN STEEGEMANN am 3. Oktober 1894 als Sohn des Photographen FRANZ STEEGEMANN aus Hannover und seiner Frau ALWILDA, geborenen BERGENHAGEN, im elterlichen »Schlafwagen auf dem Marktplatze zu Groß-Lafferde« geboren worden ist.[5] Die anekdotischen Details des autobiographischen Rückblicks freilich – etwa die zweimalige Taufe am selben Tag etc. – muß man wohl der Fabulierfreude des Erzählers gutschreiben oder doch jedenfalls jener »lieben Familienlegende«, die – so berichtet PAUL STEEGEMANN in einem Nachwort zum ersten Heft seiner 1924 erschienenen Wochenschrift *Störtebeker* – auch überliefert hat, »daß von Mutterseite her hoch oben aus Norden in den heutigen Steegemännern und Steegekindern Störtebekers Blut umtreibt«[6].

Über das Ende des romantischen Wohnwagenlebens erzählt der Verleger weiter: »Eines Tages machte ihm [dem Vater] der ganze Kram keinen Spaß mehr; die Konkurrenz kam ihm über; Sorgen quälten ihn, seine Bank ging pleite; die Familie zerfiel. Kurzum, er rettete, was noch zu retten war, zog nach Hannover, ließ sich die grauen Haare schwarz färben und ging so als Dreißigjähriger maskiert in die Fabrik. Damit endete die Kindheit. Meine Jugend begann.« – Ein Artikel HANS REIMANNS über ›STEEGEMANN‹, der am 26. Oktober 1922 in der *Weltbühne* erschien und gleichsam unter den Augen des Verlegers geschrieben worden ist, enthält die ergänzende Mitteilung über dessen Vater, er habe »jahrelang Gasometer kontrolliert«[7].

PAUL STEEGEMANN erzählt weiter von den Anpassungsschwierigkeiten seiner Schulzeit in Hannover und der wohlwollenden Aufmerksamkeit einiger Lehrer für seine »künstlerischen Fähigkeiten«: »Ich wurde für den Elternabend zum Deklamator bestellt und trug daraufhin mit moissihaftem Einschlag die bekannte *Trompete von Vionville* dem Auditorium vor.« Die ihm zur Belohnung überreichte SCHILLER-Ausgabe langweilt den Volksschüler zunächst »gräßlich«. In der literarischen Gunst des Vierzehnjährigen rangiert KARL MAY ganz vorn, und bei der Berufswahl entscheidet er sich deshalb gegen den Wunsch seines Onkels BERTHOLD, eines Maschinenschlossers, für eine Buchhändlerlehre: »Ich hatte die Bücher von Karl May kennen und lieben gelernt. Ich schrieb an ihn und er schenkte mir ob meiner glühenden Bewunderung eine verrostete Stahlfeder. Leider nicht seine Bücher. Aber die wollte, mußte und sollte ich besitzen. Zu diesem Zwecke ließ ich mich von einer Buchhandlung als Lehrling anheuern.« Des Volksschulabsolventen Mangel an Sprachkenntnissen behindert ihn dabei zunächst erheblich. Aber: »Das hat sich später erfolgreich gelegt. Und so wurde ich dann Buchhändler.« – PAUL STEEGEMANNS Schulzeit fällt in die Jahre von 1901 bis 1909. Die Lehrzeit begann er nach eigenen späteren Angaben am 2. April 1909.[8]

Interessant an diesem Rückblick des damals knapp dreiunddreißigjährigen Verlegers auf seine Kindheit und Jugend ist gewiß nicht so sehr das Stofflich-Anekdotische. Bemerkenswert ist vielmehr, daß hier ein profilierter junger Verleger zeitgenössischer Literatur und Kunst offen von seiner Herkunft aus ganz unintellektuellem Arbeiter- und Kleinbürgermilieu erzählt und seine mangelhafte Schulbildung vor den Lesern der *Weltbühne* ausbreitet. Der Abstand seiner Herkunft zu anderen bedeutenden Figuren der deutschen Verlagsgeschichte jener Jahre – etwa zu KURT WOLFF, dem begüterten und hochgebildeten Sohn aus großbürgerlichem Hause – ist in der Tat beträchtlich. Im Kontext der engagiert linken *Weltbühne* bekommt PAUL STEEGEMANNS Plauderei deshalb etwas unausgesprochen Programmatisches.

Zur Vorgeschichte des Verlages Von April 1911 bis 1918 war PAUL STEEGEMANN »als Buchhandlungsgehilfe in verschiedenen Städten Deutschlands tätig«.[9] Die letzten entscheidenden Jahre dieses Zeitraums vor der Gründung seines Verlages verbrachte er, den eine Beinverletzung vor einer längeren Einberufung bewahrte, wieder in Hannover in der Firma SCHMORL & VON SEEFELD. Hier begab sich im Jahre 1919, was STEEGEMANN in dem Rückblick ›Fünf Jahre Verleger‹ folgendermaßen glossiert: »Man stelle sich das vor: eines milden Frühjahrsvormittags, als ein zudringlicher Kunde Ansichtskarten, Briefmarken und einige Bände Rudolf Stratz verlangte, beschließt ein sehr junger Buchhandlungsgehilfe, dieser Fron zu entfliehen, sich selbst als Buchmacher zu etablieren. In Hannover. Mit dem Rest seines kleinen Gehalts, glatten, reinlich rasierten Gesichts mit Cutaway, Monokel und gelben Stiefeln taxte er zur Buchdruckerei von Edler & Krische, verkündete dort: er sei der Verleger Paul Steegemann. Und wünsche dieserhalb einen größeren Kredit. Man gab ihm, wenn auch zögernd, das Gewünschte. Worauf er an seine Freunde schrieb, er sei der kommende Mann.«[10]

Diese ›Verlagsgründung‹ erfolgte in Wahrheit nicht ganz so abrupt und zufällig. PAUL STEEGEMANNS offenbar mannigfaltigen literarischen Aktivitäten in den Jahren um 1918 lassen sich allerdings nur in Umrissen rekonstruieren:

Eingebettet sind diese Aktivitäten in eine literarisch-künstlerisch-politische Szenerie, die sich gegen Ende des Ersten Weltkriegs ganz plötzlich und überraschend reichhaltig in dem bis dahin und bald darauf von neuem recht provinziellen Hannover entfaltet. Solange eine genaue

4 In: *Die Weltbühne.* 23, 1927, S. 1030–1034.

5 Die Mitteilung der Geburtsurkunde verdanke ich Herrn WILHELM SCHWALENBERG, dem Gemeindedirektor der 1971 gebildeten Großgemeinde Lahstedt. – Übrigens hat HANS REIMANN den Wortlaut dieses Dokuments am 25. Oktober 1924 in seiner Zeitschrift *Das Stachelschwein* veröffentlicht (Heft 6, S. 29).

6 In: *Störtebeker.* 1924, Nr. 1, S. 24.

7 In: *Die Weltbühne.* 18, 1922, S. 455.

8 Vgl. PAUL STEEGEMANN: Piston-Solo eines Verlegers. In: KARL ESCHER: *Hinter dem Hoftheater.* 1950, S. 51. (Eine Notiz im *Börsenblatt für den Deutschen Buchhandel*, Frankfurter Ausgabe, 10, 1954, S. 575, datiert den Beginn der Lehrzeit – wohl irrtümlich – auf den 1. April 1908.)

9 *Börsenblatt.* Frankfurter Ausgabe, 10, 1954, S. 575.

10 In: *Das Stachelschwein.* 1, 1924, Heft 6, S. 3–5. – Hier zitiert nach:

Untersuchung dieser Zusammenhänge fehlt, muß hierzu auf die notgedrungen allzu summarische Darstellung HENNING RISCHBIETERS verwiesen werden: »Was sich in den Jahren des Krieges an Neuem begab, geschah nicht so sehr auf literarischem als vielmehr auf dem Gebiet der bildenden Kunst: die Gründung der Kestner-Gesellschaft 1916. [...] Erst gegen Kriegsende schießt auch auf dem literarischen Felde bewußt und erregt Zeitgenössisches auf. Die literarische Gesellschaft ›Der Morgen‹ [...] wird gegründet, Edschmid spricht da über ›neue Dichtung‹, Johann Frerking liest ›junge Dichtung‹ und ›Dichtung aus dieser Zeit‹. Der [Heinrich] Böhme-Verlag mit den beiden Heften seiner Zeitschrift *Agathon* und dem Gedichtband *Das Chaos* von Rudolf Leonhard ist eine ephemere Erscheinung, erst die Novemberrevolution löst neue Energien aus. [...] plötzlich, fast über Nacht, kommt ein literarisches Leben in Gang: 1919/20 erscheinen in Hannover gleich zwei Monatszeitschriften von einigem Rang und überlokalem Anspruch: *Das Hohe Ufer* und *Der Zweemann,* und der Zweemann-Verlag und gleich darauf der Verlag Paul Steegemann entfalten ihre Tätigkeit. Das Café Kröpcke ist der Treffpunkt für alle«[11].

Daß der Buchhandelsgehilfe PAUL STEEGEMANN nicht erst mit der Gründung seines eigenen Verlages Anschluß an die von RISCHBIETER skizzierte Szene fand, sondern auch an anderen Aktivitäten dieser Art gewichtigen Anteil hatte, bezeugt ein Brief, mit dem ERNST SANDER mir zu diesem Themenkomplex Auskunft gab: »ich hörte von Steegemann zuerst durch einen gemeinsamen Wandervogel-Freund, Hermann Rathjen in Bremen und nahm die Gelegenheit wahr, St. in Hannover zu besuchen, wo er Verkäufer in der Buchhandlung Schmorl & v. Seefeld in der Georgstraße war. Das muß 1915 gewesen sein. Wir traten darauf in Briefwechsel; St. besuchte mich in Braunschweig und ich ihn in Hannover; er überließ mir Bücher zum Buchhändlerpreis und nachdem ich seit Jan. 1917 in Frankreich im Felde stand, versorgte er mich mit Lektüre. [...] Im gleichen Jahr forderte er mich auf, für einen hannoverschen Verlag ([...] ich glaube, er hieß Böhme) die (fälschlich) Oscar Wilde zugeschriebene Novelle *Der Priester und der Meßnerknabe* zu übertragen. Das geschah im Felde; erschienen ist der kleine Luxusdruck, in Rohseide gebunden, im Frühjahr 1918. Nach der Rückkehr aus dem Kriege galt einer meiner ersten Besuche St. in Hannover; er arbeitete nach wie vor in jener Buchhandlung, trug sich aber mit Verlagsplänen, die er alsbald mit der avantgardistischen, sehr lebendigen und fesselnden Reihe *Die Silbergäule* begann. [...] In der erwähnten Buchhandlung arbeitete auch ein Herr [Robert] Goldschmidt; mit diesem zusammen [...] gründete St. den ›Zweemann-Verlag‹, der meine Übersetzung von *Priester und Meßnerknabe* in einem hübschen Pappbändchen brachte, und sehr bald darauf eine zweite Auflage, und mich mit der Übertragung von Crébillon Fils *Le Sopha* beauftragte; sie entstand während meines ersten Berliner Semesters 1920.«[12] (Zu dieser Übertragung vgl. Nr. 201 der Bibliographie.)

Ernst Sanders Mitteilungen sprechen also sowohl für eine Wirksamkeit PAUL STEEGEMANNS in dem am 8. Mai 1918 gegründeten Mini-Verlag von HEINRICH BÖHME[13] als auch für seine Beteiligung an der Gründung des Zweemann-Verlages im April 1919[14]. In der Tat ist STEEGEMANN der Herausgeber des ersten noch bei HER-

Expressionismus. Aufzeichnungen und Erinnerungen der Zeitgenossen. 1965, S. 267.

11 In: *Die Zwanziger Jahre in Hannover.* 1962, S. 84.

12 Brief ERNST SANDERS an mich vom 12. Mai 1973.

13 Das *Börsenblatt* notiert am 28. 11. 1918 diese neue Firma und nennt das Gründungsdatum (85, 1918, S. 715).

14 Das *Börsenblatt* meldet diese Gründung am 19. April 1919 und nennt als die Inhaber der Firma ROBERT GOLDSCHMIDT und FRITZ JACOBSOHN (86, 1919, S. 282). Am 2. Mai 1919 zeigt das *Börsenblatt* dann die Umwandlung der Firma in eine Kommanditgesellschaft an unter dem Namen ›Der Zweemann Verlag Robert Goldschmidt & Co.‹ (86, 1919, S. 321). – »Der Verleger Rudolf Goldschmidt stammte aus vermögendem Haus und soll einiges Geld an Zeitschrift und Verlag ›Der Zweemann‹ verloren haben« (in: *Die Zwanziger Jahre in Hannover.* 1962, S. 88).

MANN KRUSE in Wolgast im Oktober 1917 in 250 Exemplaren verlegten Heftes der Zeitschrift *Agathon*, deren letzte Ausgabe – das Doppelheft 2/3 – im Juli 1918 von HEINRICH BÖHME in Hannover herausgegeben und verlegt wurde. Eine Erwähnung im Briefwechsel von STEFAN GEORGE und FRIEDRICH GUNDOLF belegt diese Mitarbeit STEEGEMANNS am *Agathon*. Zu einem Brief GUNDOLFS an GEORGE vom 17. Juli 1917 ist angemerkt: »Paul Steegemann hatte Bondi gefragt, ob er ein Georgesches Gedicht im *Agathon* abdrucken dürfe.«[15] Im übrigen hat STEEGEMANN 1921 – nunmehr in seinem eigenen Verlag – verschiedentlich eine Anthologie *Der neue Agathon* angekündigt, die freilich nicht erschienen ist. Außerdem veröffentlichte der HEINRICH BÖHME Verlag 1918 die einaktige Tragödie *Salome* von OSCAR WILDE mit den 16 Zeichnungen von AUBREY BEARDSLEY in tausend splendid ausgestatteten Exemplaren und »in neuer Übertragung von Paul Steegemann«. Die Widmung des Bandes lautet »Für K. S. Der Übersetzer«, ist also wohl an die Zeichnerin KÄTHE SCHMIDT adressiert, STEEGEMANNS erste Frau. Zwei Jahre später stichelte PAUL STEEGEMANN gegen den einstigen Geschäftspartner: »der Verleger Heinrich Böhme wird durch seine phänomenalen Kenntnisse der Buchdruckerkunst befähigt: einfaches, durchaus einfaches holzfreies Papier im Prospekt als ›Zanders-Bütten‹ anzupreisen. Man sei nicht bürgerlich; man sage nicht, das sei Betrug, unlauterer Wettbewerb oder so. Man stelle nur fest, und bewundere den großen Dilettanten.«[16] – Eine Mitwirkung am Zweemann-Verlag, der etwa zur gleichen Zeit wie der Paul Steegemann Verlag gegründet wurde, ist weniger eindeutig nachzuweisen. Immerhin macht die Beschäftigung ROBERT GOLDSCHMIDTS und PAUL STEEGEMANNS in derselben Buchhandlung eine Zusammenarbeit bei den Verlagsprojekten ohne weiteres plausibel. Vielleicht findet in diesem Kontext auch eine Zürcher Erinnerung EMIL SZITTYAS an den Lyriker FRIEDRICH W. WAGNER eine Erklärung: »Der sympathischste der Gesellschaft war der junge rheinländische Dichter F. W. Wagner, der im Morphiumtaumel mit seiner unheimlich langen mageren Gestalt durch das Café schlotterte, täglich zwanzig bis dreißig kleine Gedichte schrieb, die er dutzendweise an alle möglichen Schmierblättchen verkaufte. Dabei war er sehr talentiert und wurde später Mitbegründer des Verlages von Steegemann.«[17] In der Tat war WAGNER von November 1919 bis Januar 1920 Mitherausgeber der Monatsschrift *Der Zweemann* im Zweemann-Verlag; auch EMIL SZITTYA scheint also in der Erinnerung diesen Verlag mit der Person PAUL STEEGEMANNS assoziiert zu haben.

Erst auf dem Hintergrund einer Beteiligung PAUL STEEGEMANNS sowohl am *Agathon* als auch am Zweemann-Verlag werden einige Äußerungen verständlich, die der junge Verleger etwas später gegen HANS VON WEBER, den Herausgeber des *Zwiebelfisch*, richtet. Er kündigt die nie erschienene Nummer 3/6 seiner im August 1920 in nur einer Doppelnummer publizierten Verlagszeitschrift *Der Marstall* ausdrücklich als ›Anti-*Zwiebelfisch*‹ an: »Eine sanfte Polemik gegen Herrn von Weber, der mich für homosexuell hält, weil ich.... das Fehlen homosexuellen Schrifttums als eine Lücke in der Weltliteratur empfinde, und mich eifrigst bemühe, durch Publikation solcher Werke diese Lücke auszufüllen. Dieweil ich ein Heide bin.«[18] Nun

15 ST. GEORGE, F. GUNDOLF: Briefwechsel. 1962, S. 308, Anm. 1.
16 In: *Der Marstall*, Heft 1/2, 1920, S. 16.
17 Zit. nach: *Expressionismus. Aufzeichnungen und Erinnerungen der Zeitgenossen.* 1965, S. 165.
18 In: ›Zwei Jahre Verleger‹. S. 21. (Im Anhang zu R. L. STEVENSON: *Klub der Selbstmörder.* 1922.)

Paul Steegemann an Armin T. Wegner, 20. 8. 1919 (DLA Marbach):
»Sehr geehrter Herr Dr. Wegner!
heute morgen kam Ihr Mst. an! Ich las es eben ganz durch: herrlich! Ich möchte
es gleich und schnell bringen. Doch es geht nicht. Meine Bücher (die ich Ihnen
doch nächstens senden darf?) haben mein ganzes Geld geschluckt: ich muß nun
etwas den Erfolg abwarten. Kredit gibt es ja heute nicht mehr.
    Würden Sie mir das Mst. hierlassen, bis ich den Entscheid treffen kann? Oder
soll ich es Ihnen zurücksenden, damit Sie es vielleicht dem ›Bunde Neues Vater-
land‹ einreichen können?
    Oder hätten Sie andere Vorschläge?
    Ich bin kein Kapitalist, Schieber und so – fragen Sie [… ?], die mich kennt.
    Ihr ergebener Paul Steegemann« (Vgl. S. 25)

lehrt eine Durchsicht des *Zwiebelfisch*, daß HANS VON WEBER sich niemals gegen eine der Veröffentlichungen des Steegemann Verlages mit homoerotischer Tendenz ausgesprochen hat. Indessen publizierte er im Februarheft von 1919 einen schneidenden Verriß der homoerotischen Zeitschrift *Agathon*, deren »widerlich alberne Weichlichkeit« er »als einfach unerhört und brechreizend« apostrophiert und deren Erscheinen »bei zwei sehr jungen Herren in Hannover« er als Verstoß gegen die »Pflicht« aller »geistige[n] Kräfte [...] heute zur Mitarbeit am Neuaufbau der Welt« bewertet.[19] Und auch gegen homoerotische Tendenzen des Zweemann-Verlages polemisiert HANS VON WEBER verschiedentlich. So klagt er im Dezember 1919: »Die neuen Verlage wachsen wie Pilze aus der Erde, jeder überbietet den andern an Blödsinnigkeit des Firmennamens und an Sinnlosigkeit der Verlagspläne [...]. Da nennt sich einer ›Der Zweemann-Verlag‹ (hony soit qui ... y pense)«[20]. Im Juli 1920 gibt sein ›Kleiner Wegweiser für Verleger-Embryos‹ den ironischen Rat: »Du mußt dich entscheiden, ob du homosexuell effektuieren willst oder hetero. In ersterem Falle siedelst du dich in einer Provinzhauptstadt an und verlegst irgend ein priesterliches Klosterabenteuer, desen Autorschaft du Oscar Wilde in die Schuhe schieben mußt.« (Die Anspielung auf ERNST SANDERS Übertragung *Der Priester und der Meßnerknabe* im Zweemann-Verlag ist eindeutig.) Auch der *Agathon* wird ein weiteres Mal mit Spott bedacht: »Es sei denn, du bist anders wie die andern. In diesem Falle weist sicher in unbeschreiblicher Liebenswürdigkeit der Urheber des *Agathon* Dir Künstler von gigantischer Kühnheit«.[21]

Die literarisch-künstlerischen Aktivitäten jener Jahre sind eng verknüpft mit politischen Intentionen und Auseinandersetzungen. An den Tagen vor Scheidemanns Ausrufung der Republik am 9. November 1918 kam es auch in Hannover zu kurzen revolutionären Kämpfen, aus denen der *Hannoversche Kurier* freilich schon am Abend des 8. November das Resümee ziehen konnte: »Die Ordnung in der Stadt ist vollkommen wiederhergestellt.«[22] PAUL STEEGEMANNS aktive Teilnahme an den Straßenkämpfen bezeugt sein am 13. April 1926 in der *Weltbühne* publizierter Aufsatz über die Verbrechen des Hauptmanns BERNHARD JÜRGENS, seit 1916 in Hannover »Chef der Abteilung ›Abwehr‹«; STEEGEMANN berichtet: »Daß dieser Mensch heute noch lebt, ist purer Zufall. Wir waren in den heiligen Nächten um den 9. November drauf und dran, ihn leibhaftig zu erschlagen. Wie sein Freund Ludendorff, so kam auch er mit einer blauen Brille davon, floh feige, verantwortungslos. Draußen knatterten im Straßenkampf unsre Maschinengewehre«[23]. Als sich dann am 16. November 1918 in Hannover ein ›Rat geistiger Arbeiter‹ zu Wort meldet, gehört der vierundzwanzigjährige Buchhändlergehilfe PAUL STEEGEMANN zu den Unterzeichnern des Aufrufes: »In der Überzeugung, daß die gegenwärtige Umwälzung eine gerechte Ordnung herbeiführt, in der der Geist sich frei und ohne Knechtschaft entfalten kann, bekennen die Unterzeichneten, daß sie entschlossen den Morgen einer neuen Zeit begrüßen. Wir stellen uns auf den Boden des Volksstaates und der sozialen Republik«.[24] Daß diese Parteinahme für die Novemberrevolution und ihre Ziele keine Entscheidung von heute auf morgen war, belegt wiederum der Aufsatz STEEGEMANNS über BERNHARD JÜRGENS, der

19 In: *Der Zwiebelfisch*. 10, 1919, S. 51–54.
20 Ebd. S. 276.
21 In: *Der Zwiebelfisch*. 11, 1920, S. 4–7.
22 *Hannoverscher Kurier*. Nr. 34095, S. 3.
23 P. STEEGEMANN: Jürgens. In: *Die Weltbühne*. 22, 1926, S. 565 f.
24 Zit. nach: *Die Zwanziger Jahre in Hannover*. 1962, S. 84.
25 In: *Die Weltbühne*. 22, 1926, S. 566.
26 Vgl. *Börsenblatt*. 86, 1919, S. 321.
27 Ebd. S. 486.
28 In: *Der Zwiebelfisch*. 10, 1919, S. 118.
29 Vgl. CARLO MIERENDORFFS Monatsschrift *Das Tribunal*, die Zeitschrift *Der Einzige* von ANSELM RUEST und MYNONA etc.
30 In: *Der Zwiebelfisch*. 12, 1921, S. 77.
31 In: *Der Zwiebelfisch*. 13, 1921/22, Heft 4/6, S. 54.

zugleich bemerkenswerte literarische Kontakte des jungen Buchhändlers schon für die letzten Kriegsjahre bezeugt: »Auch mich hat der Jürgens verhaften lassen, auf eine Denunziation hin. Das ging sehr fix. Das war sehr komisch. Meine Wohnung wurde durchsucht, meine Briefe beschlagnahmt, meine Bibliothek durcheinandergeschmissen. Einige Postkarten von Gustav Landauer, einige Briefe von Kurt Hiller, Telegramme von Hasenclever, alles harmlose Sachen, bildeten das Belastungsmaterial. Dann wurde ich gefährlich gefesselt, durch die Straßen geschleift, stundenlang verhört, von Morgens bis Mitternacht eingesperrt und schließlich fruchtlos entlassen. Daß ich kurze Zeit danach eingezogen wurde und an die Front sollte, ist selbstverständlich. Ich war vier Monate Soldat. Und habe nie eine Uniform angehabt. Auch das ist selbstverständlich.«[25]

Am 2. Mai 1919 notiert das *Börsenblatt für den Deutschen Buchhandel* den Paul Steegemann Verlag unter den in das Adreßbuch des Börsenvereins neu aufgenommenen Firmen.[26] Die Gründung des Verlages erfolgte dieser Notiz zufolge im April 1919. (Später wird im *Adreßbuch des Deutschen Buchhandels* das abweichende Gründungsdatum 1. März 1919 genannt.) Am 14. Juni des Jahres verzeichnet das *Börsenblatt* den jungen Verleger in der Liste der vom 1. bis 31. Mai in den Börsenverein aufgenommenen Mitglieder; PAUL STEEGEMANN erhält in der Mitgliederrolle die Nummer 10 603.[27]

Daß er sein Debüt recht zielstrebig vorbereitet hat, bezeugt die erste Polemik gegen die junge Firma im Juli 1919, als noch kein Buch des Verlages erschienen ist. HANS VON WEBER bemerkt sarkastisch: »Hingegen erhielt ein bekannter Berliner Kritiker folgenden Brief des Verlegers Paul Steegemann in Hannover: ›Meine ersten Silbergäule (das sind offenbar Bücher) erscheinen in Bälde. Ich wünsche ausführliche Feuilletonbesprechungen in führenden Blättern. Können Sie das machen? Natürlich gegen Vergütung, über die ich Ihre Vorschläge erbitte.‹ Wenn Herr Steegemann so etwas ›natürlich‹ findet, muß er – er ist ja kein Neuling im Buchhandel – doch recht interessante Erfahrungen gemacht haben«[28]. – Die ersten Inserate, die das Erscheinen einer neuen Buchreihe *Die Silbergäule* im Paul Steegemann Verlag ankündigen, finden sich ab Mai 1919 in den literarischen Zeitschriften der Zeit[29].

Die Hefte dieser Reihe haben schließlich sogar den strengen HANS VON WEBER überzeugt. Im Juli 1921 hat er seine Vorbehalte eingeschränkt: »Vielleicht waren die Anfänge nur gährender Most.«[30] Und im März 1922 urteilt er: »Die Serie hat ihre Verdienste, auch wo sie nicht Maß zu halten scheint, und wird historisch bleiben.«[31]

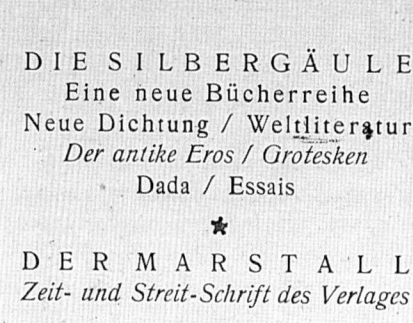
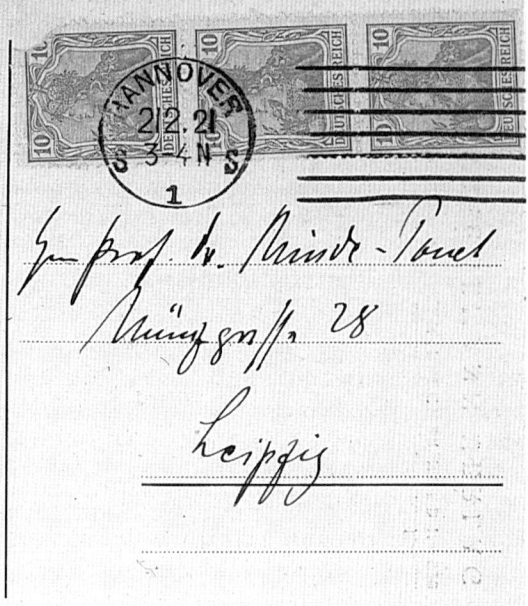

DIE SILBERGÄULE
Eine neue Bücherreihe
Neue Dichtung / Weltliteratur
Der antike Eros / Grotesken
Dada / Essais

*

DER MARSTALL
Zeit- und Streit-Schrift des Verlages

*

NEUE GRAPHIK
erster Künstler

*

VORZUGSAUSGABEN

*

PAUL STEEGEMANN VERLAG
HANNOVER

Paul Steegemann an den Kleist-Forscher
Georg Minde-Pouet, 20.2.1921 (DLA Marbach)

Verlagssignet der Silbergäule

Zur Geschichte der Reihe Der vierundzwanzigjährige Buchhandelsgehilfe PAUL STEEGEMANN gründet im Frühjahr 1919 in Hannover den Paul Steegemann Verlag. Hier erscheinen im Oktober die ersten schmalen Bände der Buchreihe *Die Silbergäule*. Von 1919 bis 1921 repräsentieren die in rascher Folge erscheinenden Hefte und Bücher der neuen Reihe fast die Gesamtheit der Verlagsproduktion: Im ersten Jahr veröffentlicht der Paul Steegemann Verlag nur einen Band außerhalb der *Silbergäule*; 1920 sind es dann fünf neue Titel und im folgenden Jahr vier, die nicht in dieser Reihe erscheinen. *Die Silbergäule* bringen es im gleichen Zeitraum auf 57 Titel und – wegen der zahlreichen Doppel-, Dreifach- und Mehrfachbände – auf 151 Nummern. Dieses Zahlenverhältnis kehrt sich um mit dem Ende der Buchreihe im Jahre 1922: Es erscheinen nur noch zwei *Silbergäule;* ihr letzter Band mit der Nummer 153 ist im Mai 1922 gedruckt. Im selben Jahr veröffentlicht der Verlag außerhalb der Buchreihe immerhin 23 neue Titel.

Dieser Prozeß der Ablösung verdeutlicht einen der Gründe, die den Branchenneuling PAUL STEEGEMANN veranlaßten, seinen Verlag mit einer Buchreihe zu beginnen. In dem ironischen Rechenschaftsbericht ›Fünf Jahre Verleger‹ hat er seinen Ausgangspunkt treffend charakterisiert: »In welcher Situation befand sich der Ende 1919 auftauchende Verlag gegenüber seinen .... Konkurrenten? In der Situation des Nachteils. Zu einem Verlage gehören Autoren. Die Berühmten sind ihren Verlegern durch Vertrag fest verpflichtet. Die Neuen unverkäuflich. Weshalb Paul Steegemann zunächst die Werke der neuen Autoren verlegte. Und damit sein Betriebskapital.«[32] Die Gründung einer Reihe gab dem jungen Verleger die Möglichkeit, doch den einen oder andern ›Berühmten‹ wenigstens vorübergehend für seinen Verlag zu gewinnen: Wer sonst ein Angebot PAUL STEEGEMANNS mit dem Hinweis auf die feste Bindung an einen etablierten Verlag hätte ablehnen können, mochte immerhin bereit sein, eine Arbeit kleineren Umfangs für eine neue Buchreihe zur Verfügung zu stellen. So erklärt sich, daß die KURT WOLFF-Autoren KASIMIR EDSCHMID, CARL HAUPTMANN und HEINRICH MANN oder der S. FISCHER-Autor OTTO FLAKE unter den Verfassern der frühesten, noch im Jahre 1919 erschienenen *Silbergäule* zu finden sind.

Sein Vorgehen beim Aufbau der Reihe und damit seines Verlagsprogramms bringt PAUL STEEGEMANN auf einen sehr einfachen Nenner: Der »Rest seines kleinen Gehalts« und ein größerer Kredit der hannoverschen Druckerei EDLER & KRISCHE bilden das Betriebskapital. »Worauf er an seine Freunde schrieb, er sei der kommende Mann. Und Bücher von 16 Seiten druckte. Und mit dem Gewinn Bücher von 32 Seiten druckte. Und mit dem Gewinn Bücher von 64 Seiten druckte. Und so fort. Unter den Büchern mit 32 Seiten befand sich auch die *Anna Blume* [von Kurt Schwitters]. Im Handumdrehen waren 10 000 Stück verkauft, Autor und Verleger berühmt.«[33] In Wirklichkeit ging es dabei nicht ganz so zwangsläufig zu. Als ARMIN T. WEGNER im Sommer 1919 ein Manuskript schickte, das der Verleger »herrlich« fand und am liebsten »gleich und schnell« gebracht hätte, da scheiterte die Realisierung am Warten auf den erhofften ersten »Gewinn«. »Doch es geht nicht«, antwortete STEEGEMANN am 20. August 1918. »Meine Bücher (die ich Ihnen doch nächstens senden darf?) haben mein ganzes Geld geschluckt: ich muß nun etwas den Erfolg abwarten. Kredit gibt es ja heute nicht mehr.«[34] Die von STEEGEMANN werbewirksam überspitzt formulierte Progression von Büchern von Bogenstärke zu solchen von doppelter Bogenstärke etc. läßt sich an den Bänden der *Silbergäule* in Ansätzen durchaus verfolgen. Auch eine gewisse Progression des Publikumserfolges läßt sich feststellen: Die mit Abstand auflagenstärksten Titel, HANS REIMANNS Parodien auf ARTUR DINTER und HANNS HEINZ EWERS, gehören zu den spätesten Bänden der Reihe. Ein Nachlassen des Publikumsinteresses, bedingt etwa durch den allmählichen Abnutzungseffekt der zahlreichen expressionistischen und nachexpressionistischen Buchreihen, bietet also keine ausreichende Erklärung für den Abbruch der Reihe *Die Silbergäule* im Jahre 1922. Vielmehr hatte wohl der bescheidene ökonomische Erfolg einzelner *Silbergäule* und der beträchtliche literarische Erfolg der ganzen Reihe den jungen Verlag ausreichend konsolidiert. Er konnte ohne diese Stütze auskommen.

Der Reihentitel »O Greule, Greule, wüste Greule! / Hört ihr den Ruf der Silbergäule?« Diese Verse aus dem *Bundeslied der Galgenbrüder* von CHRISTIAN MORGENSTERN geben die Herkunft des Reihentitels an. Als solcher gewinnt das Wort ›Silbergäule‹ allerdings Bedeutungskomponenten, die nicht dem ursprünglichen Morgenstern-Kontext entstammen. So schrieb mir der Schriftsteller ERNST SANDER, die Reihe sei »nach dem weißen Welfenpferd« benannt, dem Wappentier der Provinz Hannover.[35] Eine vergleichbare persiflierende Anspielung auf den provinziellen Ausgangs- und Kontrapunkt der avantgardistischen Buchreihe enthält übrigens auch der Name jener kurzlebigen Zeitschrift STEEGEMANNS von 1920, in der nach Art eines Verlagsalmanachs die Verlagsproduktion, damals also noch ganz überwiegend *Die Silbergäule,* vorgestellt wurde. Die Zeitschrift heißt *Der Marstall* nach den entsprechenden Örtlichkeiten in Hannover. Bei der Präsentation seiner *Silbergäule* im *Marstall* hat Steegemann wohl auch an die naheliegende Assoziation zu seiner eigenen Herkunft aus Zirkus- und Schaustellermilieu gedacht. Auf einer Werbeseite des *Marstall* für die dadaistischen Titel innerhalb der Buchreihe schreibt er: »FASST EINE HALBE MILLION SILBERGÄULE TRABEN AUF DER ERDE HERUM / DER DIREKTOR PAUL STEEGEMANN HAT DAZU SOZUSAGEN ALS VORBEREITUNG / DEN MARSTALL / [...] ÖFFENTLICH ERSCHEINEN LASSEN DA WERDEN DIE SILBERGÄULE MIT ELAN UND POLEMIK VORGERITTEN FÜR ZWEI MARK DIE NUMMER«[36].

Wenn schließlich RICHARD HUELSENBECK in *En avant Dada,* der Nummer 50/51 der *Silbergäule,* von der Herkunft des Wortes Dadaismus erzählt und erklärt: »Dada bedeutet im Französischen Holzpfärdchen«[37], so ist wohl die Vermutung erlaubt, KURT SCHWITTERS habe bei der Namengebung der Buchreihe seine Hand im Spiel gehabt und – wie er bei andern Gelegenheiten den ›Kerndadaismus‹ etwa HANS ARPS dem bekämpften ›Hülsendadaismus‹ HUELSENBECKS gegenüberstellt – hier das Holzpferdchen mit dem Silbergaul polemisch konfrontieren wollen.

Der auf den ersten Blick absurd erscheinende Reihentitel erweist sich demnach bei näherem Hinsehen als prägnante Charakterisierung. Er bedeutet zunächst eine Reverenz vor der Unsinnspoesie CHRISTIAN MORGENSTERNS und spannt von hier den Bogen bis zu den irritierenden Späßen der Dadaisten, deren Veröffentlichungen das eigentliche Zentrum der *Silbergäule* bilden. Er bezeichnet

32 Zit. nach: *Expressionismus. Aufzeichnungen und Erinnerungen der Zeitgenossen.* 1965, S. 268.

33 Ebd. S. 267 f.

34 Der Brief hat sich im Nachlaß WEGNERS erhalten (Deutsches Literaturarchiv, Marbach a. N.)

35 Brief ERNST SANDERS vom 12. Mai 1973.

36 In: *Der Marstall.* S. 17.

37 Zit. nach: *Der Marstall.* S. 33.

38 In: *Die Flöte.* 3, 1920/21, S. 116.

39 In: *Die Pille.* 1, 1920, S. 377.

40 KARL KRAUS: *Literatur oder Man wird doch da sehn.* 1921, S. 21.

41 EMIL BELZNER: *Die Hörner des Potiphar.* 1924, S. 26.

außerdem die Frontstellung der avantgardistischen Buchreihe gegen den provinziellen Verlagsort Hannover und charakterisiert zugleich den gewichtigen Anteil von ›Provinz‹-Autoren am Programm der Reihe: von den zahlreichen provinziellen Nachzüglern des Expressionismus bis hin zu dem Hannoveraner KURT SCHWITTERS. Er enthält schließlich einen ironischen Hinweis auf PAUL STEEGEMANNS Herkunft und auf sein Selbstverständnis als Verleger, der als eine Art Zirkusdirektor seine Menagerie dem Publikum präsentiert. Folgerichtig benutzt er in den Jahren der *Silbergäule* ein Verlagssignet, das in stilisierter Form zwei springende oder galoppierende Pferde zeigt (vgl. Abb. S. 24).

Schon die Zeitgenossen der Buchreihe waren sich übrigens über die Herkunft des Titels und seine genaue Bedeutung nicht recht im klaren. Das Wort ›Silbergäule‹ wird schon damals oft als Phantasiename und willkürlich-vage Umschreibung eines expressionistisch-dadaistischen Programms verstanden. So beginnt HANNS MARTIN ELSTER im August 1920 eine Besprechung der Reihe: »Merkwürdiger Name [...] ›Die Silbergäule‹! ›Verstehe ich nicht‹, kopfschüttelt der Bürger: Und trifft damit sofort die ganze Falschheit seiner Einstellung. Schon hier, bei dem Namen der Buchreihe ist nichts zu verstehen [...] Schon hier ist nur zu fühlen. Fühlst du nichts, wenn du hörst ›Silbergäule‹, erschaust du nichts, wenn du liest ›Silbergäule‹? Ich fühle Heiterkeit, innere Freiheit, seelisches Gehobensein. Ich sehe helle, silberne Linien, in Rhythmus springend wie galoppierende Gäule. Das Wort ›Silbergäule‹ gibt meinem Innern eine Lebensstimmung, läßt mich erleben, daß ich da bin, daß in mir das Da-Sein das All ist. Und so ist es auch gemeint, das Wort ›Silbergäule‹.«[38] Und OSSIP KALENTER, der Autor der letzten beiden Bände der Reihe, äußert sich am 16. Dezember 1920 ähnlich unbestimmt: »Meine Herrschaften, wissen Sie was ein Silbergaul ist? [...] Ja: eine klirrende Herde von jungen Pferden galoppiert im silbernen Wind durch die silberne Landschaft an Waldrand und Hürde entlang. Sie wiehern und brüllen: ›Da .. da .. (dada) .. Welt .. Sonne .. Leben!‹ –: Licht! Das, meine Herrschaften sind die Silbergäule.«[39] PAUL STEEGEMANN hat solchen Deutungen nicht widersprochen, sie im Gegenteil durch den Nachdruck der Rezension HANNS MARTIN ELSTERS im *Marstall* autorisiert.

Das Wort ›Silbergäule‹ ist hier wieder – wie anfangs bei Morgenstern – zu einem poetischen Kürzel geworden, das in Dichtungen unterschiedlicher ›Tendenz‹ verwendet werden kann. So läßt KARL KRAUS in seiner gegen WERFEL gerichteten Satire *Literatur oder Man wird doch da sehn* (1921) den ›Sohn‹ und jungen Dichter seinem nur ans Geschäft denkenden ›Vater‹ entgegenhalten: »uns reißen sternwärts alle Silbergäule / und hinter uns bleibt eures Daseins Fäule«[40]. Und EMIL BELZNER schreibt in seinem Erstling, der von PAUL STEEGEMANN 1924 verlegten Verserzählung *Die Hörner des Potiphar*: »Wir sind nur Staub, der seine schiefen Säulen / Im Sturm gen Himmel legt, an Deine Brust. / Wir reiten nachts auf hohen Silbergäulen / Durch alle Schauer Deiner großen Lust.«[41]

Das Programm der Silbergäule Mit den folgenden programmatischen Sätzen charakterisiert PAUL STEEGEMANN die Buchreihe in seinen Verlagsverzeichnissen: »Die Silbergäule. Das ist der (jetzt) populäre Name einer Bücherreihe, in der seit Oktober 1919 scheinbar wahllos Autoren publizieren, teils scherzhaften, teils seriösen Horizontes. Jedennoch: es wird hier unter Eid erklärt, daß diese Wahllosigkeit ein System birgt – das große Chaos unserer geistigen Struktur. Wir häuten uns täglich: von Laotse bis Dada. Und ein Trottel ist, wer das Chaos mit einem Misthaufen verwechselt!«[42]

In der Tat zeigt eine erste Durchsicht der in den *Silbergäulen* vertretenen Autorennamen und Titel einen Mangel an Homogenität. Der Eindruck, auch der Verleger habe diesen Mangel empfunden und ihn mit der Beförderung jener »Wahllosigkeit« zum »System« kaschieren wollen, ist gewiß unabweisbar: Solche »Wahllosigkeit« spiegelt die typischen Schwierigkeiten eines jungen Verlages, der sich um die Mitarbeit von Autoren noch bemühen muß und dabei nicht immer Rücksicht auf programmatische Überlegungen nimmt. Dennoch überzeugt ein Blick auf die Zeitumstände der Jahre um 1920 auch von der Ernsthaftigkeit und Berechtigung der Erklärung PAUL STEEGE-MANNS, die »Wahllosigkeit« seiner Buchreihe zeige »das große Chaos unserer geistigen Struktur«. KURT WOLFFS 1913 begonnene Serie *Der jüngste Tag*, das große Vorbild aller expressionistischen Reihen und damit auch der *Silbergäule*, konnte sich noch vornehmen, »alles Notwendige zu sammeln, das ihm aus der Stärke des Zeitlichen heraus ewiges Dasein verspricht«[43]. Solche Zuversicht ist in der chaotischen Nachkriegsszenerie nicht mehr möglich. PAUL STEEGEMANN kann nur noch davor warnen, das von ihm vorgezeigte »Chaos mit einem Misthaufen« zu verwechseln.

Wenn ich auch im folgenden das Programm der *Silbergäule* durch Vergleiche mit den Zielen des *Jüngsten Tages* schärfer herauszuarbeiten versuche, so folge ich einer Anregung von LUDWIG DIETZ, der bemerkt: »Es wäre interessant, die Programme der verschiedenen neuen Serien mit dem des *Jüngsten Tages* zu vergleichen: Man könnte auch daran feststellen, in welchem Maße er ihr Vorbild gewesen ist.«[44] – *Der jüngste Tag* ist von vornherein den Produktionen des »neuen Dichters« vorbehalten, von dem es 1913 im ersten Prospekt der Reihe heißt: »Der neue Dichter wird unbedingt sein, von vorn anfangen, für ihn gibt es keine Reminiszenz, denn er, wie kein anderer, wird fühlen, wie wesenlos die Retropsektive auf die Literatur ist«[45]. Solche Abkehr von aller literarischen Tradition ist im Jahre 1920 nicht mehr denkbar. PAUL STEEGEMANN formuliert sein Programm: »Wir häuten uns täglich: von Laotse bis Dada.« So finden sich in den *Silbergäulen* neben den freilich überwiegenden Arbeiten der Jungen und Jünsten auch die Übertragung eines alten chinesischen Textes von WANG-SIANG (Nr. 109/110), eine Auswahl der späten Hymnen HÖLDERLINS (Nr. 119–125) und die Übersetzung eines Jugendwerkes von FLAUBERT (Nr. 101–106). Daß KLABUND die Übertragung des chinesischen Textes, RUDOLF VON DELIUS die Auswahl der HÖLDERLIN-Gedichte, JOHANN FRERKING die Übersetzung FLAUBERTS und ALFRED KUBIN dessen Illustrierung besorgt hat, bezeugt die enge Verbindung von Tradition und zeitgenössischen Elementen; KLABUND, DELIUS und FRERKING treten zudem auch als Autoren eigener *Silbergäule* hervor (Nr. 79, 99/100 und 87/88).

Der KURT WOLFF-Prospekt von 1913 fährt in der Charakteristik des »neuen Dichters« fort: »Er wahrhaft wird der große Unpolitische, der absolut Unparteiische sein (nicht der Indifferente). Er wird weder exklusiv noch ornamentaler Demokrat sein. Er wird wissen, daß jeder teleologische Zusammenschluß Gemeinheit ist.« Die »Intellektualität« der »Skribenten« wird als »Verrat und Unwahrheit« denunziert[46]. Wiederum ist ein solcher Irrationalismus, gepaart mit parteipolitischer Abstinenz, im Jahre 1920 nicht länger vertretbar. Die *Silbergäule* geben von vornherein die Beschränkung auf poetische Texte auf; zahlreiche Bände ergreifen politisch eindeutig Partei. Die Abkehr von der

42 Zuest in: *Zwei Jahre Verleger. Von Laotse bis Dada.* S. 29.

43 Zit. nach: *Die neue Dichtung.* 1918, Katalogteil S. 8.

44 LUDWIG DIETZ: Kurt Wolffs Bücherei *Der jüngste Tag.* In: *Philobiblon.* 7, 1963, S. 112, Anm. 19.

45 Zit. nach: *Expressionismus.* Marbach 1960, S. 171.

46 Zit. nach: *Expressionismus.* Marbach 1960, S. 172.

47 In einzelnen frühen Bänden findet sich die Variante des Untertitels: »Eine neue Bücherreihe«.

48 HEINRICH VOGELER an PAUL STEEGE-MANN, 6. Mai 1920. (Deutsches Literaturarchiv Marbach a. N.)

49 PAUL RAABE (in: *Die Zeitschriften und Sammlungen des literarischen Expressionismus.* 1964, S. 191) versieht den Namen BLEIS mit einem Fragezeichen. HENNING RISCHBIETER (in: *Die Zwanziger Jahre in Hannover.* 1962, S. 94) kommentiert: »Nach Auskunft von Karl Schodder verfaßt von Franz Blei.« –Ich

›bloßen‹ Dichtung wird schon mit dem ersten Band der Reihe durch den Untertitel *Dichtung / Graphik / Essai* signalisiert. Die politische Absicht bekräftigt ein noch 1919 zum Untertitel tretender Zusatz: »Eine radikale Bücherreihe«[47].

Politische Stellungnahme findet sich insbesondere in jenen Bänden, die das Wort ›Essai‹ im Reihenuntertitel ankündigt. So veröffentlicht STEEGEMANN schon 1919 u. a. HEINRICH VOGELERS von einem schwärmerischen Expressionismus geprägte kommunistische Programmschriften *Das neue Leben. Ein kommunistisches Manifest* (Nr. 19) und *Siedlungswesen und Arbeitsschule* (Nr. 36), daneben von LUDWIG BÄUMER die Schrift *Das Wesen des Kommunismus* (Nr. 25/26), die »Der kämpfenden Bremischen Arbeiterschaft gewidmet« ist. Politische Agitation diente nicht zuletzt der Verbreitung der Reihe. So bat VOGELER den Verleger, Rezensionsexemplare an den linksrepublikanischen ›Friedensbund der Kriegsteilnehmer‹ zu schicken: »Setzt Ihr da ein mit der Verbreitung der Vogeler *Silbergäule* [...] so ist für Verbreitung die Basis geschaffen. Jetzt bringen wir dieselbe Bewegung in die Pacifisten.«[48] Und der Autor bestellt sich für solche Überzeugungsarbeit gleich jeweils 50 Exemplare seiner beiden *Silbergäule*. – Ebenfalls 1919 erscheint eine Auseinandersetzung des ›Aktivisten‹ KURT HILLER mit *Gustav Wynekens Erziehungslehre* (Nr. 4). – Schließlich figuriert auch unter dem Begriff ›Dichtung‹ des Reihenuntertitels schon 1919 mit dem Lyrikbändchen *Stimmen* von BERTA LASK eine Autorin, die in den zwanziger Jahren zu den entschiedensten Vertretern einer sich ausdrücklich proletarisch-klassenkämpferisch verstehenden Literatur gehört.

Die kritische Akzentuierung der Buchreihe erlaubt direktes Eingreifen in das aktuelle politische und kulturelle Geschehen. So nimmt JOHANN FRERKING den Theaterskandal einer KLABUND-Uraufführung in Hannover am 7. Mai 1920 und die Rolle des Feuilleton-Schriftleiters am *Hannoverschen Kurier*, MARTIN FREHSEE, zum Anlaß einer glänzenden Attacke gegen den Typus des konservativen bürgerlichen Kritikers. – Aber auch als Waffe im Kampf um die Interessen des Paul Steegemann Verlages selbst lassen sich die *Silbergäule* einsetzen: Im November 1920 werden zwei als Privatdrucke für Subskribenten von STEEGEMANN verlegte Versbände, eine deutsche Ausgabe von PAUL VERLAINES *Femmes* und eine zweisprachige Ausgabe seiner *Hombres,* vom Staatsanwalt beschlagnahmt. Auf diese und ähnliche Eingriffe der Zensur antwortet im Juni 1921 als Nummer 135/136 der *Silbergäule* die anonyme Polemik *Unsittliche Literatur und deutsche Republik. § 184,* als deren Verfasser FRANZ BLEI zu gelten hat[49].

Die vorliegenden Urteile über PAUL STEEGEMANNS Buchreihe betonen das Übergewicht, das »unbekanntere Spätexpressionisten und Vertreter der provinziellen Literatur und Kunst« in den *Silbergäulen* haben[50]. Das hat seine Richtigkeit. Bedeutsamer scheint mir nun allerdings und für die spezifischen Qualitäten der *Silbergäule* von größerem Gewicht, daß sie insbesondere jene politisch-aktivistischen Tendenzen des Expressionismus aufnehmen und weiterführen, die etwa *Der jüngste Tag* vernachlässigt hat. Als 1920 das *Börsenblatt für den Deutschen Buchhandel* eine Anzeige jenes Privatdrucks der *Frauen* von PAUL VERLAINE verweigert und einige Mitglieder wegen dieser Affäre den Ausschluß des Verlegers aus dem Börsenverein beantragen, kann deshalb

fand in STEEGEMANNS Verlagsverzeichnis ›3 Jahre Verleger‹ (gedruckt als Anhang zu EMIL LEDNER: *Erinnerungen an Caruso.* 1923) den Titel unter FRANZ BLEI verzeichnet. Die Verfasserfrage ist damit wohl geklärt. – Übrigens hat HANS VON WEBER schon im März 1922 in dieser Richtung vermutet: »sollte das von Franz Blei stammen, es kommen soviele Kirchenväter drin vor!« (in: *Der Zwiebelfisch.* 13, 1922, Heft 4/6, S. 54).

50 Vgl. PAUL RAABE: *Die Zeitschriften und Sammlungen des literarischen Expressionismus.* 1964, S. 191.

KURT TUCHOLSKY am 12. August 1920 in der *Weltbühne* mit Recht diesen Fall auf seinen politischen Kern zurückführen: »Die wahre Antipathie richtet sich nicht gegen den toten Franzosen, sondern gegen den lebendigen Deutschen: der Verleger gefällt den Reaktionären in Leipzig nicht. Paul Steegemann hat mit anerkennenswertem Fleiß eine große Reihe junger moderner Autoren und politischer Radikaler herausgebracht, und weil Kurt Hiller oder Heinrich Vogeler-Worpswede oder Heinrich Mann oder Rudolf Leonhard nicht auf den deutschen Kriegerverein eingeschworen sind, bekommt es Leipzig mit der Angst vor dem Bolschewismus und hat nun ein Ausschlußverfahren gegen den politisch unbequemen Verleger in die Wege geleitet. Das also und nicht die Dirnenanbetung Verlaines ist der Kern.«[51]

Das eigentliche und bis heute unvermindert wirksame Zentrum der Buchreihe bilden die dadaistischen Veröffentlichungen: An erster Stelle KURT SCHWITTERS Dichtungen unter dem Titel *Anna Blume* (Nr. 39/40) und seine Lithofolge *Die Kathedrale* (Nr. 41/42), daneben RICHARD HUELSENBECKS Geschichte des Dadaismus *En avant Dada* (Nr. 50/51), HANS ARPS Versband *die wolkenpumpe* (Nr. 52/53), MELCHIOR VISCHERS *Sekunde durch Hirn. Ein unheimlich schnell rotierender Roman* (Nr. 59/61), WALTER SERNERS dadaistisches Manifest *Letzte Lockerung* (Nr. 62/64) und desselben Verfassers Prosabuch *Zum blauen Affen* (Nr. 91/98). »Damit«, so urteilt HENNING RISCHBIETER, »werden die *Silbergäule* zur wichtigsten Dada-Publikation der Zeit. Hier hat die Reihe ihre Originalität, ihre Einmaligkeit.«[52] Das war auch den Zeitgenossen schon sehr früh bewußt. So belegt eine Glosse in BERNHARD GRÖTTRUPS hannoverscher Wochenschrift *Die Pille* am 22. September 1920, daß STEEGEMANN nach wenig mehr als einem Jahr Verlagsarbeit bereits als der Verleger des Dadaismus gilt: Am Ende einer Reihe paralleler Sätze nach dem Muster »Als Elschen zur Welt kam, sagten die Kinder gebildeter Eltern: […]« (Sätze, die jeweils auf verschiedene Wörter für Mutter hinauslaufen), – am Ende dieser Reihe steht die Feststellung: »Als Paul Steegemann zur Welt kam, sagten die Kinder gebildeter Eltern: ›Dada.‹« (I, 1920, S. 92). Der Verleger selbst ließ an der Dominanz Dadas in seinem Verlagsprogramm keinen Zweifel: »DIE ORIGINAL DADAISTEN«, so heißt es 1920 im *Marstall*, »GEBEN DAS COPYRIGHT IHRER WERKE DEM VERLEGER PAUL STEEGEMANN IN HANNOVER DER IN LEIPZIG WIEN ZÜRICH DADAFILIALEN HAT«.[53] Und weiter in parodistischer Aneignung der dadaistischen Manier und mit Zitaten aus ARPS *Wolkenpumpe* durchsetzt: »achtung achtung achtung / sensation position hallucination / qualitätsdada / by steegemann hannover / […] an allen enden stehen jetzt dadaisten auf aber es sind im grunde nur vermummte defregger / sie ahmen den zungenschlag und das zungenzucken der wolkenpumpe nach / ein fürchterliches menetekel zeppelin wird ihnen bereitet werden und die dadaistische hauskapelle wird ihnen was blasen / man wird sie den silbergäulen zum fraß hinwerfen / und ihnen bärte an falsche stellen pflanzen / an sternenlassos werden sie baumeln / DIE ORIGINALDADAISTEN SIND NUR DIE SPIEGELGASSEDADAISTEN / man hüte sich vor nachahmungen / man verlange in den buchgeschäften nur spiegelgassedadaisten des Verlages Paul Steegemann«[54]. Im *Börsenblatt für den Deutschen Buchhandel*

51 Zit. nach KURT TUCHOLSKY: *Gesammelte Werke*. Bd. 1, 1960, S. 719.
52 In: *Die Zwanziger Jahre in Hannover*. 1962, S. 90.
53 In: *Der Marstall*. S. 17.
54 Ebd. S. 20. – Das Wort ›Spiegelgassedadaisten‹ spielt an auf die Spiegelgasse in Zürich, den Ausgangspunkt der dadaistischen Bewegung.
55 In: *Börsenblatt*. 87, 1920, S. 14504.
56 KURT WOLFF: *Autoren, Bücher, Abenteuer*. 1965, S. 21.

forderte er unbekümmert »DADA auf den Weihnachtstisch!« und lieferte die Begründung gleich mit: »Dada – ist die Konsequenz der Kunst, aller Kunstrichtungen. Er greift
weit hinaus über die Gestaltung von Idee und Erlebnis, wird so Lebenshaltung, Gesin-
nung, Philosophie. Der Künstler, der Dadaist, ist ein Mensch, der das Leben in allen seinen unübersehbaren Gestalten liebt, der weiß und sagt: nicht allein *hier,* sondern auch
da, da, da ist das Leben! Also beherrscht auch der Dadaist das ganze Register der
menschlichen Lebensäußerungen, angefangen von der grotesken Selbstpersiflage bis
zum heiligsten Wort des Gottesdienstes auf der reifgewordenen, allen Menschen
gehörenden Kugel Erde. Die dadaistische Weltanschauung ist die *romantische* Ironie der
deutschen Dichter Tieck, Schlegel, Novalis. – Der europäische Verleger erfüllt seine kulturelle Sendung nicht mit Geldverdienen: er ist eingesetzt, die geistigen Ströme durch
seine Nervenbündel rauschen zu lassen, sie zu erkennen, zu leiten und den Schaffen-
den Hilfe und Plattform zu geben. Die von mir publizierten dadaistischen Werke geben
den Querschnitt durch Zeit und Ewigkeit. Die geistige Stoßkraft ist so stark, daß heute
die ganze gebildete Welt davon spricht, ohne zu wissen, was DADAISMUS überhaupt ist.
Schaffen Sie Aufklärung! Verbreiten Sie die Bücher!«[55] Mit den Veröffentlichungen der
Dadaisten heben sich die *Silbergäule* ab von allen anderen der aktuellen Kunst und Literatur gewidmeten Reihen der Zeit, besonders vom *Jüngsten Tag.* Aus den Erinnerungen
KURT WOLFFS geht im übrigen hervor, daß er das Abenteuer des Dadaismus nicht mehr
mitgemacht hat. Zwar zeigte er »aufmerksames Interesse, als mir die Dadaisten 1917
publizistische Vorschläge machten«. Aber das Bewußtsein »des völligen Schwachsinns
dessen, was unter dem Namen Dada veranstaltet und verunstaltet wurde«, läßt ihn »der
Korrespondenz, die sich vom September 19 bis April 21 hingeschleppt hatte, ein Ende«
machen. »Ich [...] verzichtete auf Dada und Dadaco.«[56]

Dem dadaistischen Akzent der *Silbergäule* zugeordnet ist das parodistische Element, das insbesondere mit den Literatursatiren HANS REIMANNS, seinen Parodien auf
ARTUR DINTER und HANNS HEINZ EWERS (Nr. 132–134 und 139–146), zu einer charakte-
ristischen Komponente der Buchreihe und von da ab der gesamten Verlagsproduktion
wird. Bemerkenswert ist, daß als Zielscheibe solcher Parodie nicht bloß die literarische
und politische Reaktion dient, sondern der Spott vor den eigenen Reihen nicht halt-
macht: So veröffentlicht 1921 HANS HAVEMANN unter dem Pseudonym JAN VAN MEHAN
ein Drama *Weltgericht* (Nr. 83/84 der *Silbergäule*), das durch den Untertitel als *Tragödie
der Urlaute AEIOU* charakterisiert und auf dem Umschlag als ›Neue holländische
Kunst‹ ausgewiesen wird. Die zeitgenössische Kritik reagiert ratlos, verärgert, zuweilen
auch zustimmend, nimmt jedenfalls das nur aus Vokalen, Umlauten und im übrigen
aus Regieanweisungen bestehende Werk ernst und merkt gar nicht, daß eine Parodie
auf die Autoren des *Sturm*-Kreises um HERWARTH WALDEN beabsichtigt ist. Auf eine
Rezension des Buches in der *Frankfurter Zeitung* vom 15. Januar 1921 entgegnet HAVE-
MANN am 14. Februar mit einer Richtigstellung: »Da habe ich über die Hasenclever,
Schreyer, Stramm mutig hinaus mein Drama der Vokale geschrieben [...] Die Presse
ulkt daran herum oder vernichtet in der *Freien Deutschen Bühne* feierlich mich ›armen
Narren‹ im tiefsten ›Cretinismus‹. Daß die Sache irgendwie Zeitangelegenheit ist, fällt
offenbar auf. Und in der Tat: die Gefahr, daß einer ernsthaft so etwas macht [...], ist
heute so groß, daß man meiner ernsten Miene vielfach geglaubt hat, mir mitleidig
ernsthaft versichert: ›Das eben geht nicht!‹ [...] Dabei ist nichts zu lachen! *So stellt man
sich heutige Dichter vor.* [...] Aber das Drucken von ein paar Vokalen tut's freilich wohl
nicht. Nicht um Urlaute zu verhöhnen, gab ich diesem Gaule Urlaute, sondern daß ihm
übel werde an sich selber. Aber man lacht nur über die eigene Grimasse. Und man

will's sogar aufführen, zunächst in Hannover. Man wird lachen und toben und nicht wissen warum. Auch ich werde lachen.«[57] – Mehr als sechzig Jahre später, aus der Rückschau des hohen Alters, schrieb mir der 98jährige HANS HAVEMANN (der Vater übrigens von ROBERT HAVEMANN) am 27. August 1985, vier Wochen vor seinem Tode, aus Ost-Berlin: »Ein dadaistisches Opus ist dagegen [im Gegensatz zu HAVEMANNS Erstling *Das Gegenspiel,* den STEEGEMANN ankündigte, aber nicht veröffentlichte; vgl. Nr. 245 und 283 der Bibliographie] mein Stück *Weltgericht. A E I O U,* dessen Aufführung jetzt von einer jungen Gruppe in Weimar geplant wird. Es ist dadaistisch insofern auch Selbstpersiflage des Dadaismus dadaistisch genannt werden kann. Die Entstehung (Anfang 20er Jahre) war folgende: Wir saßen auf dem Dach eines Hinterhauses in Hannover – Ernst Schütte, Hans Schiebelhuth, P. Steegemann und ich und sprachen über Extremismus. Ein Stück mit nur Silben als Text forderte eines mit nur Vokalen. Steegemann war elektrisiert und bot ein hohes Honorar für ein solches. Ich schrieb es. Nach ein paar Wochen hatte er es in der Hand.«

Den kalkulierten Zusammenklang widersprüchlicher und dissonanter Stimmen, der nach dem bisher Gesagten noch am ehesten als ›Programm‹ der Buchreihe erkennbar wird, charakterisiert sehr treffend eine zeitgenössische Kritik der *Silbergäule.* WILHELM MICHEL, selber mit einem Essayband als Autor in der Buchreihe vertreten (Nr. 33/33a), schreibt am 11. Januar 1921 in der *Frankfurter Zeitung:* »Der wesentliche Zug der Sammlung ist eine grenzenlose Bereitschaft zu allem Neuen und Erregenden, zu den Wichtigkeiten des Jahrzehnts, des Tages, selbst der Minute. Ein kecker, unruhiger Geist, ein rasch zugreifender, etwas flatternder, vorfühlender Geschmack zeichnet sich ab, deutlich verliebt in alles, was irgendwie Grenzen überspringt, keineswegs ohne geistigen Ehrgeiz, doch auch gebannt in die Empfindung für das Marktgängige der gegenwärtigen und der kommenden Stunde. Am Anfang scheint es, als würden Namen gesammelt. Da trifft sich mancherlei aus leicht bestaubten Schubladen vielbeschäftigter Schriftsteller, das wohl nicht mit letztem Ernst gewählt ist. Immerhin auch einiges Vollwertige oder mindestens Interessante. Dann werden die Umrisse des Unternehmens schärfer gezogen und es modelliert sich das erheiternde Profil des Dadatums. [...] Das Ganze ist sehr bunt, stellenweise grell und überschrien, doch auch aufgeräumt und vorkämpferisch, leicht und heiter; als ein Unternehmen zur Popularisierung kecker Literaturstimmungen nicht zu unterschätzen.«[58]

Zur Altersstruktur der Autoren Sieht man einmal von den drei nicht zeitgenössischen Texten der Reihe ab (WANG-SIANG, HÖLDERLIN und FLAUBERT), so zeigt sich, daß nur sechs der verbleibenden 42 Autoren vor 1875 geboren sind: CARL HAUPTMANN (1858); KURT MARTENS (1870); FRANZ BLEI, SALOMO FRIEDLAENDER/MYNONA und HEINRICH MANN (1871); schließlich HEINRICH VOGELER (1872). Von diesen Vertretern einer älteren Generation können VOGELER und HEINRICH MANN als Leitfiguren der politisch-radikalen Ausrichtung des Verlages gelten. Mit CARL HAUPTMANN kommt ein Vorläufer der – im allgemeinsten Sinne – expressionistischen Komponente des Verlagspro-

57 In: *Frankfurter Zeitung.* 14. Feb. 1921, Abendblatt.
58 Ebd. 11. Jan. 1921, 1. Morgenblatt.

Paul Steegemann, 1919, Ölkreidezeichnung
von Ludwig Meidner (DLA Marbach)

gramms zu Wort. FRANZ BLEI ist ein glänzender Anwalt jener entlegenen Traditionen, die PAUL STEEGEMANN mit der Veröffentlichung literarischer Kuriositäten und Erotika pflegen wird. MYNONA schließlich ist der Schöpfer der expressionistischen Groteske und damit einer Form, in der ALBERT SOERGEL 1925 das wesentliche Charakteristikum der Produktion des Paul Steegemann Verlages sehen wird[59].

Insgesamt 31 Verfasser der *Silbergäule* – also gut drei Viertel aller beteiligten zeitgenössischen Autoren – sind nach 1880 geboren. Ein deutlicher Schwerpunkt ergibt sich für die Jahrgänge von 1887 bis 1892, also für die Generation der um 1920 etwa Dreißigjährigen: 18 Mitarbeiter sind in diesen sechs Jahren geboren, unter ihnen jene, deren Arbeiten das Gesicht der Reihe am nachhaltigsten geprägt haben: HANS ARP und KURT SCHWITTERS (1887), HANS REIMANN und WALTER SERNER (1889), RICHARD HUELSENBECK (1892). – Der jüngste Mitarbeiter der *Silbergäule* ist der am 4. Oktober 1901 geborene Graphiker HEINZ WANDERS. Seine Folge von Lithographien unter dem Titel *Spuk* (Nr. 67/68) ist das Werk eines Achtzehnjährigen.

(Ein Vergleich mit der Altersstruktur des *Jüngsten Tages* kommt übrigens zu ganz ähnlichen Ergebnissen: Auch hier ist das Gros der Autoren nach 1880 geboren. Ebenso ergibt sich eine deutliche Kulmination bei den Jahrgängen um 1890. Dem früheren Einsetzen der Reihe entspricht indessen eine deutlich stärkere Beteiligung schon der Jahrgänge ab 1882.)

Auflagenhöhe und Absatz Nach dem Debüt der *Silbergäule* im Oktober 1919 kann PAUL STEEGEMANN schon am 3. Dezember im *Börsenblatt für den Deutschen Buchhandel* 24 Titel der neuen Reihe anzeigen[60]. Hier beziffert er die Gesamtauflage der zwei Monate alten Serie auf »über 100 000 Bände«. Als mit der Jahresangabe 1919, in Wahrheit aber wohl erst im Jahr darauf, das 6. bis 10. Tausend der *Anna Blume* von KURT SCHWITTERS erscheint, gibt eine Anzeige der Nummern 1/2 bis 59/61 der Buchreihe im Annoncenteil des Bandes die Auskunft: »Gesamtauflage über 200 000 Bände«. Entsprechende Werbeseiten für die Nummern 1/2 bis 87/88 in der *Wolkenpumpe* von HANS ARP (Nr. 52/53) und in MELCHIOR VISCHERS *Sekunde durch Hirn* (Nr. 59/61) geben bereits »über 400 000 Bände« an. Eine Annonce in WALTER SERNERS dadaistischem Manifest *Letzte Lockerung* (Nr. 62/64) enthält die Feststellung: »Fast eine halbe Million Silbergäule traben auf der Erde herum«. Schließlich heißt es in einer Anzeige für die Bände 1/2 bis 99/100 im August 1920 im *Marstall*: »Gesamtauflage über 500 000 Bände«. – Daß die Werbeabsicht solcher pauschalen Angaben ihre Glaubwürdigkeit schmälert, liegt auf der Hand. Eine Überprüfung und Korrektur, die ich im folgenden versuchen will, ist allerdings nur mit gewissen Einschränkungen möglich.

Die Mehrzahl der von PAUL STEEGEMANN verlegten Bücher enthält im Impressum genaue Angaben über die Auflagenhöhe. Auch in den Annoncenanhängen der STEEGEMANN-Publikationen und in den separat oder als Anhang zu Büchern erschienenen Gesamtverzeichnissen des Verlages werden die lieferbaren, aber auch vergriffene Titel meist mit Auflagenbezeichnungen angezeigt. Ein Vergleich

59 Vgl. A. SOERGEL: *Im Banne des Expressionismus.* 1925, S. 860.
60 Vgl. *Börsenblatt.* 86, 1919, Anzeigenteil S. 13322 f.

dieser Annoncen und Kataloge mit den Impressumangaben ergibt die synonyme Verwendung der Wörter ›Auflage‹ und ›Tausend‹: Einen Band, der laut Impressum im ersten bis dritten Tausend vorliegt, zeigt Steegemann also als dritte Auflage an; eine Neuausgabe etwa mit der Angabe »11. bis 13. Tausend« wird entsprechend als 13. Auflage annonciert.

Für Bücher, deren Impressum nichts über die Auflagenhöhe aussagt, wird man im Normalfall mit einer Stückzahl von tausend rechnen müssen, denn Neuauflagen solcher Titel setzen mit dem zweiten Tausend ein. Dafür ein Beispiel aus den *Silbergäulen*: WALTER SERNERS Prosasammlung *Zum blauen Affen* (Nr. 91/98) erscheint 1921 ohne Angabe der Auflagenhöhe; die Neuauflage von 1923 umfaßt das zweite bis sechste Tausend. Von dieser Regel gibt es vermutlich einzelne Ausnahmen. So habe ich von den Graphikheften von BERNHARD DÖRRIES, KURT SCHWITTERS, MAX BURCHARTZ und HEINZ WANDERS (Nr. 15, 41/42, 43/44 und 67/68) nur Exemplare ohne Auflagenbezeichnung gesehen und nachweisen können. Da die Anzeigen und Kataloge des Verlages beharrlich für jedes dieser vier Hefte die dritte Auflage annoncieren, wird man wohl deren erste und zugleich letzte Ausgaben mit jeweils 3000 Exemplaren ansetzen müssen. Solche Unsicherheitsfaktoren sind bei den folgenden Aussagen über Auflagenhöhen der *Silbergäule* zu berücksichtigen.

Als die Normalauflage der einzelnen Bände der Reihe ergibt sich die Zahl von 3000 Exemplaren: 29 von insgesamt 59 Titeln haben diese Auflage erreicht, die meisten von ihnen bereits mit der ersten und einzigen Ausgabe. Vermutlich zwölf Bände der Reihe bleiben unter dem Normalwert: Davon kommen sechs Bände auf 2000 Exemplare; fünf Bände (hier kommt eine gewisse Unsicherheit ins Spiel) überschreiten wohl nicht die Zahl 1000; und die Auflage *eines* Titels der Reihe – VICTOR CURT HABICHTS 1921 aus dem aufgelösten Zweemann-Verlag in die *Silbergäule* übernommener Gedichtband *Der Funke Gott* (Nr. 113/118) – beträgt nach Angabe der Verlagsverzeichnisse von 1924 und 1929 nur 500 Exemplare. Bei achtzehn *Silbergäulen* übersteigt die Auflagenhöhe den Normalwert: Drei Bände erreichen die Zahl 4000; immerhin sieben Titel kommen auf je 5000 Exemplare, unter ihnen die vier kommunistischen Programmschriften HEINRICH VOGELERS, die jeweils mit dieser relativ hohen Anfangsauflage starten. Nur noch drei Titel erreichen die Stückzahl 6000, wobei zu berücksichtigen ist, daß zwei von ihnen strenggenommen hier gar nicht einbezogen werden dürfen: Die Neuauflage von WALTER SERNERS *Zum blauen Affen* (2. bis 6. Tausend) und die wesentlich vermehrte Ausgabe seines Manifests *Letzte Lockerung* (4. bis 6. Tausend) erscheinen 1923 und 1927 nicht mehr innerhalb der inzwischen eingestellten Buchreihe. Auch die Neuausgaben der beiden Titel (Nr. 101/106 und 147/151), die bis 1923 eine Gesamtauflage von je 8000 Exemplaren erreichen (FLAUBERTS *Büchernarr*, illustriert von KUBIN, und KURT MÜNZERS Erzählung *Der weiße Knabe*), sind nicht mehr innerhalb der *Silbergäule* erschienen.

Endlich bleiben nur drei Titel übrig, denen der Sprung über die Schwelle von mehr als 10 000 Exemplaren gelingt: Nachdem die *Anna Blume* von KURT SCHWITTERS (Nr. 39/40) um die Wende von 1919 auf 1920 in zwei rasch aufeinanderfolgenden Ausgaben von je 5000 Exemplaren diese Schwelle als erster Band der *Silbergäule* erreicht hat, erscheint 1922 noch eine erweiterte und veränderte Fassung als 11. bis 13. Tausend. – Die höchsten Auflagen erreichen die 1921 erschienenen Parodienbände von HANS REIMANN (Nr. 139/146 und 132/134): *Ewers. Ein garantiert verwahrloster Schundroman in Lumpen, Fetzchen, Mätzchen und Unterhosen von Hanns Heinz Vampir* startet mit 10 000 Exemplaren, denen schon im Jahr darauf das 11. bis 20. Tausend folgt. Die Parodie auf

Dämonen 14/50
I

»*Meine* Lieblingsdichterin ist die Courths-
Mahler!! Verstanden?!« Federzeichnung von George
Grosz für Nr. 80, darin S. 61

Titelblatt der Graphikmappe von Max Burchartz,
1919, Bibliographie Nr. 223, Vorzugsausgabe zu Nr. 2
(links)

ARTUR DINTERS *Sünde wider das Blut – Die Dinte wider das Blut. Ein Zeitroman von Artur Sünder* – erscheint bereits 1923 im 31. bis 35. Tausend; mit einer Neuauflage im Jahre 1929 erreicht dieses Buch das 40. Tausend.

Die Addition der einzelnen Zahlenwerte ergibt für die 59 Titel der *Silbergäule* eine Gesamtauflage von nicht ganz 260 000 Exemplaren. Von STEEGEMANNS eigenen Angaben über die Auflagenhöhe der Reihe gilt demnach, daß er die wirklichen Zahlen jeweils mehr als verdoppelt hat.

Eine Normalauflage von 3000 Exemplaren, ein rechnerisch zu ermittelnder Durchschnittswert von wenig mehr als 4000 Exemplaren pro Band – das erscheint rückblickend, im Zeitalter der Taschenbücher, als außerordentlich niedrig. Für KURT WOLFFS sechs Jahre vor den *Silbergäulen* gegründete Reihe *Der jüngste Tag* kann LUDWIG DIETZ immerhin feststellen, »daß die oberste Grenze der Kapazität des *Jüngsten Tages* und seiner Lesergemeinde bei etwa zehntausend Exemplaren je Nummer erreicht war, denn bei jenen Autoren, die an sich diese Grenze hätten überschreiten sollen, veranstaltete der Verlag sehr schnell parallele Ausgaben.«[61] Ein Blick auf die wirtschaftlichen Verhältnisse der Jahre um 1920 erlaubt trotzdem die Feststellung, daß die genannten Auflagenzahlen für den Verlegerneuling PAUL STEEGEMANN und für eine Buchreihe, die sich auf die Werke der jüngsten, noch nicht durchgesetzten Autoren konzentriert, einen beachtlichen Erfolg bedeuten.

Die Durchsicht der Verlagsverzeichnisse STEEGEMANNS lehrt freilich auch, daß die *Silbergäule* in den Jahren ihres Erscheinens durchaus nicht restlos abgesetzt werden konnten. Der im Oktober 1924 gedruckte *Katalog 1919–1924* verzeichnet von den 59 Bänden noch 52 als lieferbare Titel. Est vier sind zu diesem Zeitpunkt vollständig vergriffen: KURT HILLERS *Gustav Wynekens Erziehungslehre und der Aktivismus* (Nr. 4), CURT MORECKS Novelle *Die Hölle* (Nr.18), MYNONAS Groteske *Unterm Leichentuch* (Nr. 45/47) und HEINRICH VOGELERS *Über den Expressionismus der Liebe* (Nr. 12). Von drei Titeln sind nur noch Exemplare einer teuren Vorzugsausgabe vorrätig: die Lyrikbände *Stimmen* von BERTA LASK (Nr. 13/14), *Briefe an Margit* von RUDOLF LEONHARD (Nr. 1/2) und *Die tausend Gelächter* von ANTON SCHNACK (Nr. 16). – Die Verlagsverzeichnisse von 1929 enthalten noch 48 Titel der Reihe; die Liste der vergriffenen Bände hat sich nur um vier vermehrt: die Lithofolge *Mittelalter* von BERNHARD DÖRRIES (Nr. 15), die HÖLDERLIN-Auswahl (Nr. 119/125), MAX SIDOWS Dichtung *Hermaphrodit* (Nr. 55/56) und WALTER SERNERS Manifest *Letzte Lockerung* (Nr. 62/64), von dem allerdings 1927 – und deshalb nicht mehr in der Reihe – eine wesentlich vermehrte Ausgabe erschienen ist. – 1932 bietet PAUL STEEGEMANN nur noch dreizehn *Silbergäule* an; unter ihnen sind noch immer so wichtige Titel wie RICHARD HUELSENBECKS *En avant Dada* (Nr. 50/51), die erweiterte Ausgabe der *Anna Blume* von 1922 (Nr. 39/40) und – ebenfalls von KURT SCHWITTERS – die Lithofolge *Die Kathedrale* (Nr. 41/42).

61 LUDWIG DIETZ: Kurt Wolffs Bücherei *Der jüngste Tag.* In: *Philobiblon.* 7, 1963, S. 102.

Zur Präsentation der Reihe Trotz der in den *Silbergäulen* der Jahre 1919 und 1920 durchgehaltenen Einheitlichkeit des Formats (etwa 22 x 14,5 cm) vermeiden die Hefte von Anfang an jede Uniformität. Die Umschläge sind verschiedenfarbig getönt. Ganz wenige Umschlagtitel begnügen sich mit einer typographischen Lösung und stellen Reihen- und Hefttitel in einen linearen Rahmen. Die meisten Hefte sind mit Umschlagzeichnungen versehen – meist schwarz auf der Grundfarbe des jeweiligen Kartons, manchmal auch farbig oder mehrfarbig. Zuweilen begegnen von derselben Auflage ein und desselben Titels Exemplare mit abweichenden Umschlägen, auch stärker beschnittene und so verkleinerte spätere Bindequoten. – Auch im Innern unterscheiden sich die *Silbergäule* beträchtlich: Von Heft zu Heft wechseln die Schriftarten und die Größe der Typen; der Satzspiegel ist unterschiedlich hoch und breit; die Zeilendichte variiert stark. Auch die Papiersorten differieren. – 1921 treten neben und zwischen *Silbergäule* der bisherigen Größe neue Bände in einem kleineren Format (ca. 18 x 12,5 cm). Vielleicht hat PAUL STEEGEMANN eine generelle Umstellung der Reihe auf dieses Format erwogen, denn auch Neuauflagen älterer Hefte erscheinen nun in der kleineren Form und mit entsprechend höherer Seitenzahl: etwa das zweite bis vierte Tausend der Novelle *Der Emigrant* von KURT MARTENS (1921) und die erweiterte Ausgabe der *Anna Blume* (1922). Die letzten beiden Bände der Reihe – *Das goldene Dresden* und *Die Idyllen um Sylphe* von OSSIP KALENTER (Nr. 152 und 153) – erscheinen 1922 in einem dritten, wiederum kleineren Format (kanpp 16 x 10 cm). Diese Umstellungen haben im übrigen auch zur Folge, daß an die Stelle der bis dahin in der Regel kartonierten Hefte häufiger als früher gebundene Bücher treten.

Den Druck der meisten *Silbergäule* – in den Jahren 1919 und 1920 noch ohne Ausnahme – hat die Buchdruckerei EDLER & KRISCHE in Hannover besorgt, eben jene Firma, bei der PAUL STEEGEMANN im Frühjahr 1919 wegen eines größeren Kredits zur Gründung seines Verlages vorstellig wurde. Der Graphiker HEINZ WANDERS – als der jüngste Mitarbeiter der Reihe schon erwähnt – erzählte mir, der kunstbegeisterte Chef der Firma, DR. EDLER, habe damals viele junge Talente in Hannover unterstützt. Als Mitglied des Deutschen Werkbundes bot seine Druckerei auch für den Handdruck kleiner Originalgraphikauflagen und für die Erfüllung bibliophiler Ansprüche die geeigneten Voraussetzungen. – Nur wenige späte *Silbergäule* und einzelne Neuauflagen sind nicht mehr bei EDLER & KRISCHE gedruckt. Zu nennen sind hier die Druckereien von OSCAR BRANDSTETTER, JULIUS KLINKHARDT, POESCHEL & TREPTE, KURT SÄUBERLICH und die Spamersche Buchdruckerei, alle in Leipzig; außerdem die Universitäts-Buchdruckerei DR. C. WOLF & Sohn in München und die Lehmannsche Druckerei in Dresden (vgl. das Register der Druckereien).

Verlagsanzeigen STEEGEMANNS in einzelnen frühen Heften der Serie bezeichnen die ersten zwölf *Silbergäule* (Nr. 1/2 – 18) als ›Erste Reihe‹; daneben finden sich Ankündigungen der Autorennamen, die in einer ›zweiten Reihe‹ vertreten sein sollen. Der Verleger hat die geplante Feingliederung in einzelne ›Reihen‹ bald aufgegeben. Sie war ohnehin nicht durch eine tiefere Zusammengehörigkeit der Titel motiviert, sondern wohl als Anreiz für den Kunden gedacht, statt einzelner Hefte eine größere Zahl scheinbar zusammengehöriger Titel zu kaufen.

Als Ende 1919 die *Silbergäule* zu erscheinen beginnen, kosten sie pro Nummer 1,50 Mark; das entspricht genau dem Preis der gebundenen Einzelnummer des *Jüngsten Tages* (broschiert kosten die Hefte aus dem Kurt Wolff Verlag, deren Ausstattung in diesen späten Jahren freilich anspruchsloser als die der *Silbergäule* ist, nur 80 Pfennig). Für ein Bändchen der Insel-Bücherei muß man zur selben Zeit immerhin 1.10 Mark bezah-

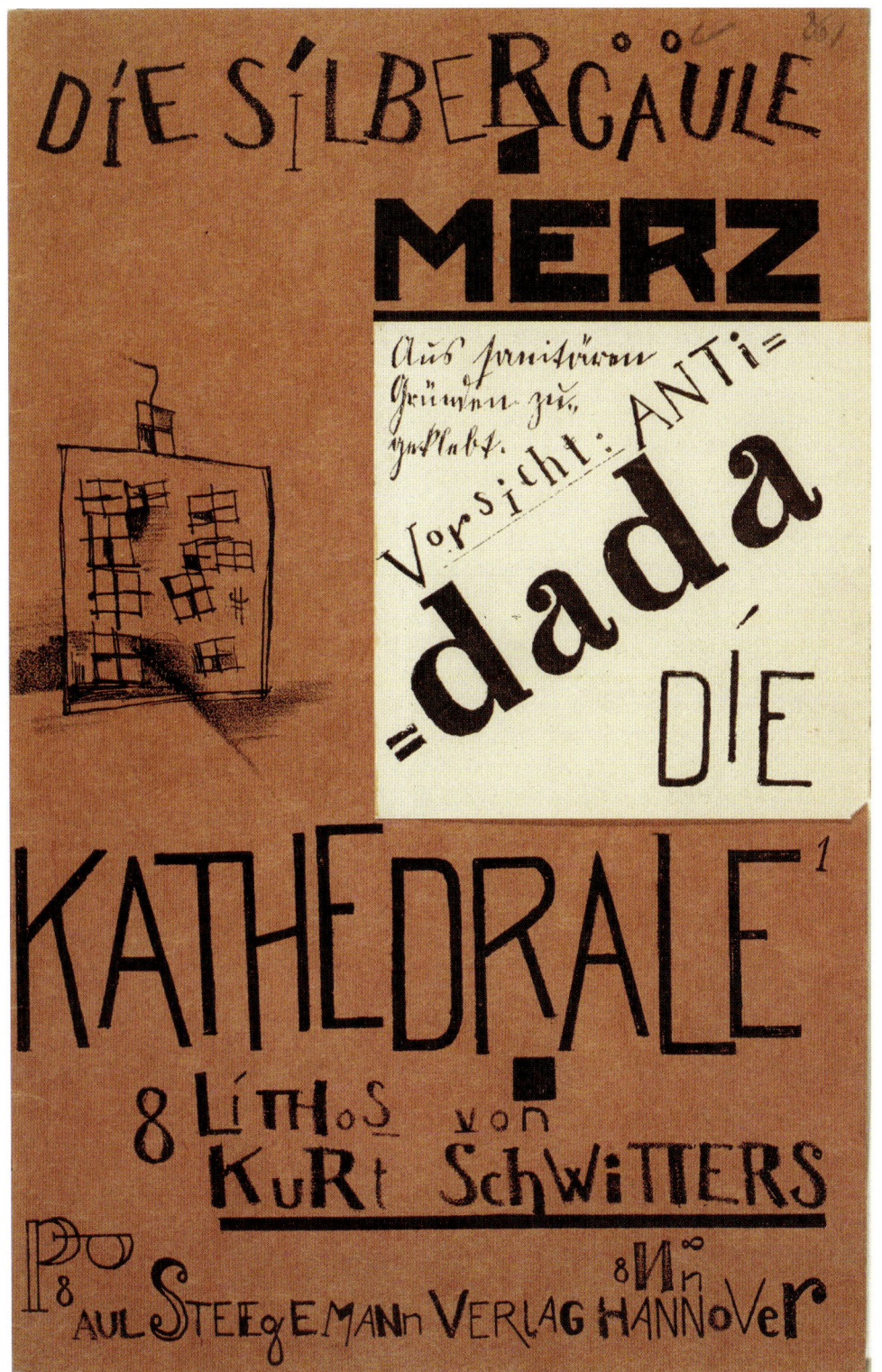

len. Im Vergleich damit erscheinen die 1,50 Mark für die neuen Hefte aus dem Paul Steegemann Verlag, bedenkt man deren geringe Auflage und ihren weitgehenden Verzicht auf arrivierte Autoren, als durchaus wohlfeil. Anfang 1920 erhöht sich der Preis für die Einzelnummer auf zwei Mark; die Doppel- und Dreifachbände kosten zunächst weiter drei Mark und 4,50 Mark. Noch im selben Jahr erhöht sich allerdings auch der Preis für die Mehrfachbände auf den Grundbetrag von zwei Mark pro Einzelnummer. (Insel-Bändchen kosten um diese Zeit schon 3,50 Mark.)

Daß PAUL STEEGEMANN am Vorabend der Inflation den Grundpreis pro Nummer relativ lange bei zwei Mark hält, bedeutet freilich nur auf den ersten Blick eine tatsächliche Konstanz dieses Preises. In Wahrheit hat sich die auf eine Nummer entfallende Seitenzahl oft so sehr verringert, daß die Verteuerung doch schon recht fühlbar ist. Dieses Verfahren stößt denn auch auf kritischen Widerspruch; über FLAUBERTS Erzählung *Der Büchernarr*, mit drei Lithographien KUBINS Anfang 1921 erschienen, heißt es am 6. Januar 1921 im *Börsenblatt*: »Neu erscheint mir das Verfahren des Verlages, das Büchlein als Band 101–106 zu bezeichnen. Wenn das Büchlein von 34 Seiten 6 Nummern der *Silbergäule* bildet, wie stark ist dann eine Nummer? Man sollte nicht bloß den inländischen Bücherkäufern, sondern auch dem Ausland, das sich neuerdings immer mehr über deutsche Geschäftsmethoden beschwert, nicht durch solche Numerierungen, die immerhin zu Mißverständnissen führen können, Anlaß zu Klagen geben.«[62]

Den Verleger PAUL STEEGEMANN haben solche Äußerlichkeiten wohl nur wenig bekümmert. Die Numerierung der *Silbergäule* hat er überhaupt recht nachlässig gehandhabt: Sie enthalten nicht selten falsche Zählungen; zuweilen gibt es auch Abweichungen zwischen der Numerierung auf dem Umschlag und im Impressum ein und desselben Bandes. Sechs angekündigte Titel sind gar nicht erschienen: Zwei Graphikhefte von FRITZ BURGER-MÜHLFELD (*Legenden. 13 Steinzeichnungen*) und ERNST SCHÜTTE (*O Mensch! Zeichnungen der Verwesung*) und vier Textbände von HANS HAVEMANN (*Das Gegenspiel. Kosmos. Erstes Buch*), von WILHELM MICHEL (*Pan singt. Gedichte*), von KARL SCHENZINGER (*Berggang. Ein Drama*) und HANS SCHIEBELHUTH (*Schwabinger Sonette*). Mit einer Ausnahme – an die Stelle des Lyrikbandes von WILHELM MICHEL tritt ein Essayband dieses Autors – bleiben die dafür vergebenen Nummern 37/38, 76/77, 78 (dann angekündigt als 78/78a), 85/86 und 107/108 unbesetzt. Die Gründe des Nichterscheinens sind im einzelnen nicht zu ermitteln. Für den ›Fall Schenzinger‹ belegt ein Brief PAUL STEEGEMANNS an BERNHARD GRÖTTRUP, daß auch Differenzen zwischen Autor und Verleger eine Rolle gespielt haben: »Es mag genügen, wenn Sie Ihren Lesern mitteilen, daß dieser Dramen-Fabrikant nicht bei mir ediert wird, dieweil er nach einem abgeschlagenen Pumpversuch über 3000 Mk. eine unangenehme Vitalität entwickelte. Der Kavalier ist jetzt nach allen Regeln der Kunst verklagt worden.«[63]

Die Aufmerksamkeit des Verlegers konzentrierte sich auf die bei aller notwendigen Einfachheit qualitätvolle und individuelle Ausstattung der einzelnen Bände. Darüber hinaus kam PAUL STEEGEMANN bibliophilen Wünschen entgegen, indem er von zahlreichen *Silbergäulen* Vorzugs-

62 TONY KELLEN in: *Börsenblatt*. 88, 1921, S. 14.
63 In: *Die Pille*. 2, 1921, S. 200.
64 In:*Der Zwiebelfisch*. 11, 1920, S. 144f.
65 Ebd. 13, 1921/22, Heft 1/3, S. 80.

ausgaben in einem größeren Format (28 × 20 cm) herstellen ließ. Es gibt – mit wenigen Ausnahmen – zwei Varianten dieser Vorzugsausgaben: Die einen wurden »auf schwerem Bütten« in 60, davon 50 für den Handel bestimmten numerierten, von den Autoren signierten Exemplaren gedruckt und in Halbpergament gebunden; die anderen waren »auf ZANDERS-Dickdruckpapier« in 100 ebenfalls numerierten, signierten und in Halbpergament gebundenen Exemplaren erhältlich. Die Ausgaben auf Bütten kosteten 1919 zunächst noch fünfzig, in einigen Fällen – bei noch ganz unbekannten Autoren – nur dreißig Mark. Der Preis für Exemplare der Hunderter-Auflagen betrug anfangs fünfundzwanzig Mark.

Die künstlerische Ausstattung Zum Schluß des Kapitels über die *Silbergäule* noch einige Bemerkungen über die Umschlagzeichnungen, Illustrationen und Graphikhefte der Reihe: Sie sind – von den großen Ausnahmen KURT SCHWITTERS und ALFRED KUBIN einmal abgesehen – Zeugnisse des späten, um 1920 in zahlreichen provinziellen Ausläufern verebbenden deutschen Expressionismus, zuweilen vermengt mit stilistischen Anleihen vom Jugendstil über den Kubismus und Futurismus bis zu Dada.

Ein charakteristisches Beispiel für diesen spätexpressionistischen Eklektizismus bietet der 1890 in Hannover geborene Architekt und Graphiker ERNST SCHÜTTE, der sich später – ab 1925 – als Bühnenbildner am Deutschen Theater in Berlin unter MAX REINHARDT einen Namen machte. Um 1920 hat er in Hannover insbesondere für den Zweemann-Verlag und für PAUL STEEGEMANN gearbeitet. Sein Name begegnet unter den Zeichnern der Umschläge der *Silbergäule* am häufigsten. Seine stilistische Variabilität ist schon zeitgenössischen Kritikern aufgefallen. So glossiert HANS VON WEBER im *Zwiebelfisch* seine wechselnden Illustrationen zu den verschiedenen Auflagen der OSCAR WILDE zugeschriebenen Erzählung *Der Priester und der Meßnerknabe* im Zweemann-Verlag: »das eine Mal in Nachahmung Beardsleys, das andere Mal ›expressionistisch‹! Beide Mal schlecht.«[64] Und Schüttes Illustrationen zu einer ebenfalls im Zweemann-Verlag erschienenen Ausgabe des *Sofa* von CRÉBILLON sind für ihn »übelster Futuristen-Kitsch«[65]. Das trifft die stilistische Uneinheitlichkeit der Zeichnungen SCHÜTTES sehr genau; auch das negative Urteil über ihre Qualität bedarf heute wohl kaum einer Revision; immerhin treten im Abstand von mehr als siebzig Jahren die zeittypischen Züge dieser Blätter stärker hervor.

Nach ERNST SCHÜTTE ist unter den Umschlagzeichnern der *Silbergäule* am häufigsten KÄTHE SCHMIDT vertreten, die erste Frau des Verlegers (in einigen Bänden der Reihe ist ihr Name mit KÄTHE STEEGEMANN angegeben). Ihre Umschläge sind erkennbar an der sanften, dekorativen und sentimentalen Linearität. Wie mir der Graphiker HEINZ WANDERS erzählte, hatte sie wesentlichen Anteil an den Beziehungen des Verlages zu den jungen Künstlern im damaligen Hannover. Diese sind denn auch insgesamt am stärksten an der Ausstattung der Buchreihe beteiligt. Zu nennen sind hier insbesondere einige Mitglieder der 1917 gegründeten Hannoverschen Sezession: MAX BURCHARTZ, FRITZ BURGER-MÜHLFELD, BERNHARD DÖRRIES, OTTO HOHLT und – KURT SCHWITTERS. (Bemerkenswert ist, daß Künstler von nicht-expressiver Tendenz wie die damals in Hannover exzellent vertretenen Konstruktivisten der Künstlervereinigung ›Die Abstrakten‹ unter den Mitarbeitern der *Silbergäule* und des Verlages nicht zu finden sind.)

Die freundschaftlichen Beziehungen der im Verlagsort beheimateten oder ansässigen Künstler zu auswärtigen künstlerischen Zentren und Gruppierungen haben für den Paul Steegemann Verlag zahlreiche ergiebige Kontakte knüpfen helfen. So mag

Nr. 79, Einbandzeichnung von Emil Preetorius

F477

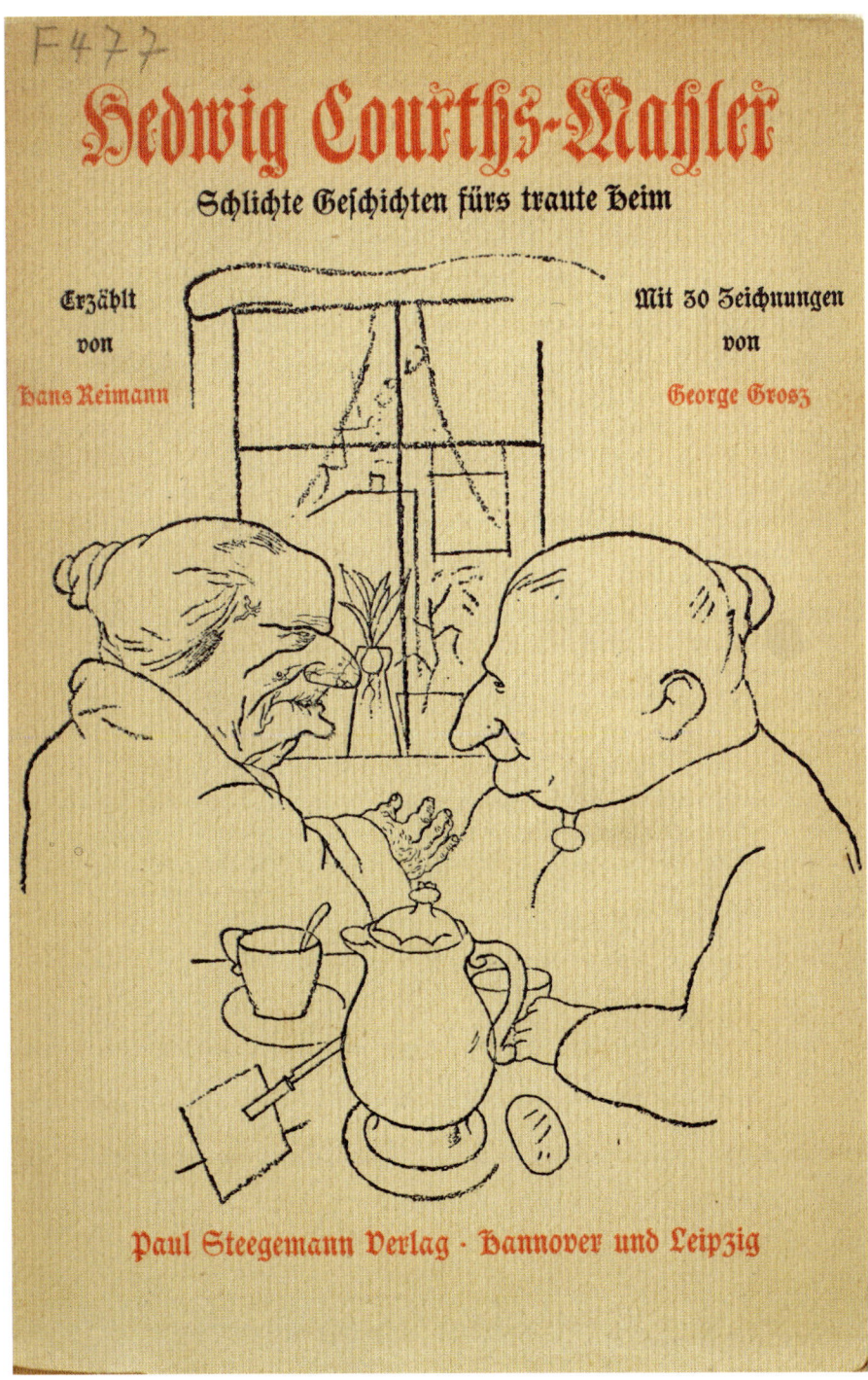

Nr. 80, Umschlagzeichnung von George Grosz

Karl Jakob Hirsch die Verbindung sowohl zum Worpsweder Kreis um Heinrich Vogeler angeregt haben als auch zur Berliner Novembergruppe, deren erste offizielle Veröffentlichung, die über das Debüt nicht hinausgelangte Zeitschrift *NG* 1921 von Paul Steegemann veröffentlicht wurde. Wichtig für die Beziehungen des Verlages zu Berliner Künstlern war auch Kurt Schwitters, der Mitarbeiter an Franz Pfemferts *Aktion* und Herwarth Waldens *Sturm*. Und über diese Mitarbeit ist dann wohl auch der Kontakt zu Hans Arp und Walter Serner vermittelt worden; Christian Schad gab mir dazu die Auskunft: »Die Züricher Dadaisten waren meist Mitarbeiter von *Die Aktion* und *Der Sturm*, so daß der Verlag Steegemann nicht weit entfernt war.«[66] Ebenso haben die freundschaftlichen Beziehungen, die nach einer Mitteilung Fritz Usingers zwischen hannoverschen Künstlern und Literaten und Hans Schiebelhuth bestanden[67], die Kontakte Paul Steegemanns zum Kreis um den jungen Darmstädter Verlag ›Die Dachstube‹ gefördert. Seit dem vierten Heft des *Zweemanns* (Februar 1920) war Schiebelhuth mitverantwortlich für diese Hannoverschen *Monatsblätter für Dichtung und Kunst;* er löste Friedrich Wilhelm Wagner ab und trat als Mitherausgeber der Zeitschrift bis zu deren frühem Ende im August 1920 neben Christof Spengemann. Schiebelhuth hat damit auch die Verbindung zu dem Graphiker und Silhouettenkünstler Ernst Moritz Engert vermittelt, einem Mitglied der Darmstädter Sezession.

Alfred Kubin hat 1921 die Nummer 101/106 der *Silbergäule*, Flauberts Erzählung *Der Büchernarr*, illustriert. Im Jahr darauf lieferte er für Voltaires *Candide*, ebenfalls in der Verdeutschung von Johann Frerking, 28 Federzeichnungen; Paul Steegemann urteilt im ersten Verlagskatalog: »Es ist wohl das *schönste* Buch meines Verlages!«[68] Möglich ist, daß der hannoversche Sammler Herbert von Garvens-Garvensburg den Kontakt zu diesem großen Zeichner hergestellt hat. Kubin war in seiner Sammlung nach dem Zeugnis von Paul Erich Küppers im *Kunstblatt* von 1919 »mit mehreren diabolischen Bildern und Zeichnungen vertreten«[69]. Denkbar wäre auch, daß diese Beziehung von Salomo Friedlaender vermittelt worden ist, der 1920 zu den Autoren der *Silbergäule* gehörte (Nr. 45/57) und mit Kubin befreundet war.

Erwähnenswert ist noch die auffallend häufige Personalunion von Verfasser und Umschlagzeichner. Das gilt für Hans Arp (Nr. 52/53) und Kurt Schwitters (Nr. 39/40) ebenso wie für Klabund (Nr. 79: Titel-, nicht Umschlagzeichnung), Wilhelm Klemm (Nr. 65/66), Hans Reimann (Nr. 139/146), Alexander Seidel (Nr. 126/127), Heinrich Vogeler (Nr. 12, 19, 36 und 54) und Carl Maria Weber (Nr. 34/35).

Das Wort ›Graphik‹ im Untertitel der *Silbergäule* (*Dichtung/Graphik/Essai*) meint nicht allein Illustrationen und Umschlagzeichnungen. In der Buchreihe sind vielmehr fünf reine Graphikfolgen erschienen. Sie dienten wohl als direkter Hinweis auf eine Reihe kostbarer und kostspieliger graphischer Mappenwerke, die Paul Steegemann 1919 und 1920 in kleinen numerierten und signierten Auflagen ediert hat. So bilden die Vorzugsausgaben der *Silbergäule* Nr. 15 und 43/44, die Lithofolgen *Mittelalter* von

66 Brief Christian Schads an mich vom 17. Mai 1973.
67 Brief Fritz Usingers an mich vom 5. Juni 1973.
68 In: *Zwei Jahre Verleger. Von Laotse bis Dada.* S. 32.
69 Zit. nach: *Die Zwanziger Jahre in Hannover.* 1962, S. 66.
70 Postkarte von Bernhard Dörries vom 29. Mai 1973.
71 Diese Angaben über die weder von Fritz Homeyer (in: *Deutsche Juden als Bibliophilen und Antiquare.* 1963) noch von Thomas Grochowiak (in: *Ludwig Meidner.* 1966) verzeichnete Mappe *Krieg* verdanke ich Herrn Wilhelm F. Arntz.
72 Werner Schmalenbach: *Kurt Schwitters.* 1967, S. 91.

BERNHARD DÖRRIES und *Die Dämonen* von MAX BURCHARTZ, zugleich einen Bestandteil jener Reihe von Mappenwerken. Der Hinweis-Charakter der billigen Hefte für die kostbaren Mappenwerke wird deutlich aus einem Kommentar PAUL STEEGEMANNS zu der Folge von BERNHARD DÖRRIES: »Die Lithos dieses Heftes sind der in meinem Verlage erscheinenden Mappe von BERNHARD DÖRRIES entnommen, im Umdruckverfahren maschinell hergestellt; sie geben nur den Inhalt der Bilder. Die künstlerische Vollendung, das Spiel der Töne und Mittel-Töne kann nur durch Handpresse - Druck erreicht werden. Liebhaber und Sammler guter Graphik werden auf die Mappen hingewiesen«.

PAUL STEEGEMANN hat Graphikmappen der folgenden Künstler angezeigt oder angekündigt: MAX BURCHARTZ, FRITZ BURGER-MÜHLFELD, ELISABETH COING, BERNHARD DÖRRIES, ERNST MORITZ ENGERT, OTTO HOHLT, LUDWIG MEIDNER und KÄTHE SCHMIDT. Ob alle diese raren Editionen wirklich erschienen sind, ist nicht in jedem Fall mit Sicherheit zu ermitteln. Nicht erschienen sind die annoncierten zehn Lithographien von BERNHARD DÖRRIES zu *Iwan Karamasoff*, die der Künstler nach seiner Hinwendung zum Realismus der zwanziger Jahre nicht mehr ausgeführt hat: »Die Karamasoff-Zeichnungen plante ich zwar, habe sie aber nicht mehr gemacht, da mein Künstler-Ideal plötzlich Holbein wurde und ich von nun an sehr genaue Porträts malte.«[70] – Die nur im Jahre 1919 wenige Male von PAUL STEEGEMANN annoncierte Mappe *Krieg* mit acht Lichtdrucken nach Zeichnungen LUDWIG MEIDNERS ist nach der Verlagsangabe der Titelzeichnung ursprünglich bei ALFRED RICHARD MEYER in Berlin-Wilmersdorf erschienen.[71] STEEGEMANN hat vermutlich Exemplare der Auflage übernommen. Den Kontakt zwischen Künstler und Verleger bezeugt auch MEIDNERS schöne Porträtzeichnung von PAUL STEEGEMANN aus dem Jahre 1919 (jetzt im Deutschen Literaturarchiv, Marbach a. N; vgl. Abb. S. 33).

Für diejenigen der von STEEGEMANN präsentierten Graphiker, die in den Jahren um 1920 die künstlerische Szene Hannovers mitbestimmten, kann hier auch auf den Ausstellungskatalog von 1962 verwiesen werden: *Die Zwanziger Jahre in Hannover. Bildende Kunst, Literatur, Theater, Tanz, Architektur 1916–1933*. Ich begnüge mich abschließend mit einigen Hinweisen zu dem Heft 41/42 der *Silbergäule*: Die acht Lithographien von KURT SCHWITTERS unter dem Titel *Die Kathedrale* sind offenbar nur innerhalb der Reihe in vermutlich 3000 Exemplaren erschienen. Tadellose Exemplare dieses Heftes, das noch 1932 broschiert für zwei Mark, gebunden für drei Mark vom Verlag bezogen werden konnte, nähern sich im Antiquariatshandel der Zehntausend-Mark-Schwelle (im Oktober 1991 bei W. BRANDES, Braunschweig, ein Exemplar mit dem lithographierten Verschlußstreifen DM 9000, mit Aufgeld also schon mehr als DM 10 000). WERNER SCHMALENBACH urteilt in seiner monumentalen SCHWITTERS-Monographie: »Die Blätter haben einen stark voneinander abweichenden Charakter. Einige sind freirhythmisch auf den hellen Grund gezeichnet und zeigen wieder das Motiv schein-funktioneller Radmaschinen oder die von den Zeichnungen her bekannten dadaistisch zusammengefügten Elemente (Wind- und Kaffeemühle, Haus, Spaziergänger, Schrift und Zahl). Andere sind flächenhaft geschlossen und ›abstrakt‹ – rechteckig oder oval. Auch da hat Schwitters ›Fremdstoffe‹ benutzt wie Schuhlederstücke und gemustertes Material (vermutlich Tortenpapier, wie er es manchmal auch in seinen frühen Collagen verwendete, das hier aber auf den Druckstock geklebt wurde). Die Graphiken der *Kathedrale* sind zweifellos die schönsten und originalsten, die Schwitters in dieser Zeit hervorgebracht hat, und dürfen einen Ehrenplatz in der Geschichte der neueren Graphik beanspruchen.«[72]

**DER PRIESTER UND DER
MESSNERKNABE**
UND ANDERE APOKRYPHE ERZÄHLUNGEN
VON
OSCAR WILDE

PAUL STEEGEMANN VERLAG HANNOVER

Erinnerungen und Anekdoten Um Paul Steegemann und seinen Verlag haben sich schon früh Legenden und Anekdoten gebildet, die gewiß nicht immer zuverlässig sind, aber das Charakteristische seiner Wirkung auf die Zeitgenossen zuweilen doch besser bezeugen als nüchternes Archivmaterial. Der junge Verleger hat solcher Legendenbildung nach Kräften Vorschub geleistet. Da ist zunächst einmal die vielzitierte Schilderung seines Verlages in dem Rückblick ›Fünf Jahre Verleger‹ von 1924: »Zunächst verzichtete er auf ein großes Büro. Er besaß ein einzelnes Zimmer, unter dem Bett den Verlag. Allein am Telephon war er zuvorkommend höflich. Jeden Anruf beantwortete er mit der eindringlichen Frage, welche Abteilung des Verlages gewünscht werde: und so verband er sich jeweils als mit der Buchhalterei, der Expedition, dem Privatkontor, dem Lektorat. Abends packte er seine Bücher selbst, schleppte sie auf einem kleinen Handwagen zur Post. So vergrößerte er sich.«[73] Ein Feuilleton Hans Reimanns über Steegemann in der *Weltbühne* vom 26. Oktober 1922 gibt eine in allen Einzelheiten übereinstimmende Schilderung dieser Anfänge in der Junggesellenbude des Verlegers, Welfenstraße 1, und resümiert: »Er war alles in einer Person: Packer, Markthelfer, Direktor, Botenjunge, Autor.«[74] Und Werner Schumann in seinen Erinnerungen ›Damals in Hannover‹ vermehrt die oft kolportierte Geschichte von dem Verlag im Pappkarton unterm Bett des Verlegers um die Variante, Steegemann habe diesen Karton »zuweilen aber auch zu geschäftlichen Besprechungen mit Autoren und Lieferanten ins [Café] Kröpcke« mitgenommen: »Fand er nicht gleich das richtige, so schüttete er ohne viel Federlesens den Inhalt jenes Kartons aus.«[75]

Noch im Jahre 1919 – wohl nach seiner Heirat mit der Graphikerin Käthe Schmidt – bezieht Paul Steegemann eine Wohnung in der Marienstraße 33[76]; dem Verlag wird hier erstmals ein eigenes Zimmer eingeräumt. Mit zunehmendem Aufschwung des Geschäfts erfolgt dann die Trennung von Wohnung und Verlagsbüro. Für Juli 1923 bezeugt eine Erinnerung Emil Belzners das Domizil des Verlegers in der Gretchenstraße.[77] Vermutlich befand sich schon zu dieser Zeit das Verlagsbüro nicht weit entfernt »im dritten Stock von Hannovers Hinüberstraße 4a, im Bürohaus Königshof«[78]. Das Buchhändler-Adreßbuch von 1927 belegt einen weiteren Umzug des Verlages noch in Hannover; die neue Anschrift: Am Schiffgraben 30 A.

Die allmähliche Konsolidierung der Firma erfordert im Frühjahr 1920 die Einstellung eines ersten Mitarbeiters: Der 21jährige Karl Schodder soll sich um die Buchführung des Verlages kümmern. Schodder, am 6. Dezember 1899 in Hannover geboren, hatte nach Abitur und Rückkehr aus dem Kriege in der hannoverschen Hackethal Draht- und Kabelwerke A. G. eine kaufmännische Lehre angefangen und dort »Einsicht in die Praxis des Kapitalismus« gewonnen[79]. Nach dem Kapp-Putsch am 13. März 1920 ergriff er die Partei der streikenden Arbeiter und veranlaßte die kaufmännischen Lehrlinge der Firma, sich dem Streik anzuschließen. Der Abbruch der Lehre war die Folge. Ein befreundeter Student der hannoverschen Kunstgewerbeschule, Heinz Wanders, dessen Lithofolge *Spuk* 1920 in den *Silbergäulen* erschienen ist, weist den Arbeitslosen auf den Paul Steegemann Verlag hin. Karl Schodder, mit Buchführung einigermaßen vertraut und an der zeitgenössischen Literatur sehr interessiert, wird angestellt und bleibt bis zum Beginn der Nazizeit Steegemanns engster und zumeist einziger Mitarbeiter. Als für die Büroarbeit ein weiterer Angestellter, Wilhelm Hoepfner, engagiert wird, kann KARL SCHODDER sich stärker um Lektorats- und Korrektorenangelegenheiten kümmern und erhält schließlich die Prokura der Firma. In STEEGEMANNS kurzlebiger Wochenschrift *Störtebeker* von 1924 ist er mit einem Feuilleton über KURT SCHWITTERS und ›Hannovers erste Merz-Matinée‹ als Autor vertreten.[80] – Als literarischer Berater PAUL STEEGEMANNS in den hannoverschen Jahren des Verlages hat wohl auch JOHANN FRERKING fungiert, Theaterkritiker und unter ROLF ROENEKE in den Jahren von 1923 bis 1926 Dramaturg des Schauspielhauses.

KARL SCHODDER, der von 1965 bis zu seinem Tode am 9. Juni 1966 in Berlin einen Teil seiner Erinnerungen niedergeschrieben hat, gibt in diesen unveröffentlichten *Memories* eine Beschreibung der Verlagslokalität in Steegemanns erster Wohnung: »Das Büro in der Marienstraße war ein großes Zimmer seiner Wohnung, es sah leer und kahl aus, hatte aber ringsum an den Wänden seine Privatbibliothek, Masken von Grosz [81] und kleine Klebebildchen von Schwitters hingen da, fromme Lithos von Bernhard Dörries, andere von Gleichmann und Burchartz und ganz schrecklich sentimentale Reliefs seiner lieben Frau Käthe [...] Zwei Schreibtische, einer mit einer Schreibmaschine, ein großer Packtisch und Papierrollen in allen Ecken waren mit drei [o]der vier Stühlen das übrige Mobiliar. Einige Leitzordner waren leer, die Korrespondenz hatte er in den Fächern seines Schreibtischs; in einem Kasten waren die Sortimenterkonten nach Ort und Alphabet abgestellt, und es kam heraus, daß die amerikanische Buchführung nicht über das erste Vierteljahr der Verlagsexistenz hinaus fortgeführt worden war. Die Verlagswerke lagen in Regalen auf dem Flur und in einer Abstellkammer [...] Ich erfuhr in der ersten Stunde, was ›11/10 mit 35%‹ bedeutet, daß man als Ladenpreis das Vierfache der nackten Herstellungskosten anzusetzen hat, daß der Autor als Honorar 10% vom broschierten Ladenpreis erhält. Wie man ein Buch macht, herstellt, würde ich nach und nach erfahren, St. zeigte mir wunderschöne Schriftmusterbücher und herrliche Pressendrucke, daran könne man sich bilden. Eine Menge Zeitschriften sah ich zum ersten Mal, und ich hörte, daß dreimal in der Woche der katholische Bruder des katholischen Franz [Johannes] Weinrich käme, beim Packen zu helfen und mit einem vom Kolonialwarenhändler an der Ecke Barlinge geliehenen Handwagen die Bücherpakete zur Post zu fahren, ich könnte dann mitgehen und dafür sorgen, daß sie heile ausgeliefert würden und das Porto stimme.«[82]

Aus PAUL STEEGEMANNS späterem Domizil in der Gretchenstraße gibt EMIL BELZNER ein ziemlich bewegtes ›Genre-Bildchen‹, datiert Juli 1923: »Ich war damals in der Gretchenstraße in Hannover bei meinem Verleger Paul Steegemann, der während einer Diskussion mit einer radikalen Autoren-Gruppe zusammengehauen worden war und mit verbundenem Kopf auf dem Kanapee lag. Daisy Stinnes, eine 1923 nicht nur in Kreisen der Hochfinanz geschätzte lyrische Prosaistin, stellte die auf dem Boden verstreuten Briefordner in die Regale zurück, füllte die geplünderte Kasse wieder auf und telefonierte mit einer Druckerei. Meine Vers-Erzählung *Die Hörner des Potiphar* sollte in Satz gehen. Bei der Rauferei war ein halber Gesang in Fetzen gegangen. Wohl oder übel mußte ich ihn nachdichten. Ich dichtete ihn laut und skandierte dabei,

73 Zit. nach: *Expressionismus. Aufzeichnungen und Erinnerungen der Zeitgenossen.* 1965, S. 268.

74 In: *Die Weltbühne.* 18, 1922, S. 456.

75 In: *Hannover. Porträt einer Stadt.* 1959, S. 166.

76 Auf einem Brief STEEGEMANNS an CHRISTOF SPENGEMANN vom 26. November 1919 (Original im Besitz der Stadtbibliothek Hannover) ist die alte Adresse bereits gelöscht und durch die Anschrift Marienstraße 33 ersetzt.

77 Vgl. EMIL BELZNER: *Die Fahrt in die Revolution.* 1969, S. 288.

78 Vgl. W. CHRISTIAN SCHMITT: Paul Steegemann Verlag: Avantgarde im Karton. In: *Hannoversche Allgemeine Zeitung.* 18. 5. 1973.

79 Zit. nach KARL SCHODDER: *Memories.* Unveröffentlichtes Typoskript im Besitz von Herrn GEORG R. SCHODDER (Aachen).

80 Diese Auflösung der Initialen K. S. gibt der Katalog: *Die Zwanziger Jahre in Hannover.* 1962, S. 136.

während der Verleger auf dem Kanapee lag und stöhnte. Die verwöhnte Daisy Stinnes hat sich über dieses Genre-Bildchen aus der Intimsphäre der Produktion sehr amüsiert.«[83] – (BELZNERS groteskes Mysterium *Die Hörner des Potiphar* erschien 1924 im Paul Steegemann Verlag in einer einmaligen Auflage von 200 Exemplaren. Von DÉSI STINNES, der Frau des Mülheimer Großindustriellen GUSTAV STINNES, veröffentlichte STEEGEMANN 1923 acht pazifistische Szenen unter dem Titel *Die Söhne*. Diese Publikation ist bemerkenswert auch deshalb, weil STEEGEMANN 1922 EUGEN ORTNERS polemische ›Monographie‹ über den Industriegiganten HUGO STINNES verlegt hatte unter dem Titel *Gott Stinnes. Ein Pamphlet gegen den vollkommenen Menschen.*)

Die meisten Erinnerungen an PAUL STEEGEMANN zeigen den Verleger als Stammgast diverser Cafés und Lokale. Da ist zunächst das Café Kröpcke: »der Treffpunkt für alle, die teilnehmen und mitreden wollten, da überschneiden sich die Kreise: Theodor Lessing residiert an einem Tisch, an einem andern versammeln sich Frerking, Steegemann, der Buchhändler Julius Beeck, der Architekt Falke und andere«[84]. Im Damenzimmer, im Rauchzimmer, im Spielzimmer des Kröpcke, von den Literaten und andern Eingeweihten durch die rückwärtige Tür betreten, hat STEEGEMANN nicht selten seine Verlagsgeschäfte erledigt. In einem Hörbild von HUGO R. BARTELS gibt ein Berichterstatter aus jenen letzten hannoverschen Bohème-Tagen einem jungen Autor den Rat: »Wenn Sie verlegt sein wollen [...], dann melden Sie sich an seinem Tisch, er wird unter seinen Stuhl oder, wenn er dort sitzen sollte, unter das Plüschsofa fassen und wird Ihnen ein Angebot machen, wenn ihm Ihr Manuskript gefällt.«[85] Hier hat ihn auch um 1920 der etwa gleichaltrige ERNST JÜNGER beim Frühstück erlebt: »An einem Tische saß der Verleger Steegemann mit Schenzinger [...] und dem Maler Vierthaler. [...] Dann kam der Kunsthändler Eggers, auch eines der hannöverschen Originale, mit Schlapphut und weißem Vollbart [...] Sein großes Schaufenster war gegenüber, in bester Lage – Schwitters und andere Maler hätten dort gern ausgestellt. Sie fanden aber keine Gnade vor seinen Augen: ›Für Allotria ist bei mir kein Platz.‹ Der Alte gönnte Steegemann, der vor kurzem in seinen Silbergäulen *Anna Blume* ediert hatte, keinen Blick, sondern setzte sich, um ein wenig auf ihn und seine Clique zu schimpfen, an meinen Tisch.«[86]

Ein anderer Treffpunkt der ›Clique‹ STEEGEMANNS ist die Tee-Diele in der Großen Packhofstraße, die im November und Dezember 1919 im *Zweemann* sogar als »Treffpunkt der künstlerischen Kreise Hannovers« inserierte. PAUL STEEGEMANN kann daher am 15. September 1920 in BERNHARD GRÖTTRUPS Wochenschrift *Die Pille* eine ironische Replik auf Kritik an seinem *Marstall* mit dem freundschaftlichen Hinweis schließen: »Wenn Du Glück hast, triffst Du uns abends in der Teediele, Gr. Packhofstraße. Frage den Ober.«[87] Und im ersten Gesamtkatalog seines Verlages kommentiert er Ende 1921 ein Lyrikbändchen von HEINAR SCHILLING: »›Es stehen einige sehr gute Gedichte drin‹, sagte der Kritiker Johann Frerking beim Tee in der Bristol-Diele zum Verleger Steegemann.«[88] – Überhaupt scheint dieser Verleger Kontakte zu künftigen Autoren mit Vorliebe in Lokalen angebahnt zu haben. So berichtet er über den Besuch von WOLFGANG KRAUS »Anfang der zwanziger Jahre« in seinem »kleindeutschen Verlags-Comptoir in

81 SCHODDER meint hier nicht GEORGE GROSZ, der einige bei STEEGEMANN erschienene REIMANN-Publikationen illustriert hat, sondern den hannoverschen Maskenschnitzer WILHELM GROSS, der mit mehreren Arbeiten auch in der Sammlung von HERBERT VON GARVENS-GARVENSBURG vertreten war. Vgl. die Abbildungen in: *Die Zwanziger Jahre in Hannover.* 1962, S. 78 f.

82 Zit. nach KARL SCHODDER: *Memories.* (Typoskript.)

83 EMIL BELZNER: *Die Fahrt in die Revolution.* 1969, S. 288 f.

84 In: *Die Zwanziger Jahre in Hannover.* 1962, S. 84.

85 Funkhaus Hannover, 25. 3. 1950. Zit. nach KARL ESCHER: *Hinter dem Hoftheater.* 1950, S. 49.

86 ERNST JÜNGER: *Drogen und Rausch.* 1970, S. 259.

87 In: *Die Pille.* 1, 1920, S. 65.

88 In: *Zwei Jahre Verleger. Von Laotse bis Dada.* S. 27.

Hannover« und, daß »ein reizendes Rendezvous in der Golgatha-Bar mit eisgekühlten Getränken« das Gespräch auf die literarischen Pläne des Besuchers gebracht habe.[89] Und Paul Nikolaus hat er nach dessen Zeugnis »im Klub [...] vom Tisch weg« gerufen und zu einer Sammlung jüdischer Witze aufgefordert: »Auf meine Einwände entgegnete er nur, er heiße auch Paul; und dann tranken wir Brüderschaft. Seit dieser Zeit hatte ich keine ruhige Minute mehr: erst bekam ich einen Vertrag von Steegemann und dann – pünktlich einen über den anderen Tag – Mahnbriefe, Mahnbriefe.«[90]

Auch für die Berliner Zeit des Verlages ab 1927 bezeugen die Erinnerungen der Zeitgenossen den Verleger Paul Steegemann insbesondere als Stammgast von Künstlerkneipen und als Figur der Berliner Bohème um das ›Romanische Café‹. Der Zeichner Ottomar Starke schildert diese Szenerie in seiner Autobiographie: »Treffpunkt der Künstler [...] war Schwannecke in der Rankestraße. [...] Ich traf mich hier meist mit Franz Blei und mit Karl Otten. Ein paarmal kamen Max Scheler und Robert Musil [...] Auch das ›Walroß‹ Olaf Gulbransson saß an einem kleinen Tischchen [...] Ringelnatz torkelte von einem Tisch zum anderen. Otto von Wätjen tauchte mit seinen häufig wechselnden Freundinnen auf. Rudolf Levys Baß war zu hören, man sah Paul Steegemann, den Herausgeber der avantgardistischen *Silbergäule* und anderer literarischer Kuriosa. Hülsenbeck [...] war häufig zu treffen. Alle diese Gäste wechselten aus dem Romanischen Café herüber und hinüber.«[91] – In Walther G. Oschilewskis Erinnerungen an den Verleger V. O. Stomps und seine Berliner ›Rabenpresse‹ begegnet Steegemann nach 1933 als Gast im »Rapenpresse-Stammlokal ›Schütte am Zoo‹, an der Ecke Budapester Straße. Dort traf man [...] den guten Ludwig Meidner, Erich Büttner, Paulchen Steegemann, Stomps' Schwester Louise [...], Luigo Malipiero [...] und viele andere, die dem nationalsozialistischen Regime nicht verfallen waren.«[92]

›Unverkäufliche Autoren‹ und ›verkäufliche Bücher‹

Den Weg von der Finanzierung seines Unternehmens mit einem Kredit der Firma Edler & Krische bis zum Druck der ersten Bücher überspringt Paul Steegemann in dem Rückblick ›Fünf Jahre Verleger‹ mit der Feststellung: »Woraufhin er an seine Freunde schrieb, er sei der kommende Mann.«[93] Hans Reimanns Glosse über ›Steegemann‹ in der *Weltbühne* vom 26. Oktober 1922 ergänzt diese Angabe: »Und er schrieb an Kasimir Edschmid (den er merkwürdigerweise bannig schätzt) und an Kurt Martens und an etliche Andre. Und versicherte ihnen, daß er Deutschlands größter Verleger sei und infolgedessen keine Honorare zahlen dürfe. Abgesehen davon, daß er keinen Hundertmarkschein besitze.«[94] – Die Briefe des jungen Verlegers an seine künftigen Autoren sind wohl zunächst noch eine Frucht jener Kontakte, die Paul Steegemann bei seinen ersten literarischen Aktivitäten vor 1918 – etwa in der Redaktion des *Agathon* – angeknüpft hatte. Die von unvermeidlichen Absagen nicht berührte Unbefangenheit des 25jährigen auch im Umgang mit längst Arrivierten bezeugt ein forscher Brief an Hermann Hesse vom 13. September 1920: »Verehrter Herr Hesse, ich komme heute erst von der Leipziger Messe, die eine Pleite war, zurück und finde Ihr Kärtchen: ich danke Ihnen schön

89 Vgl. Wolfgang Kraus: *Bonifazius Kiesewetter.* 1951, S. 2.

90 Paul Nikolaus: *Jüdische Miniaturen.* 1924, S. 163.

91 Ottomar Starke: *Was mein Leben anlangt.* 1956, S. 131f.

92 Walther G. Oschilewski: Aus der Berliner Rabenpressenzeit. In: *Imprimatur.* NF 5, 1967, S. 121–130, Zitat S. 129.

93 Zit. nach: *Expressionismus. Aufzeichnungen und Erinnerungen der Zeitgenossen.* 1965, S. 267.

94 In: *Die Weltbühne.* 18, 1922, S. 455f.

95 Nach dem Original des Briefes im Hesse-Archiv des Deutschen Literaturarchivs in Marbach a. N. – Mit ›Pferdestall‹ meint Steegemann die erschienene erste und einzige Nummer seiner Verlagszeitschrift *Der Marstall.*

96 Zit. nach: *Expressionismus. Aufzeichnungen und Erinnerungen der Zeitgenossen.* 1965, S. 268f. – Steegemanns zitierte Bemerkungen beziehen

dafür! Aber ich glaube Ihnen nicht: die Leute um 20, die jungen Leute, liegen Ihnen doch mehr am Herzen, als Sie mir zugestehen mögen – Sie bedichten sie ja (herrlich!) in einem fort. Warum lesen und erheben wir *Ihre* Bücher und nicht die von – Goethe? Also . . . – Daß Sie nicht in meinen Verlag kommen wollen, tut mir bitter weh. Was hab ich Ihnen getan! Ich hab die Bücher meiner Bekannten und Freunde verlegt, die allerdings, wie ich, oft nicht älter als 20 sind. Aber ist denn das solch ein Verbrechen? Darf ich Ihnen ein offenes Bekenntnis tun? Ich denke, es ist besser, ein scharfes, klares, blondes Gesicht zu haben, als *viele* Gesichter – und damit gar keins! Also hat mein Verlag das blonde Gesicht seines Inhabers! Hier ist mein erster Pferdestall; er wird Ihnen kaum gefallen – aber aus dem Verzeichnis der edierten Bücher sehen Sie die Arbeit *eines* Jahres, begonnen mit 50,– Mk. in bar! – Und trotzdem wollen Sie mir Ihren neuen Roman nicht verkaufen? Heil und Sieg! Ihr Steegemann«.[95]

Aus dem Dilemma, auf die zufällige Bereitschaft weniger namhafter Schriftsteller zu einer vorübergehenden Beteiligung an den *Silbergäulen* angewiesen zu sein und im übrigen die so gut wie unverkäuflichen Werke junger unbekannter Autoren verlegen zu müssen, findet Paul Steegemann einen bemerkenswerten Ausweg: »Bald keimte im Augapfel des Verlegers die Erkenntnis: wenn keine verkäuflichen Autoren vorhanden sind, soll man verkäufliche Bücher schaffen. Er vertiefte sich in die Tagesfragen, ließ seine Nervenbündel an einer imaginären Antenne frei schweben und bestellte als Resultat dieser Akrobatik beim Reimann die Bücher gegen Dinter, Ewers, Courths-Mahler; bei Dr. Kurt Hiller das Buch gegen § 175; bei Huelsenbeck *En avant dada;* bei Wilhelm Michel gegen Rudolf Steiner; bei Ossip Kalenter den Intimen Balzac; bei der Frau Stinnes das Buch gegen den Krieg; bei Artur Landsberger den Raffke-Roman. Und so fort. Und so fort. Man sehe sich den neuen Katalog an.«[96] Und wiederum liefert Hans Reimann das anekdotisch überspitzte Detail: »Steegemann konzipiert den Text eines Inserats. Dies geschieht nachts halber Vier. Dann sendet er den Text ans *Börsenblatt*. Dann erscheint das Inserat. Dann überlegt er, wer das zum angekündigten Werk gehörige Material liefern könne. Dann schickt er das aus dem *Börsenblatt* gerupfte Inserat einem Menschen, von dem er in den Fingerspitzen hat, daß betreffender Herr geeignet sei zur Anfertigung des Manuscriptes. Und dann pumpt er Geld für den Drucker. Und dann laufen die Bestellungen ein. Und aus der Höhe der eingelaufenen Bestellungen kalkuliert er, wie hoch die Auflage sein muß. Und dann erscheint das Buch und ist so gut wie vergriffen. Mitte September bekam ich von ihm ein Inserat, worin er ein neues Buch von mir anzeigte. […] Ich hatte keinen Schimmer von dem Buche. Vierzehn Tage später schrieb er mir, er habe gegen achttausend Bestellungen. Daraufhin schrieb ich das Buch. Vierzehn Tage später las ich die Korrektur. So machts Steegemann.«[97]

Daß er tatsächlich als Anreger und Auftraggeber am Zustandekommen vieler Bücher aus seiner Verlagsproduktion beteiligt ist, läßt sich für eine Reihe von Beispielen nachweisen. So schreibt Herman George Scheffauer im Vorwort seines 1923 von Steegemann veröffentlichten zeitkritischen Werkes *Das Land Gottes. Das Gesicht des*

sich auf die folgenden von ihm verlegten Titel: Hans Reimann: *Die Dinte wider das Blut.* 1921 (*Silbergäule* 132/134); Hans Reimann: *Ewers.* 1921 (*Silbergäule* 139/146); Hans Reimann: *Hedwig Courths-Mahler.* 1922; Kurt Hiller: *§ 175: die Schmach des Jahrhunderts!* 1922; Richard Huelsenbeck: *En avant Dada.* 1920 (*Silbergäule* 50/51); Wilhelm Michel: *Der abendländische Zeus.* 1923; Léon Gozlan: *Der intime Balzac.* Dt. von Ossip Kalenter, 1922; Dési Stinnes: *Die Söhne.* 1923; Artur Landsberger: *Raffke & Cie.* 1924.

97 In: *Die Weltbühne.* 18, 1922, S. 456f.

neuen Amerika: »Dieses Buch entstand auf Anregung seines deutschen Verlegers.«[98] Für eine Reihe von Steegemann publizierter Anekdotensammlungen gilt sein Geständnis in der Replik auf eine Kritik Reimanns im *Stachelschwein* vom 22. November 1924: »Nachdem tatsächlich Deine *Sächsischen Miniaturen* einen epochalen Erfolg hatten, kam mir die nicht außergewöhnliche Idee: den Vertreter eines jeden deutschen Volksstammes zu bitten, die dortorts herrschende ›Mentalität‹ literarisch zu fixieren. So entstanden die *Rheinischen Miniaturen* […] von Hans Müller-Schlösser, so die *Jüdischen Miniaturen* von Paul Nikolaus, so die demnächst erscheinenden *Schwäbischen Miniaturen* von Alfred Auerbach, die *Österreichischen Miniaturen* von Fred Heller […], so die – nun fall nicht vom Stuhl, Geliebter: *Die Hamburger Miniaturen* von Otto Ernst. […] Und wenn ich im Augenblick indische Rupien besäße, dann täte ich dem Tagore die *Darmstädter Miniaturen* gegen ein bescheidenes Pauschalhonorar abkaufen.«[99] Aus der Priorität finanzieller Interessen vor Rücksichten auf literarische Qualität macht Steegemann also kein Hehl und resümiert: »Also: warum schimpfste? Laß mir doch die Boulette. Und den Ehrgeiz. Und das Finanzielle. Du bist mein Lieblings-Autor. Du erledigst die schöpferische, ich die schröpferische Arbeit.« Otto Ernst schreibt übrigens im Vorwort seiner *Niederdeutschen Miniaturen*: »Als der Herr Verleger an mich die Einladung richtete, eine Sammlung niederdeutscher Schnurren und Schwänke zusammenzustellen […]«[100] und bestätigt damit, daß seine Veröffentlichung im Paul Steegemann Verlag eine Auftragsarbeit ist.

Bei Steegemanns Methode, zu einem fertigen Buchtitel einen Autor zu finden, konnte es nicht ohne Schwierigkeiten abgehen. Daß er auch nach öffentlicher Ankündigung eines Buches noch mit der Absage des ursprünglich vorgesehenen Autors rechnen mußte, zeigt eine 1923 im Anhang der Anekdotensammlung *Dr Geenij* von Hans Reimann erschienene Annonce: »*Raffke.* Der Roman eines Schiebers von Reimann. Illustriert von Paul Simmel. Deutschlands populärste Gestalt, der Schieber Raffke – das ist der Inhalt dieses satirischen Buches.« Im *Deutschen Bücherverzeichnis* für die Jahre von 1921 bis 1925 findet sich indessen unter Mynona, dem Pseudonym Salomo Friedlaenders, der ominöse Hinweis: »*Raffke.* Roman. Hannover: Steegemann. Nicht erschienen.« In der Tat veröffentlichte weder Hans Reimann noch Mynona einen Roman dieses Titels. Vielmehr erschien bei Steegemann im Frühjahr 1924, illustriert von Paul Simmel, der Roman *Raffke & Cie. Die neue Gesellschaft* von Artur Landsberger. Man darf wohl vermuten, daß sich Steegemann mit dem Raffke-Projekt nacheinander an seine beiden Spezialisten für Satire und Parodie, Hans Reimann und Salomo Friedlaender/Mynona, gewandt hat, daß beide abgelehnt haben und der Verleger schließlich von Artur Landsberger eine Zusage für sein Projekt erhalten hat. Eine im Nachwort von *Raffke & Cie.* für den Herbst 1924 angekündigte Fortsetzung unter dem Titel *Raffke II. Der neue Mensch* ist dann allerdings nicht mehr erschienen. Vermutlich hat der Absatz des ersten Bandes nicht den Erwartungen entsprochen.

Mit der freimütigen und für das Jahr 1924 erstaunlich modernen Devise: »wenn keine verkäuflichen Autoren vor-

98 H. G. Scheffauer: *Das Land Gottes.* 1923, S. 5.
99 In: *Das Stachelschwein.* 1, 1924, Heft 10, S. 16. – Der Hinweis auf Tagore spielt an auf die Beziehungen des indischen Nobelpreisträgers zur ›Schule der Weisheit‹ des Grafen Hermann Keyserling in Darmstadt.
100 Otto Ernst: *Vertell! Vertell!* 1925, S. 5.
101 Hans Reimann: *Männer, die im Keller husten.* 1929, S. 157.
102 In: *Die Literatur.* 32, 1929/30, S. 112.
103 Ebd. S. 199f.
104 Ignaz Wrobel: Hat Mynona wirklich gelebt? In: *Die Weltbühne.* 26, 1930, S. 15–19. Hier zit. nach Kurt Tucholsky: *Gesammelte Werke.* Bd. 3, 1961, S. 285f.

handen sind, soll man verkäufliche Bücher schaffen« hat Paul Steegemann aus der Finanznot des jungen Verlages eine Tugend zu machen versucht. Anteil an dem koketten Wort hatte wohl auch der Wunsch des Verlegers, sich ein gewisses Image von Versiertheit und Gespür für marktgängige Aktualität zu schaffen. Eben dieses Image gibt in späteren Jahren auch zu kritischen Äußerungen gegenüber dem Paul Steegemann Verlag Anlaß. Als Hans Reimann 1929 seine Parodien auf Edgar Wallace unter dem Titel *Männer, die im Keller husten* bei Steegemann publiziert, gesteht er: »Ich habe den großen Engländer weder aus Haß parodiert, noch aus Liebe. Sondern aus innerer Notwendigkeit. Weil mir mein Verleger geflüstert hat, daß eine Parodie auf Wallace, meiner geschätzten Feder entstammend, zweifellos ein Geschäft sein werde. Möge er recht haben.«[101] Darauf reagiert sehr scharf eine Rezension Robert Neumanns: »Ich bin humorlos genug, diesen frisch-fröhlichen Fischzug in die Taschen unorientierter Bücherkäufer nicht an sich schon als guten Witz zu empfinden.« Robert Neumann schließt mit dem ironischen Rat: »Reimann wird weiter parodieren. Und ich flüstere ihm, daß eine Parodie auf Remarque, seiner geschätzten Feder entstammend, zweifellos ein Geschäft sein wird.«[102] – Mit diesem Hinweis auf die Möglichkeit, im Sog des jüngsten literarischen Welterfolges Geschäfte zu machen – Remarques *Im Westen nichts Neues* war im selben Jahr erschienen –, mit diesem Hinweis hat Robert Neumann ins Schwarze getroffen. Nicht Reimann, sondern Salomo Friedlaender hatte sich längst für Paul Steegemann darangemacht, eine Satire auf die literarische Mittelmäßigkeit der Zeit am Beispiel Remarques zu liefern. Sie erschien noch 1929 unter dem Titel *Hat Erich Maria Remarque wirklich gelebt? Der Mann, das Werk, der Genius. 1000 Worte Remarque* von Mynona.

Auch gegen dieses Buch und mehr noch gegen seinen Verleger wendet sich Robert Neumann sehr entschieden: »Eine Remarque-Attacke parodistischer oder polemischer Natur aus dem Verlage Steegemann war einfach fällig – Steegemann versäumt es grundsätzlich nie, an fremdem Feuer sich sein Hähnchen zu braten. Sein Lieferant Reimann war gerade mit Wallace beschäftigt: so suchte man einen andern. Und fand in Friedlaender-Mynona einen, dem ein Buch wider den literarischen Zeitgeist oder Zeitungeist auf den Nägeln brannte. Diese Absicht also wurde eingeschränkt, verbogen, umgebogen zu einer Spezialattacke. Mynona meint die Zeit – und nennt sie Remarque.«[103] Noch massiver ist Tucholskys Kritik in der *Weltbühne* vom 31. Dezember 1929. Er wertet Mynonas Satire als eine literarische ›Unanständigkeit‹ und greift den Verleger des Buches scharf an: »es ist gar kein Zweifel, daß Mynona auch nicht die Feder gerührt hätte, wenn das Buch Remarques in der zwanzigsten Auflage stecken geblieben wäre. Neid …? So einfach ist das nicht, obgleich es ein bißchen seltsam anmutet, wie sich der Verleger Paul Steegemann hier an die Konjunktur anhängt. Tatsächlich muß aber Remarque vor diesem wild gewordenen Philosophen den Erfolg entgelten. […] Und wenn es etwas gibt, was noch unanständiger ist als dieses herzlich lederne Buch, dann ist es sein Verlagsprospekt. Darin ist so ziemlich alles, was gut und teuer ist fürs Geld. Daß Mynona mit Voltaire, Heine und Lichtenberg verglichen wird, nur nebenbei; billiger tun wir das heute nicht mehr. Da ist die Reverenz vor der Provinz und der Fußtritt gegen ›Berlin‹ – Herr Steegemann hat lange in Hannover gelebt, und das muß ihm nicht gut bekommen sein.«[104] Der Kern der Kritik Robert Neumanns und wohl auch das Motiv der Angriffe Tucholskys ist politischer Natur. Beide Kritiker fürchten, daß Mynonas Satire den Nazis für ihre Hetze gegen Remarques Kriegsbuch Argumente liefern könne. »Bei allem Respekt lehne ich Mynonas Buch ab«, sagt Robert Neumann, »weil er so Wasser leitet auf die Mühle von Leuten, auf deren Mühle Wasser zu leiten an sich schon ein Verstoß gegen die Solidarität aller guten Geister ist«.[105]

Salomo Friedlaender hat sich 1931 in einer großen polemischen Erwiderung *Der Holzweg zurück oder Knackes Umgang mit Flöhen*, wiederum von Paul Steegemann verlegt, gegen die Angriffe zur Wehr gesetzt und dabei auch seinen Verleger in Schutz genommen. Die grüne Banderole, mit der die Broschüre ausgeliefert wurde, trug den Aufdruck: »Gegen Kurt Tucholsky«. Die gedruckte Widmung »Gewidmet allen Kannit-kantverstans« erinnerte die Leser daran, daß der Philosoph und ›Altkantianer‹ Salomo Friedlaender alles Zeitgenössische im Lichte der kritischen Philosophie Kants und seines modernen Propheten Ernst Marcus zu sehen gewohnt war und daß sich ihm der Erfolg des Kriegsbuches von 1929 im Lichte von Kants Schrift *Zum ewigen Frieden* (1795) relativierte. »Der Mann, für den sie mich bisher gehalten haben, wäre nicht fähig, sich dingen und bestechen zu lassen. Sondern es ist mir gelungen, gegen allen moder-nen Strom schwimmend, ein durchaus inopportunes Buch zu veröffentlichen, das mir von den großen Lieblingen schweigende, von den Kleineren, wie man sieht, laute Ver-achtung (und meinem Verleger nicht einmal Geld) einbringt.«[106] Der äußere Anlaß sei-ner ›satirischen Apotheose‹ Remarques sei in der Tat eine Anregung Paul Steege-manns gewesen: »Ich las zufällig wieder einmal zu meiner Erholung von der lieben Moderne Jean Paul [...] Plötzlich pochte es an meine sympathische und besch-eidene Tür (vor der meine Mäzene und Verleger einander immerfort ihre Hacken abtreten), und herein spazierte Paul Steegemann, um mir den Vorschlag zu machen, gegen den Ullsteinschen Remarquerummel etwas zu tun. A tempo lehnte ich, trotzdem man mir Millionen bot, ab. Nicht etwa aus Solidarität mit den guten (wo sind sie heut?) Geistern [...]; sondern weil mir Remarque gegen Jean Paul unendlich banal abstach [...] Paul Steegemann weinte heiße Tränen und bat mich, die Sache zu überschlafen. Tatsächlich schenkte mir Jean Paul über Nacht einen Einfall, der mich humoristisch elektrisierte: Remarque als Floh im Sonnenmikroskope Kants.« Gegen Robert Neumann gewandt, verwahrt sich Friedlaender: »Ich danke für einen Respekt, dessen Radius so winzig ist, daß er Mynona nicht mehr erreicht, weil er ›die Zeit meint und Remarque sagt.‹ Ha! Hat nicht die ganze Zeit Remar-que gejohlt! War er an ihrem Ruhmestopfe nicht der Hen-kel, an dem ich sie fassen konnte?«[107]

Tucholsky hat sich geweigert, Mynona in der *Welt-bühne* den Platz für eine Entgegnung auf seine Kritik ein-zuräumen. In den redaktionellen ›Antworten‹ der Wochen-schrift richtete er indessen neue Angriffe gegen ihn und gegen Paul Steegemann: »der Verleger des reinen Toren geht zur Zeit umher und sucht ›Material gegen Ignaz Wro-bel‹, woraus Mynona wiederum ein Epos verfertigen könne. Das war fällig. Es ist hübsch, zu sehen, in welchen Anstandsbegriffen der Weltfremde [d. i. Mynona] und sein Berater [d. i. Steegemann] leben. [...] er soll sich an Ignaz Wrobel wenden; der gibt den Brüdern wenigstens authenti-sches Material. Der Verleger aber darf sich einen neuen Hut kaufen: Mynona weiß was auf wen.«[108] Friedlaender entgegnet: »wer, bevor ich ihm jemals mit Enthüllungen gedroht habe, eine so pöbelhafte Sprache gegen einen

105 In: *Die Literatur*. 32, 1929/30, S. 200.
106 Mynona: *Der Holzweg zurück*. 1931, S. 28.
107 Ebd. S. 28.
108 In: *Die Weltbühne*. 26, 1930, S. 373.
109 Myonona: *Der Holzweg zurück*. 1931, S. 43.
110 Ebd. S. 52. – *Im Westen nichts Neues* erschien im Propyläen Verlag der Ullstein A. G.
111 Ebd. S. 31.
112 Postkarte Jacobsohns an Steege-mann, datiert: Sils Maria Oberengadin 12. J. 1926. Vgl.: *Die Zwanziger Jahre in Hannover*. 1962, S. 95.
113 Peter Panter: König contra Reimann. In: *Die Weltbühne*. 20, 1924, S. 452–454. Hier zit. nach Kurt Tucholsky: *Gesammelte Werke*. Bd. 1, 1960, S. 1150 f.

Autor führt [...], der enthüllt sich selbst schamloser, als irgend welches Material es noch könnte. Ich, sein Opfer, scheine ihm was gegen ihn in der Tasche zu verstecken – Grund genug, auf dem Geknebelten auch noch herumzutrampeln.«[109] Auch auf Tucholskys Angriff gegen Steegemanns Verlagsprospekt geht Mynona ein: »Er sucht mich durch den Prospekt Paul Steegemanns, der mich in die Nähe der Voltaire, Lichtenberg, Heine rückt, lächerlich zu machen. [...] Na, warum sollten wir die Ahnen nicht nennen und kultivieren, denen wir uns verdanken? Verlagspropaganda tragisch zu nehmen, ist Wrobels Kriegslist. Immerhin steht mir die Steegemannsche höher als die ullsteinerne: diese managet, jene kritisiert die modernen Lieblinge.«[110]

So weit Mynonas Verteidigung. Sein Angriff »Gegen Kurt Tucholsky« büßte durch Länge und Wiederholungen an Kraft ein, war aber so unwitzig nicht. Ein Beispiel: »Ja, ich habe mir angewöhnt, eure modernen Lieblinge in ein paar Schubfächerchen zu tun, in feine Klassen wie z. B. Der-, Irr- und A... wische (stubenreine Salonfähigkeit ist nicht mein Goût, die überlasse ich Georginen und anderen Gundolfingern). Derwische, das sind die edlen Desorientierten, die Kaßner, Unger, Blüher, Blöche, Pannwitze etc. etc., last not least ich selbst als Autor der beklagenswert antikantisch verunglückten *Schöpferischen Indifferenz*. Theodor Lessing ist mixtum compositum. Tucholsky aber, mein Wrobel, ist weder Der- noch Irrwisch; was bleibt übrig? Er ist der Mann der Mitte. Mitte kann golden, kann aber auch Theater, etwa Weltbühne sein, ›Gartenlaube von links‹, wie sie einer sehr nett genannt hat [der Krausianer Rolf Nürnberg über Tucholskys *Deutschland*-Buch im Oktober 1929 in der Essener Theaterzeitschrift *Der Scheinwerfer*]. Drum kann der Tiger mit dem Ullstein gehn.«[111] Und Mynona, so ließe sich fortsetzen, mit Paul Steegemann.

Paul Steegemann als ›Propagandachef‹ Tucholskys Kritik an Steegemanns Verlagsprospekt weicht ab von der offenbar hohen Einschätzung der propagandistischen Fähigkeiten des Verlegers durch Siegfried Jacobsohn, den Vorgänger Tucholskys in der Leitung der *Weltbühne*. Jacobsohn hat dem Verleger Mitte 1926 von seinen Plänen zu einer Monatszeitschrift als Ergänzung der wöchentlich erscheinenden *Weltbühne* berichtet und ihn gebeten, Anfang Oktober nach Berlin zu kommen: »Ich halte es für möglich, daß ich für beide Blätter einen Propagandachef großen Stils brauche.«[112] Jacobsohns Tod am 3. Dezember desselben Jahres erledigte den Zeitschriftenplan und war vermutlich auch ein Grund dafür, daß aus einem Engagement Steegemanns als ›Propagandachef‹ der *Weltbühne* nichts geworden ist. (Denkbar wäre, daß der Wechsel des Paul Steegemann Verlages von Hannover nach Berlin im Jahre 1927 zusammenhängt mit des Verlegers Berliner Aussichten vom Vorjahre.)

Im übrigen hat auch Tucholsky über die Werbemethoden Steegemanns zunächst freundlicher geurteilt. So hält er 1924 in einer Rezension von Hans Reimanns *Mein Kabarettbuch* die Werbezutaten des Verlegers fast für bemerkenswerter als das Buch selbst. »Aber diesmal gemahnt mich nicht allein das hübsche Ei (Hans Reimanns *Kabarettbuch*) an meine Pflicht, sondern vor allem die reizende Bemalung, die ihm der Verleger Paul Steegemann mit auf den Weg gegeben hat. [...] Der Verlegermeister Paul Steegemann hat dem Buch einen Reklameanhang beigegeben, worin sich – unterbrochen von dem sehr freundlichen Verriß Reimanns durch einen ernsten deutschen Mann – eine Kostbarkeit allererster Ranges befindet: die Einstweilige Verfügung des Geenijs gegen den Schriftsteller H. R.«[113] Dieser Reklameanhang auf 14 unpaginierten Seiten ist in der Tat ein glänzendes Beispiel für Steegemanns Fähigkeit, die übliche Verlagswerbung auszubauen zu einer für sich selbst lesbaren Dokumentation. Deren

Hauptgegenstand ist in diesem Fall der allgemeine Skandal, den REIMANNS 1923 erschienenes Buch *Dr Geenij* erregt hat, eine Sammlung von Anekdoten um FRIEDRICH AUGUST, den 1918 abgedankten König von Sachsen. Jener »freundliche Verriß«, ein Aufsatz gegen den »Sachsenschänder« REIMANN aus dem *Meißener Tageblatt*, wird unterbrochen und ergänzt durch Hinweise auf die bei STEEGEMANN erschienenen REIMANN-Titel und durch eine Reihe eigentümlicher Dokumente: Da ist zunächst ein ›Brief des Verlegers an Friedrich August‹ vom 31. März 1923, in dem PAUL STEEGEMANN dem abgedankten Monarchen eine Vorzugsausgabe von *Dr Geenij* »auf echtem Japan-Bütten in Maroquinleder« anbietet und ihn um Signierung einiger Exemplare bittet. Der Verleger kommentiert: »ER hat leider nicht geantwortet, wohl aber – blättern Sie weiter – H. R. verklagt. Deshalb muß die Fürstenausgabe ohne Signierung verkauft werden.« Es folgt eine Entschließung des gemeinsamen Betriebsrates sowie des Arbeiter- und Angestelltenrates der Herrschaft Sibyllenort vom 2. Juli 1923 gegen die Verunglimpfung ihres Brotherrn FRIEDRICH AUGUST und gegen eine Plakataktion des Steegemann Verlages für REIMANNS Buch. Ferner beklagt sich ein Oberpostsekretär brieflich über die satirische Darstellung eines Postbeamten auf einem Plakat für REIMANNS *Sächsische Miniaturen*. Schließlich wird noch der Text einer einstweiligen Verfügung vom 18. Oktober 1923 mitgeteilt, mit der die FRIEDRICH AUGUST die folgende Anordnung gegen REIMANN erwirkte: »Dem Antragsgegner wird bei Vermeidung einer Haftstrafe für jeden Fall der Zuwiderhandlung verboten, den Herrn Antragsteller betreffende Anekdoten, sei es aus dem von ihm verfaßten Buch *Dr Geenij*, sei es sonstige Anekdoten vorzutragen oder sonst irgendwie zu verbreiten.« Daß all dies kein bloßer Spaß war, bezeugt die Verhaftung REIMANNS Ende März 1924 in Breslau zu Beginn eines Vortragsabends. Der Humorist hat darüber in der *Weltbühne* vom 22. Mai 1924 berichtet.[114]

Charakteristisch für die Werbemethoden PAUL STEEGEMANNS sind auch die aufsehenerregenden Plakataktionen für einzelne Titel seiner Verlagsproduktion. Er bediente sich dieses Mittels zum ersten Mal im Juni 1920. In der ersten Hälfte des Monats waren an den hannoverschen Plakatsäulen großformatige Anschläge mit dem Text der Zehn Gebote aufgetaucht. Mitte des Monats plakatierte STEEGEMANN in derselben Größe das Gedicht *An Anna Blume* von KURT SCHWITTERS. Die scheinbare Absurdität des Textes wie seine Konfrontation mit den Zehn Geboten weckte beträchtliche Emotionen, von denen verschiedene Leserbriefe an hannoversche Tageszeitungen zeugen. Dafür ein Beispiel aus der *Deutschen Volkszeitung* vom 22. Juni 1920: »›An Anna Blume‹ heißt die Überschrift, und es folgt alsdann ein Text, der – wie der Verfasser auch selbst schreibt – aus mindestens 27 Sinnen entstanden sein muß. Geradezu haarsträubend wirken die Worte dieser Reklame für das ›schöne‹ Buch von Curt Schwitters. Nach meiner Meinung wäre es besser gewesen, der Autor und Verleger hätten hierfür Zeit, Geld und Papier gespart. [...] Es bedarf keiner weiteren Kritik über das widerlichste Schriftstück unserer Zeit, und dem Publikum muß es überlassen bleiben, wie es über den Mann mit 27 Sinnen denkt.«[115] Vom Urteil dieses Publikums gibt eine Zuschrift an den *Volkswillen* vom 23. Juni 1920 eine Vorstellung; der Schreiber stellt die auf den

114 HANS REIMANN: Unnötige Erlebnisse in Breslau. In: *Die Weltbühne*. 20, 1924, S. 706–710.
115 In: *Deutsche Volkszeitung*. 54, 1920, Nr. 14378.
116 In: *Volkswille*. 31, 1920, Nr. 144, S. 2.
117 In: *Der Marstall*. 1920, S. 27 f.
118 In: *Börsenblatt*. 90, 1923, S. 755. – Vermutlich handelt es sich um eine vergrößerte Zeichnung von GROSZ aus dem ersten Miniaturen-Band, 1922, S. 51.
119 Vergrößerte Zeichnung von PAUL SIMMEL aus HANS REIMANN: *Sächsische Miniaturen*. Bd. 2, 1923, S. 117.
120 *8 Uhr Abendblatt*. Berlin, Juli 1923. – Zit. nach HANS REIMANN: *Mein Kabarettbuch*. 1924, Reklameanhang.
121 Zit. nach H. REIMANN: *Mein Kabarettbuch*. 1924, Reklameanhang.
122 Vgl. ebd.
123 In: *Börsenblatt*. 90, 1923, S. 5862.
124 Ebd. S. 925.

Plakaten angebrachten Randbemerkungen und gereimten Kommentare zusammen und resümiert: »Es ist ein erfreuliches Zeichen, daß sich scheinbar die überwiegende Mehrheit der Bevölkerung gesunden Sinn bewahrt hat und derartige ›Mistpflanzen‹ zertreten helfen will.«[116] PAUL STEEGEMANN wiederum hat im *Marstall* diese und andere Stimmen zu der Plakataktion werbewirksam zusammengestellt und sich einen dadaistischen Spaß daraus gemacht, eine Anthologie der auf seine Plakate gekritzelten »priapischen Verse« anzukündigen: »Diese Verse werden demnächst als Privatdruck erscheinen.« Denen, die in der Konfrontation der Zehn Gebote mit *Anna Blume* einen Angriff des ›Bolschewismus‹ auf das Christentum erkannt zu haben glaubten, ruft er zu: »Tja, alles was dem Intellektuellen, dem Bürger, dem kriegslüsternen Christen unbequem ist, oder was zu kapieren ihm seine geistige Obdachlosigkeit nicht gestattet: wird als ›Bolschewismus‹ gebrandmarkt...... Vive le Bolchevisme!«[117]

Diese Werbeaktion PAUL STEEGEMANNS für *Anna Blume* hat sich vermutlich auf Hannover beschränkt. Für die erfolgversprechenden ersten drei Bände der *Sächsischen Miniaturen* von HANS REIMANN inszenierte er ab Juni 1923 eine überregionale Plakataktion in den großen deutschen Städten. Drei Plakate im Format 85 x 58 cm setzt er bei dieser Gelegenheit ein. Das erste wird am 31. Mai 1923 im *Börsenblatt für den Deutschen Buchhandel* kurz angezeigt: »Mit einfachen Mitteln – hübscher kräftiger Deutschschrift und zwei starken roten Linien auf weißem Papieruntergrund – ist eine gute Werbewirkung erzielt, die durch die ›unsächsische‹ Darstellung der beiden George Groszschen ›Spießer‹ allerdings etwas beeinträchtigt wird. [...] Die Dialektwiedergabe des stumpfsinnigen Spießergespräches, das auf dem Plakat als ›lustige Geschichte‹ bezeichnet steht, ist gut.«[118] Das zweite Plakat ist von PAUL SIMMEL gezeichnet und zeigt – nach der erwähnten Beschwerde eines Oberpostsekretärs im Reklameanhang zu REIMANNS *Mein Kabarettbuch* von 1924 – einen Betrunkenen, der an einem Laternenpfahl lehnt und sich übergibt.[119] Das dritte Plakat »bringt links oben steckbriefartig die Photographie des verflossenen sächsischen Friedrich August und in Riesendruck ein kleines Histörchen von den vielen, die dieser komischste aller Landesväter auf dem Gewissen hat und die Reimann sammelte.«[120]

Diese Plakate erscheinen im Rückblick als ziemlich harmlos. Im Jahre 1923 waren sie es offenbar durchaus nicht. – Betriebsrat, Arbeiter- und Angestelltenrat der Herrschaft Sibyllenort sehen die Ehre ihres Arbeitgebers verletzt. Öffentlich erheben sie »schärfsten Einspruch gegen solches gewissenlose Reklamewesen und bitten dringend, mit allen zu Gebote stehenden Mitteln dagegen einzuschreiten und es künftig zu verhindern.«[121] Ausgerechnet die bayerische Polizei beschlagnahmte denn auch alle drei Plakate.[122] Das *Börsenblatt* veröffentlichte am 3. August 1923 eine ›Erklärung‹ des Vereins Dresdner Buchhändler »gegen eine Verirrung und Geschmacklosigkeit des Verlages Paul Steegemann in Hannover, der es mit dem jedem gebildeten Menschen innewohnenden Anstandsgefühl vereinbaren kann, die Reimannschen Elaborate (wir wählen mit Absicht das Fremdwort) seines Verlags an den Plakatsäulen unserer Stadt anzupreisen. Unsere Stellungnahme, die keinesfalls politischen Ursachen entspringt, richtet sich gegen die undeutsche Art und die Geschäftemacherei unter allen Umständen, die die Wehrlosigkeit der Mitmenschen ausbeutet.«[123] Auf der Hauptversammlung des Buchhändler-Verbandes für das (ehemalige) Königreich Sachsen in Meißen am 2. September 1923 entspann sich »um die Reimannschen Plakate [...] ein schweres Wortgefecht. [...] Ein Redner versuchte, die Frage auf das politische Gebiet hinüberzuzerren, was allgemeinen lebhaften Widerspruch hervorrief und schließlich dazu führte, daß der Vorsitzende dem Redner das Wort entzog.«[124]

Paul Steegemann und der ›Börsenverein‹ »Ich spreche wohl kein Geheimnis aus, wenn ich verrate, daß nirgendwo auf Gottes buntbewimmeltem Erdboden ärgere Reaktionäre sitzen als im Buchhandel.«[125] Für dieses rigorose Urteil HANS REIMANNS von 1922 liefert eine Durchsicht der Jahrgänge 1918 bis 1933 des *Börsenblatts* eine Fülle von Material, das die Parteinahme gerade aktiver Mitglieder des ›Börsenvereins‹ gegen die Weimarer Republik bezeugt. Es überrascht nicht, daß es zwischen dem Verleger PAUL STEEGEMANN und diesen Kräften im ›Börsenverein der Deutschen Buchhändler zu Leipzig‹ immer wieder zu Auseinandersetzungen kommen mußte.

Den ersten Anlaß lieferte 1919 STEEGEMANNS erste deutsche Ausgabe des Gedichtbandes *Femmes* von PAUL VERLAINE als Privatdruck für Subskribenten in 600 numerierten Exemplaren. Der Verleger hat im August 1920 im *Marstall* die Stimmen der von ihm alarmierten Presse zusammengestellt und den Fall kommentiert. Demnach glaubten »einige Mitglieder des Börsenvereins der Deutschen Buchhändler, die dem ›Volksbunde gegen Schmutz in Wort und Bild‹ eng liiert sind [...] pornographischen Rauch zu riechen und begannen – ohne das Werk zu kennen – eine unerhörte Hetzarbeit gegen mich, deren Gipfelpunkt der Antrag auf Ausschluß aus dem Börsenverein war.« PAUL STEEGEMANN verwahrt sich gegen den Vorwurf: »Ich habe mit Pornographie, mit ›Schmutz in Wort und Bild‹ nichts zu tun. Mir geht es um die Kunst, um den Geist, um das menschliche Leben.«[126] – KURT TUCHOLSKYS Ableitung dieser Kontroverse aus der Antipathie der Buchhändler gegen des Verlegers politische Position habe ich schon zitiert (vgl. S. 30).

Die Hauptwaffe der Buchhändler gegen mißliebige Bücher und deren Verleger war die Ablehnung einer Anzeige im *Börsenblatt*, die für den Betroffenen wegen des Monopolcharakters dieses Organs ein erhebliches wirtschaftliches Risiko bedeutete. PAUL STEEGEMANN hatte wiederholt unter dieser Hauszensur zu leiden. So verweigerte das *Börsenblatt* eine Anzeige für VERLAINES *Frauen* ebenso wie später eine Annonce des Prosabuches *Zum blauen Affen* von dem Zürcher Dadaisten WALTER SERNER[127]. Andere Verlagsanzeigen STEEGEMANNS im *Börsenblatt* wurden von Anstoß nehmenden Buchhändlern im ›Sprechsaal‹ des Blattes heftig angegriffen. Als der Verleger im November 1922 HANS REIMANNS *Paukerbuch* annonciert und als Weihnachtsgeschenk für Schüler empfiehlt, fragt der Verlagsbuchhändler ERNST HAHN aus Wernigerode an, »ob es viele Sortimenter gibt, die derartige Gemeinheiten verkaufen.« PAUL STEEGEMANNS Reaktion auf dergleichen steht in einem redaktionellen Kommentar: »Vorstehende Einsendung zum Sprechsaal haben wir gemäß § 17 der Bestimmungen über die Verwaltung des *Börsenblattes* dem angegriffenen Verlag Steegemann in Hannover in Abschrift vorgelegt, der uns diese zurücksandte und nur den Zusatz beifügte: ›Quatsch! Steegemann. 22. XI. 22‹.«[128] Jener aufgebrachte Buchhändler aus Wernigerode hat dann im *Börsenblatt* vom 28. März 1923 eine Blütenlese der Kollegenzuschriften auf seine Anfrage vom November veröffentlicht. Für den Grundtenor dieser Erklärungen hier nur zwei Beispiele: »auch ich stehe auf dem Standpunkt, daß man als solides richtiges Sortiment diesen Schund nicht verkaufen soll. Mich wundert nur das

125 HANS REIMANN: Steegemann. In: *Die Weltbühne*. 18, 1922, S. 456.
126 In: *Der Marstall*. 1920, S. 49.
127 Zur Ablehnung der SERNER-Anzeige vgl.: *Die Pille*. 1, 1920, S. 359.
128 In: *Börsenblatt*. 89, 1922, S. 1688.

Versuch einer Richtigstellung: Walter Serner –
kein Hochstapler, kein Zuhälter, kein Mädchenhändler
(vgl. S. 78)

WER IST WALTER SERNER???

„Ich wurde am 15. März 1889 in Karlsbad geboren. In dieser Stadt besuchte ich das Gymnasium, wo ich in dem römischen Schriftsteller P. Ovidius Naso die erste Bekanntschaft mit einem subtilen Geist machte und in Gestalt des Lehrkörpers mit der menschlichen Niedertracht. Ich galt als subversives Element, obwohl ich mich damals nur für Stubenmädchen interessierte und auch sonst bemühte, dem genannten Schriftsteller Ehre zu machen. Das Jus-Studium, das ich mit achtzehn Jahren begann, kam nicht zur Ausführung, sondern Wien, das zu jener Zeit eine sehr beherzigenswerte Stadt war. Mir ist es noch heute rätselhaft, wie es möglich war, dass ich die rechtshistorische Staatsprüfung bestand. Kurz darauf brachte ich einen Spielgewinn an der Hand eines Münchner Faschings durch und fuhr mit dem letzten Goldstück nach Berlin, wo ich mich vierzehn Tage hindurch langweilte, weil ich nachts schlief. Als ich anfing, es umgekehrt zu halten, amüsierte ich mich drei Jahre dermassen, dass meine Liebe für diese Stadt ebenso unausrottbar bleibt wie die für ihren Argot. Da eine hinter meinem Rücken für mich ordnende Hand mich in Wien weiter inskribiert hatte, konnte ich der Lockung, meine Schulden bezahlt zu sehen, insofern nicht widerstehen, als ich beabsichtigte, vier Monate in Greifswald zu schlafen. Das Resultat war trotzdem positiv, wofür ich mich bei Ovid zu bedanken habe. Ich brachte nämlich das Gespräch auf ihn, und da meine Examinatoren Menschenkenner waren und echte Humanisten, wurde ich doctor utriusque juris. Es hat mir lange Zeit hindurch sehr genützt. Denn ich entschloss mich bald darauf, keine vorgeschriebene Laufbahn zu ergreifen (gibt es eine schönere Phrase?), sondern in Europa spazieren zu fahren. Der Familienvater, der merkt, dass einer keinen bürgerlichen Lebenswandel führt, ist im allgemeinen sofort davon überzeugt, dass ein ungesetzlicher geführt wird. Das weite Feld der Möglichkeiten, das zwischen diesen beiden Polen liegt, vermöchte ihm nur eine hemmungslose Phantasie zu zeigen. Der Doktortitel nun

(Fortsetzung übernächste Seite)

DER MAUPASSANT DER KRIMINALISTIK

WER IST WALTER SERNER???

verzögert jene Überzeugung, indem er die Phantasie zivil anregt. Als der Weltkrieg ausbrach, war ich aber immerhin schon so übel beleumundet, dass mein vierjähriger Zwangsaufenthalt in der Schweiz mir mancherlei Distraktion verschaffte und im übrigen die Musse zur Niederschrift des ersten Teils eines für jedermann lehrreichen Handbreviers, „Letzte Lockerung" betitelt, das letzthin Entschlossenheit als wertvoller erklärt als Erfahrung. In den Alpen, für die ich nicht das geringste übrig habe, schrieb ich auch die 33 Geschichten „Zum blauen Affen", die zwar einige Kenner sehr priesen, aber meinen schlechten Ruf endgültig befestigten. Als der Weltkrieg zu Ende war, stieg ich wieder in die Eisenbahn. Ich muss gestehen, dass es mich schon langweilt. Aber es ist doch von allem Angenehmen, woran der Globus nicht allzu reich ist, das am wenigsten Ermüdende. Störend empfinde ich nur, dass man mir kontinuierlich die geschmacklosesten Motive unterschiebt. Ich erkläre deshalb feierlich, dass ich weder Bordellbesitzer bin noch die rechte Hand von Boris Ssawinkow, den ich leider nicht persönlich gekannt habe; dass ich den Berlin-N-Jungen liebe, den deutschen Double-Mokka aber als scheussliche Tunke bezeichne; dass ich den Umgang mit Menschen für ein Psycho-Dancing halte und Lichtenbergs Aphorismen sowie Flauberts „November" für eine gute Vorschule; dass ich der österreichischen Memphis-Zigarette nachtrauere, nicht aber den sie einst in Massen konsumierenden Leutnants; dass ich das von mir sehr geliebte Jicky-Parfüm vermittelst eines Vaporisateurs verwende und jene nicht begreife, die mir deshalb jede Intelligenz absprechen; dass mir Politik zum Kotzen ist, der italienische Lazzo aber sympathisch; dass ich zartfühlend bin, faul, neugierig und roh; dass ich viele Französinnen für exquisite Geschöpfe halte, die meisten Russen aber für Hysteriker; dass ich weder für Skoda reise noch für den Kaiser der Sahara, sondern zu meinem Vergnügen; und dass ich einen tschechoslowakischen Pass besitze und glücklicherweise eine harte Haut.

DER MAUPASSANT DER KRIMINALISTIK

eine, daß der Börsenverein zur Veröffentlichung dieses Quatsches und Schundes sein Organ hergibt. Herr St. mit seinem Dadaismus und anderen Produkten ist uns schon längst ein Graul.« Ein anderer meint: »Ich glaube, es gibt noch mehr deutsche Buchhändler, als Sie vielleicht annehmen, die ebenso wie ich kein Buch des von Ihnen genannten Verlags auf Lager halten.« Der Verleger begnügt sich wiederum mit einer quasi ›dadaistischen‹ Entgegnung: »Watt den eenen sien Uhl, is den annern sien Diamond-Share. Hannover, den 17. März 1923. Paul Steegemann.«[129]

In seiner kurzlebigen Wochenschrift *Störtebeker* von 1924 benutzt er indessen die Gelegenheit zu einer kleinen Polemik gegen den ›Börsenverein‹: Er zitiert zwei im *Börsenblatt* veröffentlichte Gedichte eines Darmstädter Buchhändlers, dilettantische Gelegenheitsverse völkischer Tendenz, und kommentiert: »Es kommt nicht darauf an, daß das Stoffliche dieser Reimereien menschlich ist. Aber es kommt darauf an, ob eine große Organisation wie der ›Börsenverein‹ es sich leisten kann, solche Poeme offiziell zu edieren, die zum Quieken sind.«[130]

Als sich der Verlagsbuchhändler WILHELM RUPRECHT aus Göttingen im *Börsenblatt* vom 17. Februar 1925 – wieder einmal – beschwert: »Noch immer läßt die Sauberkeit des Anzeigenteils des Börsenblattes zu wünschen übrig, wenn auch sicherlich mancherlei abgewiesen worden ist«, und in diesem Zusammenhang ein STEEGEMANN-Inserat für WILHELM HEINSES PETRONIUS-Übersetzung und eine in diesem Inserat zitierte Rezension des *Leipziger Tageblatts* angreift, antwortet PAUL STEEGEMANN so ironisch wie stets: »Wertvoller Herr Dr. Ruprecht, bitte wenden Sie sich doch ans *Leipziger Tageblatt* direkt. Ich lege keinen Wert auf Ihren Puritanismus.«[131] Denselben DR. RUPRECHT aus Göttingen hatte übrigens schon HANS REIMANN persifliert in seiner 1921 bei STEEGEMANN erschienenen Parodie auf ARTUR DINTERS antisemitisch-völkischen Roman *Die Sünde wider das Blut*; da heißt es in einem parodierten Impressum: »Der allerdings nicht zur Ausführung gelangte Einbandentwurf stammt von Herrn Dr. Wilhelm Rupanzke, Hauptmann der Landwehr im 18. Königlich Göttingenschen Kürassier-Regiment zur Verhinderung von Geschlechtskrankheiten. Druck und Papier vom deutsch-nationalen Schutz- und Trutzbund (Geschäftsstelle: Kyffhäuser).«[132]

Anders als bei jener ersten Kontroverse um den Privatdruck der *Frauen* von VERLAINE, hat STEEGEMANN sich in den späteren Jahren mit lakonischen Entgegnungen von der zitierten Art begnügt. KURT TUCHOLSKY – in einer *Weltbühnen*-Glosse vom 23. Juni 1925 – hat energische Proteste der namhaften deutschen Verleger gegen das völkische Treiben des ›Börsenvereins‹ vermißt (neben KURT WOLFF, ERNST ROWOHLT, SAMUEL FISCHER und dem Malik Verlag nennt er ausdrücklich auch PAUL STEEGEMANN): »Es wird ja niemand von Paul Steegemann verlangen, daß er mit einer roten Fahne durch Leipzig zieht, noch auch soll Frau Malik auf dem Augustusplatz zur Ostermesse die Carmagnole tanzen –: aber immerhin haben doch auch diese Sitz und Stimme in den buchhändlerischen Organisationen. Rühren sie sich da gar nicht? Warum hören wir nicht zum mindesten von einem wenn auch nur papiernen Protest dagegen, daß diese Festbarden sich anmaßen, für den

129 In: *Börsenblatt*. 90, 1923, S. 394.
130 In: *Störtebeker*. 1924, Nr. 2, S. 47 f.
131 In: *Börsenblatt*. 92, 1925, S. 2745 f.
132 HANS REIMANN: *Die Dinte wider das Blut*. 1921 ff. (Vgl. die Bibliographie Nr. 58.2–5; der zitierte Wortlaut erst vom 6.–10. Tsd. an.)
133 Zit. nach K. TUCHOLSKY: *Gesammelte Werke*. Bd 2, 1961, S. 153.
134 In: *Unsittliche Literatur und deutsche Republik*. 1921, S. 30. – (Zur Verfasserfrage vgl. Anm. 49.)
135 Zit. nach: *Expressionismus. Aufzeichnungen und Erinnerungen der Zeitgenossen*. 1965, S. 269.
136 Vgl. *Börsenblatt*. 87, 1920, S. 1384.
137 Vgl. *Börsenblatt*. 88, 1921, S. 956.
138 Zit. nach KURT TUCHOLSKY: *Gesammelte Werke*. Bd 1, 1960, S. 766.
139 Zit. nach THOMAS MANN: *Briefe 1889–1936*. 1961, S. 181 f. – Erstdruck in THOMAS MANN: *Rede und Antwort*. 1922, S. 318 f.

gesamten deutschen Buchhandel eine solche üble nationale Hetze zu treiben?«[133] – Die zitierten Stellungnahmen STEEGEMANNS verraten Resignation. Ausführlich begründete Proteste hat er vermutlich für fruchtlos gehalten.

Paul Steegemann und der Staatsanwalt »Es sind derzeit im deutschen Reiche, genannt Republik, nach Abschaffung der Zensur über fünfhundert Verfahren von Staatsanwälten gegen Werke der Kunst und Literatur eingeleitet, die zu den großen Erzeugnissen ihres Genius zu zählen keine andere Nation einen Augenblick zögert.« Das schreibt FRANZ BLEI in seiner im Juni 1921 als Band 135/36 der *Silbergäule* gedruckten anonymen Streitschrift *Unsittliche Literatur und Deutsche Republik. § 184*[134]. Und PAUL STEEGEMANN – in dem Rückblick ›Fünf Jahre Verleger‹ – verkürzt diesen Sachverhalt auf seine eigenen Erfahrungen: »Ein guter Bekannter des Verlegers ist der Staatsanwalt Wagenschiefer. Weil der immer Bücher beschlagnahmt. Und bei der Gerichtsverhandlung auf (sozusagen) Todesstrafe plädiert. Schade. Denn nun sind Paul Verlaines herrliche Gedichtbände *Femmes* und *Hombres*, Aubrey Beardsleys süßer Roman *Venus und Tannhäuser* eingestampft.«[135]

In der Tat beschlagnahmte im November 1920 der Staatsanwalt die genannten Titel von VERLAINE[136]. Es handelt sich um die *zweite* Ausgabe des Gedichtbandes *Frauen*, die – wie die in 600 Exemplaren gedruckte und rasch vergriffene deutsche Erstausgabe von 1919 – als Privatdruck für Subskribenten, diesmal in einer Auflage von 800 Stück, 1920 bei STEEGEMANN erschien. Der zweite Titel, eine zweisprachige Ausgabe des Versbandes *Hombres*, wurde im Herbst 1920 wieder als Privatdruck für Subskribenten in 1100 Exemplaren bei I. H. FRANÇOIS in Zürich gedruckt. Daß der Verlagsort Hannover, der Firmenname Paul Steegemann Verlag und die Übersetzer CURT MORECK und HANS SCHIEBELHUTH in dem Druck nicht genannt werden, hat die Indizierung freilich nicht verhindern können. Der dritte Titel, AUBREY BEARDSLEYS Novelle *Venus und Tannhäuser*, übertragen und fortgesetzt von FRANZ BLEI, wurde Ende Juni 1921 gleich bei Erscheinen beschlagnahmt.[137] Auch die 1100 Exemplare dieses Luxusdruckes waren nur Subskribenten zugänglich.

Über die Beschlagnahme der VERLAINE-Titel urteilte KURT TUCHOLSKY am 25. November 1920 in der *Weltbühne*: »Das ist Zensur. Nun will ich mir aber nicht von Herrn Staatsanwalt Orthmann vorschreiben lassen, was ich lesen darf, und wenn das so weiter geht, dann haben wir in vier Wochen eine obrigkeitliche Bevormundung, die sich in gar nichts von Metternichs Zensur unterscheiden wird.«[138] An THOMAS MANN hatte PAUL STEEGEMANN schon früher ein Exemplar des Bandes *Frauen* und Korrekturbögen der *Hombres* mit der Bitte um Stellungnahme geschickt. Der Dichter antwortete am 20. August 1920 mit einer grundsätzlichen Erörterung der Zusammenhänge von Moral, Unzucht und Kunst, die er dann als ›Brief an einen Verleger‹ 1922 in dem Essayband *Rede und Antwort* veröffentlichte. Zum Anlaß des Briefes heißt es darin: »Ich schicke voraus, daß ich die Übersetzung von Kurt Moreck höchst respektabel finde. Ich füge hinzu, daß die Unzucht der Gedichte mich erschüttert hat. [...] Die Reaktion des Kicherns erscheint mir so blöde und unverständlich wie die der ›sittlichen Entrüstung‹. [...] Ich bescheinige Ihnen unumwunden, daß die Gedichte erschütternd unzüchtig sind. Vielleicht war es nicht dies, was Sie von mir hören wollten, aber ich sage es in einem Sinn, der Ihnen gegen diejenigen, die Sie dieser intimen Publikation wegen in Verruf bringen wollen, recht gibt.«[139]

Äußerungen dieser Art machten auf das zuständige Gericht wenig Eindruck. Im Dezember 1921 berichtet der *Hannoversche Anzeiger*: »Paul Steegemann wurde wegen

Verbreitung unzüchtiger Schriften nach § 184 unter Anklage gestellt und am 24. November d. J. vor dem Landgericht in Hannover zu 500 Mark Geldstrafe verurteilt.«[140] Die Bücher von VERLAINE und BEARDSLEY blieben beschlagnahmt. BERNHARD GRÖTTRUP berichtet am 15. Dezember in seiner satirischen Wochenschrift *Die Pille*: »Paul Steegemann führte seine Verteidigung größtenteils selbst. Er sprach eindringlich von den kulturellen Aufgaben eines Verlegers und betonte im Schlußwort, daß bei einer Auflage von 1000 Exemplaren, die zudem nur ausgewählten Subskribenten zugänglich war, von einer Verbreitung im Sinne der Gesetzgeber wohl nicht die Rede sein könne. Alles vergebens!«[141] Auch die Revisionsverhandlung durch den Sechsten Strafsenat des Reichsgerichts am 19. Juni 1922 führte zur Verwerfung des Einspruchs. KURT TUCHOLSKY hat die Urteilsbegründung überliefert: Sie weist den angeblich vom »Empfinden [...] der weit überwiegenden Mehrheit der Volksgenossen« abweichenden Anspruch einer Minderheit von »Künstlern, Schriftstellern, Verlegern« zurück, »daß sich die reinlich Empfindenden nach der kleinen Minderheit zu richten hätten«. TUCHOLSKY kommentiert: »Das ist eine Ungehörigkeit. Das Reichsgericht war nicht gefragt, ob eine Minderheit, die es niemals begriffen hat, unreinlich empfindet oder nicht [...] Der Spruch des Reichsgerichts [...] ist ein Fehlspruch und eine politische Gefahr. Die beteiligten Künstlerverbände sollten mit der äußersten Schärfe gegen eine richterliche Auffassung vorgehen, die Herrn Brunner so willkommen sein mag, wie sie die Kunst schädigt.«[142]

Als am 18. Dezember 1926 das ›Gesetz zur Bewahrung der Jugend vor Schund- und Schmutzschriften‹[143] wirksam wird, verlagert sich die Zensur auf diesen weniger augenfälligen Sektor. Die indizierten Schriften dürfen im gesamten Reichsgebiet nicht mehr öffentlich verkauft werden; Werbung für diese Titel hat zu unterbleiben. Aus der Produktion des Paul Steegemann Verlages werden die Bücher von WALTER SERNER von Indizierungsanträgen betroffen. PAUL STEEGEMANN hatte nach und nach in sieben Bänden das Gesamtwerk dieses abseitigen und legendenumwobenen Autors vorgelegt und sie 1927 in einer Kassette *Die Bücher von Walter Serner* vereinigt. Dieses Unternehmen erscheint heute als eine seiner bedeutendsten verlegerischen Leistungen, da verschiedene Neuausgaben die eigentümliche Qualität der Prosa SERNERS bestätigt haben. Des Autors Freund, der Maler CHRISTIAN SCHAD, ist unbeirrt für den Verschollenen eingetreten.[144] Dessen eigentliche Wiederentdeckung ist einem jungen Wissenschaftler und Enthusiasten zu danken: THOMAS MILCH, der bei KLAUS G. RENNER in Erlangen und München Band für Band *Das Gesamte Werk* (1979 ff.) vorgelegt und aus entlegenen Quellen wesentlich vermehrt hat. Der Erfolg hat ihm recht gegeben: Seine editorischen Mühen sind von einer zehnbändigen Taschenbuch-Gesamtausgabe WALTER SERNERS (1988 bei GOLDMANN in München) bestätigt worden. (Die Originalausgaben sind inzwischen im Antiquariat und in Bibliotheken beinahe unauffindbar.)

Am 5. September 1931 beantragte das Landesjugendamt der Rheinprovinz, WALTER SERNERS Roman *Die Tigerin* in die Liste der Schund- und Schmutzschriften aufzunehmen. PAUL STEEGEMANN bemühte sich wieder einmal um Gutachten namhafter Schriftsteller: ALFRED DÖBLIN,

140 Zit. nach: *Börsenblatt*. 88, 1921, S. 1808.
141 In: *Die Pille*. 2, 1921, S. 144 f.
142 Zit. nach: K. TUCHOLSKY: *Gesammelte Werke*. Bd 1, 1960, S. 1057 u. 1059. – Der Regierungsrat KARL BRUNNER war seit 1911 als ›literarischer Sachverständiger‹ im Polizeipräsidium Berlin für Fragen des ›Jugendschutzes‹ und der ›Schundliteratur‹ zuständig.
143 Text z. B. in: *Börsenblatt*. 94, 1927, S. 19–21.
144 Vgl. CHRISTIAN SCHAD: Relative Realitäten. Erinnerungen an Walter Serner. In: W. SERNER: *Die Tigerin*. 1971, S. 211–312.

Kassette *Die Bücher von Walter Serner*, mit
rotem Glanzpapier bezogen, an den Kanten
mit schwarzem Leinen verstärkt, enthält
Nr. 127–131, 102.2 und 103.2 (Bettina Schad,
Keilberg/Spessart)

KASIMIR EDSCHMID, MAX HERRMANN-NEISSE traten vor der Berliner Prüfstelle für SER-
NERS Werk ein.[145] Im Jahre 1931 waren solche Bemühungen noch nicht von vornherein
fruchtlos. Als indessen am 22. Januar 1933 das bayerische Landesjugendamt für verschiedene andere Schriften WALTER SERNERS die Aufnahme in die Liste forderte, war
eine Ablehnung dieses Antrags nicht mehr denkbar. Die Berliner Prüfstelle entschied
am 25. April 1933 auf Indizierung der folgenden Titel von SERNER: *Der elfte Finger, Zum
blauen Affen, Der Pfiff um die Ecke, Die tückische Straße* und *Posada oder Der große Coup im
Hotel Ritz*. Mit der Bekanntmachung des Urteils durch den Leiter der Oberprüfstelle in
Leipzig am 20. Mai wurde diese Entscheidung rechtskräftig; das *Börsenblatt* veröffentlichte die Titel am 23. Mai.[146]

Im Zusammenhang dieser Ausführungen über Konflikte des Verlegers mit dem
Staatsanwalt muß noch eine Affäre zur Sprache kommen, in der PAUL STEEGEMANN
eine bedenkliche Rolle spielt. Eine Notiz im *Hannoverschen Anzeiger* vom 25. April 1923
meldet die Verurteilung des Verlegers in einem Plagiatsprozeß vor dem Braunschwei-
ger Schöffengericht: »Dr. Ernst Sander legte ihm zur Last, eine von ihm verfaßte Übersetzung des englischen Dichters Oskar Wilde *Der Priester und der Meßnerknabe* ohne
seine Einwilligung nachgedruckt und verbreitet zu haben. Steegemann bestreitet diese
Straftat und erklärte, es handele sich um eine selbständige Übersetzung, die von einem
seiner Mitarbeiter unter dem Namen Rainer Maria Schulze verfaßt worden sei. Ein
Sachverständiger [...] stellte fest, daß die unter Anklage gestellte Schrift nichts weiter
sei als ein nur mit geringfügigen Änderungen versehener Nachdruck der Übersetzung
Dr. Sanders. Das Urteil lautete auf 20 000 Mark Geldstrafe. In der Begründung des
Urteils betonte der Vorsitzende, daß es sich um ein Plagiat gröbster Art handele.«[147] Es
geht um jene Übersetzung der apokryphen WILDE-Erzählung, die ERNST SANDER 1917
im Auftrage PAUL STEEGEMANNS für den Heinrich Böhme Verlag angefertigt hatte und
die dann in drei Auflagen mit jeweils anderen Illustrationen von ERNST SCHÜTTE 1919
und 1920 im Zweemann-Verlag neu erschienen war (vgl. S.
19 im vorliegenden Katalog). STEEGEMANN verlegte 1922
eine kaum retuschierte Neuausgabe der Übersetzung mit
dem Vermerk »Übertragen und mit einem Nachwort versehen von Rainer Maria Schulze« (unter diesem Pseudonym
hat er im selben Jahr auch Übersetzungen nach EDWARD
BULWER, EDGAR ALLAN POE und ROBERT LOUIS STEVENSON
veröffentlicht[148]). Ebenfalls 1922 – nach Übernahme der
Restbestände des aufgelösten Zweemann-Verlages – zeigt
STEEGEMANN seine eigene 1919 im Zweemann-Verlag
erschienene Poe-Übersetzung (*Romantische Liebesgeschichten*) mit dem Hinweis an: »Übertragen von Rainer Maria
Schulze«. Dieser Name ist demnach ein Pseudonym des
Verlegers.

ERNST SANDER gab mir brieflich Auskunft über die
Hintergründe der Affäre: »Inzwischen [um 1920] hatte
mein Kriegskamerad H. H. Tillgner in Berlin seinen Verlag
begründet, in dem ich als Lektor tätig war und für den ich
einiges übersetzte. Steegemann hatte damals Übertragungen von Verlaine *Femmes* und [...] *Hombres* veröffentlicht.
Tillgner druckte das frz. Original von *Hombres* mit Buch-
schmuck von Marcus Behmer nach[149], was St. zu groben

145 Diese Hinweise zur Indizierung von
     SERNER-Titeln lassen sich durch ein
     SERNER-Konvolut im Nachlaß PAUL
     STEEGEMANNS (Deutsches Literatur-
     archiv, Marbach a. N.) detailliert
     dokumentieren.
146 In: *Börsenblatt*. 100, 1933, S. 384.
147 In: *Hannoverscher Anzeiger*. 31, 1923,
     Nr. 95, S. 7.
148 E. BULWER: *Die Geisterseher*. 1922. –
     E. A. POE: *Die Abenteuer des Detektivs
     Dupin*. 1922. – R. L. STEVENSON: *Der
     Klub der Selbstmörder*. 1922.
149 Die genaue Titelaufnahme: [PAUL]
     VERLAINE. Hombres ‹Hommes›.
     (Dessins de MARCUS BEHMER.) (Pots-
     dam: Tillgner [1920].) 42 S.
150 Brief ERNST SANDERS vom 12. Mai
     1973.
151 KLAUS MANN: *Kind dieser Zeit*. 1932,
     S. 319.

Briefen veranlaßte, obwohl jene bibliophil ausgestattete und sehr teure Ausgabe des frz. Textes in keiner Weise St.s deutscher Ausgabe Konkurrenz machte. Die Tillgner-Ausgabe wurde dann durch den Staatsanwalt beschlagnahmt, wie es hieß, auf eine Denunziation aus Hannover hin (Ich bemerke, daß das kleine Buch nur für Subskribenten in kleiner Auflage gedruckt worden war). Ob St. der Denunziant war, entzieht sich meiner Kenntnis. Im Herbst 1922, wenn ich nicht irre, sah ich in einer Buchhandlung *Priester und Meßnerknabe* in der Übersetzung von Rainer Maria Schulze [...]. Ich schrieb St., bekam keine Antwort, und da das Plagiat offenbar war, klagte ich in Braunschweig. St. wurde natürlich verurteilt, mußte eine Strafe und eine Entschädigung an mich zahlen; überdies war ich befugt, das Urteil an beliebiger Stelle zu veröffentlichen. Ich hätte das im Buchhändler-*Börsenblatt* tun können; aber das hätte St.s Ausschluß aus dem Börsenverein und das Ende seiner Verlegerei bedeutet. In anbetracht der Tatsache, daß wir einmal befreundet gewesen waren und St. mir mancherlei Gefälligkeiten erwiesen hatte, vor allem durch seine Buchsendungen ins Feld, nahm ich davon Abstand und ließ die Sache auf sich beruhen. Jene Entschädigung hat St. an mich gezahlt; aber mit unserer Verbindung war es natürlich aus.«[150]

Zur Ergänzung muß gesagt werden, daß auch STEEGEMANNS zweisprachige Ausgabe der *Hombres* den französischen Text enthält, daß sie ebenfalls bibliophil ausgestattet ist und sich wie die TILLGNER-Ausgabe nur an einen kleinen Kreis von Subskribenten richtete. Der Verleger hat also mit einem gewissen Recht in der VERLAINE-Edition TILLGNERS ein Konkurrenzunternehmen gesehen. Es mag daher sein, daß der Ärger über eine vermeintliche Übernahme und Ausnutzung seiner Idee für jenes befremdliche Plagiat mitverantwortlich zu machen ist. – 1924, im Jahr nach der Verurteilung, veröffentlichte PAUL STEEGEMANN wiederum einen Band *Der Priester und der Meßnerknabe und andere apokryphe Erzählungen* von OSCAR WILDE, diesmal in Übertragungen von SIBYLLE und FRANZ BLEI. Darin ist wohl ein Akt stillschweigender Korrektur zu sehen.

Daß es im übrigen nicht immer leicht war, mit dem reiz- und streitbaren PAUL STEEGEMANN auszukommen, bezeugen die Erinnerungen KLAUS MANNS, der sich 1924 als Achtzehnjähriger mit seinem ersten Novellenband *Vor dem Leben* zunächst an diesen Verleger wandte: »Ich bin einen Tag in Hannover, um mit dem Paul Steegemann zu verhandeln, der mich durch seine aufschneiderisch wilde und imposant unkonventionelle Art fasziniert; aus den Besprechungen und Vertragsentwürfen entsteht nichts als ein endloser und überflüssiger Prozeß (alles zum erstenmal – –). Bald darauf komme ich mit dem prachtvoll zuverlässigen Doktor Kurt Enoch zusammen, dem ich mich gern und herzlich anvertraue.«[151] Diese Kontrastierung des »aufschneiderisch wilden« STEEGEMANN mit dem »prachtvoll zuverlässigen« KURT ENOCH ist denn doch recht vielsagend. KLAUS MANNS Erstling *Vor dem Leben* erschien 1925 im Verlag der Gebrüder ENOCH in Hamburg. STEEGEMANN hat sich 1926 gerächt, indem er in verschiedenen Feuilletons (*Kieler Zeitung, Hamburger Anzeiger* u. a.) ›Histörchen von Thomas Mann‹ veröffentlichte, die weder besonders witzig oder geschmackvoll noch gut erfunden waren. Auf die besorgte Anfrage einer Verehrerin antwortete THOMAS MANN am 11. Mai 1926: »Das ist ja miserables Zeug, was Sie mir da schicken, miserabel in jedem Betracht. Die führenden Feuilletons sind genügsam, literarisch wie moralisch, das muß man sagen. Dieser Steegemann (der Verleger Paul St.) ist ein bankerotter Verleger in Hannover, der mir von früher her sogar zu Dank verpflichtet ist (der ›Brief an einen Verleger‹ über unsittliche Literatur in *Rede und Antwort* ist an ihn gerichtet) der aber dann einen Prozeß mit meinem Sohn hatte: Er hatte den unerfahrenen jungen Menschen einen Kontrakt unterschreiben lassen, der gegen alle guten geschäftlichen Sitten verstieß und auf Grund der Minderjährigkeit meines Sohnes vom Gericht für nichtig erklärt wurde. Steegemann verlor also den Prozeß, nicht ohne vorher allerlei Erpressungsversuche gemacht zu haben, und sucht sich nun an mir durch diese stümperhaften Schmutz (...?) zu rächen. Ich brauche nicht zu sagen, daß an den ›Histörchen‹ kein wahres Wort ist. Aber trotz der offenbar verleumderischen Pointe mit den 15 000 Mark werde ich den erbärmlichen Burschen wohl laufen lassen, damit er nicht die Reklame findet, die er außer der Rache sucht. Freilich wäre es mir lieb, wenn der Sachverhalt unter die Leute käme, wozu Sie vielleicht beitragen können.«[152] KARL SCHODDERS unveröffentlichte *Memories* enthalten eine abweichende Version des Konflikts mit KLAUS MANN. Demnach hätte der 18jährige Autor auf Wunsch seines Vaters das bereits gesetzte Buch unter Hinweis auf die Rechtsungültigkeit seiner Unterschrift zurückgezogen. »Acht Wochen später kündigte der Enoch-Verlag in Hamburg das Erscheinen von *Vor dem Leben* an [...] Wir hielten uns für betrogen, für hinters Licht geführt«.[153]

(Un-)Programmatisches PAUL STEEGEMANN neigte nicht dazu, die Grundsätze seiner Arbeit theoretisch zu erörtern und abschließend zu formulieren. Ebenso ist es nicht leicht, für die Produktion seines Verlages einen gemeinsamen Nenner zu finden. Die Merkmale seines Wesens – genießerische Offenheit, ironische Distanz, Skepsis, dazu eine gehörige Portion Zynismus und wohl auch ein Schuß Opportunismus – ließen ihn programmatische Festlegungen vermeiden. Er definiert seinen ›Standpunkt‹ noch am ehesten durch Negationen und Abgrenzungen: »Nichts verübelt man einem Verleger in Deutschland so sehr als das Nichtvorhandensein einer Richtung, eines völkischen Willens, einer kulturellen Mission. Man verlangt, innerhalb der Herde, klare, eindeutige Entscheidungen. Kampf fürs Vulkstum [!]. Und ähnlichen Quatsch. Dem Deutschen fehlen die Nerven für einen nüancierten Individualismus, der, wenn schon in gewissen Bezirken Niveau, jedoch immer Chaos sieht.«[154]

Andere Äußerungen, die Rückschlüsse auf das Selbstverständnis PAUL STEEGEMANNS ermöglichen, finden sich zumeist ganz versteckt, in kleinen, unernsten redaktionellen Bemerkungen. Wenn er eine Glosse seiner Wochenschrift *Störtebeker* über den Ärztestreik verteidigt, so heißt es abschließend: »Seien Sie mir nicht böse, meine Herren. Ich kann nicht anders. Für das Erlebnis heiteren, freien Geistes bin ich bereit, das Leben eines Truthahns zu opfern.«[155] – Im Verlegerverzeichnis in *Kürschners Deutschem Literatur-Kalender* charakterisiert er ab 1925 sein Programm mit den Stichworten: Moderne Kunst, Literatur, republikanische Politik. Diesen Standort glossiert der Verleger wiederum im *Störtebeker*: »Überhaupt Politik .... Natürlich bin ich Republikaner. Weil ich nicht Kaiser werden konnte. Heute kann jeder Mensch Minister werden. Und das ist gut so. Nun noch ein bißchen Psychologie in die Gehirne der Regierenden gehämmert, dann wird es schon gehen. Darf ich Vorschläge machen?«[156] – Nur ganz selten findet sich ein zugleich programmatisches und nicht durch Ironie gebrochenes Wort; so erläutert PAUL STEEGEMANN den Titel seiner Wochenschrift *Störtebeker*: »Ein treuer Freund und ein tapferer Feind, ein froher Liebhaber des

152 Zit. nach dem Kat. d. Firma F. DÖRLING, Hamburg, zur 119. Auktion im Dezember 1986, S. 366 f.

153 KARL SCHODDER: *Memories*. Typoskript im Besitz von Herrn GEORG R. SCHODDER (Aachen).

154 PAUL STEEGEMANN: Fünf Jahre Verleger. In: *Das Stachelschwein*. 1, 1924, Heft 6, S. 4.

155 In: *Störtebeker*. 1924, S. 47.

156 Ebd. S. 71 f.

157 Ebd. S. 24.

158 Ebd. S. 23.

Lebens und seiner guten Gaben und ein stolzer Verächter der Gewalt und des Todes –
mit Bedacht setzen wir sein Bild auf die Flagge unseres Schiffes, das aus allen Bezirken
des lebendigen Daseins Gutes einbringen und allem Krummen, Kleinen, Kaffrigen
feind sein will«[157]. Und in einem Glückwunsch zum achtzigsten Geburtstag des hannoverschen Dichters ADOLF EY nennt PAUL STEEGEMANN seine Wünsche für die Zukunft:
»Und dann wollen wir uns was Neues, noch viel Schöneres ausdenken, das sich der
Wünsche lohnt, lieber Großvater Ey. Vielleicht ein neues, freies, fröhliches, besseres
Deutschland für die Kinder in der Adolf Ey-Straße und allen benachbarten Landesteilen.
Wünsche sind immer noch steuerfrei, Großvater.«[158]

Kit Von **PAUL STEEGEMANN VERLAG**
in Berlin erbitte durch Fa. L. A. Kittler:

Kartoniert | Leinen

über Leipzig — direkt durch spesenfreie Nachnahme

Detektiv-Romane von J. M. WALSH

Der Mann aus Harek
Die weisse Maske
Männer im Dunkeln
Die grünen Augen

Plakate gratis.

Jeder Band RM (3.—) kartoniert,
RM (4.50) in Ganzleinen.
11/10 Ex. mit 40%; ab 50 Ex. mit 50%

~~ZUM PLAKATAUSHANG:~~
~~je 1 Ex. mit 50% bar~~

Ort und Datum: Firma:

Z

Bestell-Nr.

Beilage **Kommissionär:**

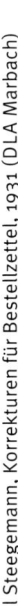

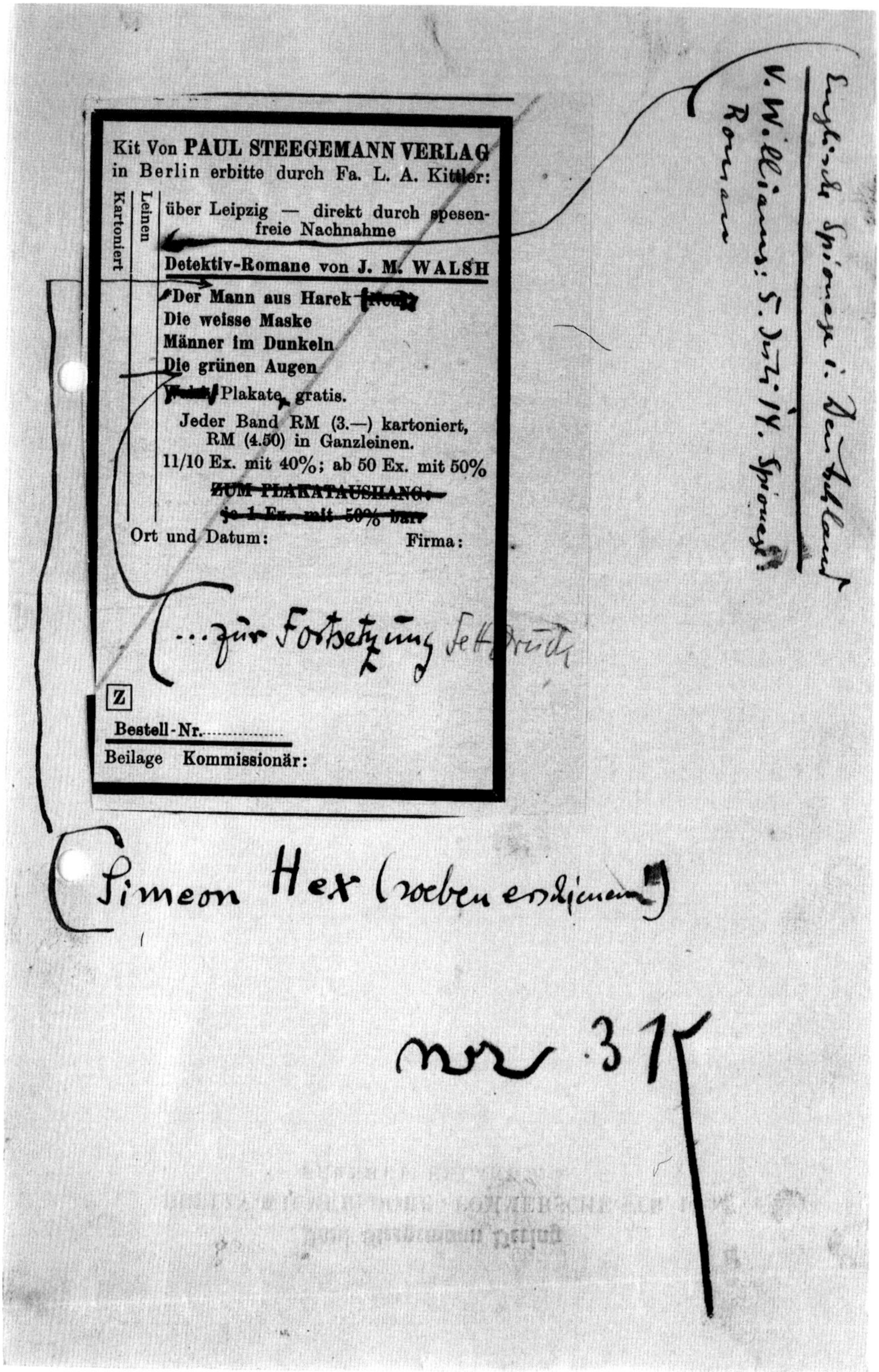

Paul Steegemann, Korrekturen für Bestellzettel, 1931 (DLA Marbach)

1922 An den 23 neuen Titeln dieses Jahres, die nicht mehr in den auslaufenden *Silbergäulen* erscheinen, sind von den Autoren der Buchreihe noch acht beteiligt: FRANZ BLEI (als Übersetzer und Herausgeber), JOHANN FRERKING (als Übersetzer), KURT HILLER, OSSIP KALENTER (als Übersetzer), WILHELM KLEMM (unter dem Pseudonym FELIX BRAZIL), WILHELM MICHEL, CURT MORECK (als Redaktor der HEINESCHEN PETRONIUS-Übertragung) und HANS REIMANN. Von REIMANN erscheinen immerhin fünf Titel (eine Originalausgabe, drei Übernahmen aus dem Münchner Georg Müller Verlag, eine Übernahme aus dem Leipziger Verlag Der Drache). PAUL STEEGEMANN bemüht sich damit, den erfolgreichsten Autor der *Silbergäule* fest an seinen Verlag zu binden. Durch REIMANN wird einer der bedeutendsten Zeichner der zwanziger Jahre für den Paul Steegemann Verlag tätig: GEORGE GROSZ, der die vom Verlag Der Drache übernommenen *Sächsischen Miniaturen* mit vierzehn Illustrationen versehen hatte, liefert für die von STEEGEMANN verlegte COURTHS-MAHLER-Parodie dreißig Zeichnungen im Text und eine Umschlagzeichnung.

Zu den genannten Autoren kommen in diesem Jahr so gut wie keine neuen Vertreter der zeitgenössischen Literatur hinzu. Dagegen ist mit zwölf Übersetzungen ältere fremdsprachige Literatur besonders stark vertreten. Fünf von ihnen schließen sich durch Gleichheit des Formats, der Ausstattung und der Umschlagzeichnung von ERNST SCHÜTTE zu einem neuen reihenartigen Unternehmen zusammen. Es handelt sich um Werke von BARBEY D'AUREVILLY, BULWER, POE und STEVENSON (von letzterem zwei Titel). HANS VON WEBER urteilt im September 1922 im *Zwiebelfisch*: »Neben *Die Silbergäule* […] scheint eine Sammlung sensationeller Erzählungen zu treten […] Die neue Sammlung präsentiert sich anständig. Das meiste ist Reiselektüre besten Sinnes.«[159] Diese ›Reihe‹ ist in den folgenden Jahren nicht fortgesetzt worden.

Bei immerhin neun Titeln dieses Jahres riskiert PAUL STEEGEMANN die relativ hohe Anfangsauflage von 10 000 Exemplaren. Das gilt für die fünf Bücher von HANS REIMANN, für EMIL LEDNERS *Erinnerungen an Caruso*, RODA RODAS *Eines Esels Kinnbacken*, STENDHALS *Elf Liebesabenteuer* in der Übertragung von FRANZ BLEI und für OSCAR WILDES apokryphe Erzählung *Der Priester und der Meßnerknabe* in der von STEEGEMANN plagiierten Übersetzung ERNST SANDERS.

Als die wichtigsten Titel der Steegemann-Produktion von 1922 erscheinen heute KURT HILLERS Kampfschrift § 175: *die Schmach des Jahrhunderts!* und der *Candide* von VOLTAIRE mit den 28 Federzeichnungen ALFRED KUBINS. – Wohl im Jahre 1922 übernimmt PAUL STEEGEMANN die Restbestände des Zweemann-Verlages in Hannover (offiziell erlischt diese Firma erst 1925) und bietet die übernommenen Bücher von nun an in Annoncen und Katalogen zusammen mit seiner eigenen Produktion an (vgl. die Liste der aus anderen Verlagen übernommenen Bücher, S. 160–164).

1923 Mit elf neuen Titeln von sieben zeitgenössischen Autoren ist die Produktion des Verlages erstmals rückläufig. Zu den schon in den *Silbergäulen* vertretenen Namen WILHELM MICHEL, HANS REIMANN und WALTER SERNER kommen vier neue Autoren hinzu: MAXIMILIANE ACKERS, ADOLF VON HATZFELD, HERMAN GEORGE SCHEFFAUER und DÉSI STINNES. Bei den zwei REIMANN-Titeln dieses Jahres wagt STEEGEMANN relativ hohe Startauflagen: Der zweite Band der *Sächsischen Miniaturen* erscheint in fünfzehntausend, der dritte Miniaturen-Band, die Anekdotensammlung *Dr Geenij*, in für die

Geschichte des Verlages einmaligen fünfzigtausend Exemplaren (nach dem Ende der Inflation waren die Lagerbestände gerade dieses Titels wegen seines miserablen Papiers zum Ladenhüter verurteilt; so war diese Auflage 1932 freilich noch lieferbar). Der wichtigste unter den neuen Autoren ist der Expressionist ADOLF VON HATZFELD, der mit vier Titeln vorgestellt wird, darunter eine Neuauflage der ursprünglich im Berliner Paul Cassirer Verlag erschienenen Erzählung *Franziskus* mit der Originallithographie von BARLACH auf dem Umschlag. Restbestände dieser Erzählung und des Romans *Die Lemminge* gibt PAUL STEEGEMANN schon wenig später an die Deutsche Verlags-Anstalt in Stuttgart weiter, die beide Werke 1925 vom alten Satz neu vorlegt.

Für die Geschichte des Verlages wichtiger als die 1923 tatsächlich erschienenen Bücher sind die Pläne und Verhandlungen STEEGEMANNS im selben Jahr, die nicht zu den erhofften Ergebnissen führten. Der Verleger bemühte sich um die Übernahme der Rechte am Gesamtwerk zweier bedeutender Autoren: Verlagsannoncen bezeugen, daß er eine auf »etwa zehn Bände« berechnete Ausgabe der *Gesammelten Werke* von CARL STERNHEIM vorbereitete, von der es heißt: »Sie erscheint auf Subskription in verschiedenen Ausgaben als ›Edition Sternheim‹ im Herbst 1923«. Tatsächlich hat PAUL STEEGEMANN im selben Jahr einen Teil der Auflage der 1921 bei ERNST ROWOHLT erschienenen STERNHEIM-Erzählung *Fairfax* übernommen; es existieren Exemplare der ROWOHLT-Ausgabe mit einem Schutzumschlag des STEEGEMANN-Verlages. (Daß der KURT WOLFF-Autor STERNHEIM nach 1920 mit verschiedenen Verlegern verhandelte, gehört zum Kontext einer Affäre, die in einem zwischen dem 6. März und 15. Mai 1924 in der *Weltbühne* ausgetragenen Streit zwischen CARL STERNHEIM und KURT WOLFF ihren öffentlichen Niederschlag fand[160].) Der zweite Autor, dessen Gesamtwerk PAUL STEEGEMANN übernehmen wollte, ist WALTER HASENCLEVER. Auf dem Schutzumschlag jener ursprünglich von ROWOHLT verlegten STERNHEIM-Erzählung bietet STEEGEMANN elf Titel von HASENCLEVER an, die in den Verlagen von KURT WOLFF, ERNST ROWOHLT und PAUL CASSIRER erschienen waren. Im Gesamtverzeichnis der Verlagsproduktion STEEGEMANNS von 1919 bis 1924 wird dann lakonisch mitgeteilt: »Walter Hasenclever: Sämtliche Werke gingen an den Verlag Die Schmiede, Berlin, über«[161]. – Mit dem Mißlingen dieser Pläne stößt der Verlag an Grenzen, die er auch später niemals übersprungen hat.

1924 Nach der Scheidung von seiner ersten Frau, der Graphikerin KÄTHE SCHMIDT, heiratet PAUL STEEGEMANN am 2. Dezember 1924 in Hannover CARLA BOS (diese Ehe wird am 27. März 1943 in Berlin geschieden und nach dem Zweiten Weltkrieg neu geschlossen). – In diesem Jahr erscheinen elf Titel von neun Autoren, darunter fünf im Programm des Verlages neue zeitgenössische Namen: EMIL BELZNER, ARTUR LANDSBERGER, HANS MÜLLER-SCHLÖSSER, PAUL NIKOLAUS und LEOPOLD VON WIESE. Eine Neuausgabe der *apokryphen Erzählungen* von OSCAR WILDE in der Übertragung von SIBYLLE und FRANZ BLEI tritt an die Stelle von STEEGEMANNS Plagiat an der Version ERNST SANDERS. Mit den nur fünf Nummern der Wochenschrift *Störtebeker* macht der Verleger den vergeblichen Versuch, eine Zeitschrift zu etablieren.

159 In: *Der Zwiebelfisch*. 14, 1922, Heft 4/6, S. 69 f.

160 Vgl. WILHELM EMRICHS Kommentar in CARL STERNHEIM: *Gesamtwerk*. Bd 6, 1966, S. 583–585.

161 *Katalog 1919–1924*. Oktober 1924, S. 16.

162 In: *Das Stachelschwein*. 1, 1924, Heft 10, S. 15 f.

163 EMIL BELZNER schrieb mir dazu: »Die kleine Auflage erklärt sich vielleicht aus den damaligen Umständen: bei Vertragsabschluß überkugelte sich die Inflation [...] Manche Verleger halfen sich, indem sie Liebhaberdrucke in geringen Auflagen (für Schieber) herausbrachten. Das war meines Wissens die Situation.«

164 Zit. nach OSKAR LOERKE: *Der Bücherkarren*. 1965, S. 210.

165 Vgl. KURT TUCHOLSKY: *Gesammelte Werke*. Bd 1, 1960, S. 1274–1279.

Ein neues Werk von Hans Reimann (*Mein Kabarettbuch*) erreicht in diesem Jahr die Auflage von 10 000 Exemplaren. Die Übernahme eines weiteren Reimann-Titels, des graphisch sehr reizvollen *Literarischen Albdrückens* aus dem Leipziger Verlag Erich Matthes, bezeugt den Willen Paul Steegemanns, das Werk dieses Autors möglichst vollständig in seinem Verlag zu vereinigen. Mit den *Rheinischen Miniaturen* von Hans Müller-Schlösser und den *Jüdischen Miniaturen* von Paul Nikolaus beginnt er – im Anschluß an die *Sächsischen Miniaturen* Reimanns –, eine Folge von Anekdotensammlungen verschiedener Volksstämme und Regionen zu veröffentlichen. Die ohne Vorwissen Reimanns erfolgte Weiterverwendung des ›Miniaturen‹-Titels hat das Verhältnis zwischen diesem Autor und dem Verleger wohl zum ersten Mal schwer belastet. Am 22. November 1924‹ schreibt Reimann unter dem Titel ›Kleiner Protest gegen ein Buch‹ in seiner Zeitschrift *Das Stachelschwein*: »Meine *Sächsischen Miniaturen* waren offenbar ein Geschäft für den Verlag Steegemann, ansonsten er kaum *Rheinische Miniaturen* und neuerdings *Jüdische Miniaturen* hätte folgen lassen. Abgesehen davon, daß der Titel ein mich nur in kläglichen Grenzen entzückendes Plagiat darstellt, bestehen die *Jüdischen Miniaturen* [...] aus systemlos gesammelten Witzen, die den Namen ›Miniaturen‹ keineswegs verdienen. [...] Sie sind allenfalls Bagatellen, und zwar Bagatellen, die der Verleger riesendimensional aufgeplustert hat. Ich rate ernstlich ab, das mäßige Buch zu erwerben.«[162] Paul Steegemann hat darauf im selben Heft der Zeitschrift nicht unwitzig erwidert (vgl. S. 54). Hans Reimann hat sich damit offenbar nicht zufrieden gegeben und erst 1929 wieder zwei neue Titel bei Paul Steegemann veröffentlicht.

Im Rückblick erscheinen die folgenden Titel als die bedeutendsten der Steegemann-Produktion von 1924: die in nur 200 Exemplaren veröffentlichte Verserzählung *Die Hörner des Potiphar* von Emil Belzner[163], über die Oskar Loerke am 16. März 1924 im *Berliner Börsen-Courier* schrieb: »Selten bin ich vor einem neuen Talente so gespannt gewesen, wohin die weitere Reise gehen wird«[164]; die Essaysammlung *Das Kuriositätenkabinett der Literatur* von Franz Blei; Salomo Friedlaenders Katechismus *Kant für Kinder*; schließlich – eine wichtige politische Akzentuierung des Verlagsprogramms – das Buch *Kindheit. Erinnerungen aus meinen Kadettenjahren* des Soziologen Leopold von Wiese, dem Kurt Tucholsky am 11. November 1924 in der *Weltbühne* eine große Besprechung unter dem Titel ›Eine deutsche Kindheit‹ widmete[165].

1925 Paul Steegemann verlegt in diesem Jahr nur fünf neue Titel. Drei von ihnen setzen die im Vorjahr begonnene Folge von Anekdotensammlungen fort: die *Schwäbischen Miniaturen* von Alfred Auerbach, die *Niederdeutschen Miniaturen* von Otto Ernst und Fred Hellers *Österreichische Miniaturen*. In 10 000 Exemplaren erscheint Artur Landsbergers Roman *Berlin ohne Juden*. Den wirtschaftlichen Problemen des nachinflationären ›Aufschwungs‹, unter denen der Verlag ganz offenbar zu leiden hat, gilt schließlich eine Broschüre des hannoverschen Rechtsanwaltes Friedrich Kist: *Aufwertung für Laien und angehende Juristen*.

Einer der wichtigsten Autoren Steegemanns löst in diesem Jahr vorübergehend die Verbindung zu seinem Verlag: Walter Serner veröffentlicht zwei neue Bücher, den Roman *Die Tigerin* und die Kriminalgeschichten des Bandes *Der Pfiff um die Ecke*, im Berliner Elena Gottschalk Verlag. Gleich darauf läßt eine Pressekampagne gegen Serner und Theodor Lessing, an der Paul Steegemann nicht unschuldig ist, das Verhältnis zwischen dem Verleger und seinem Autor weiter abkühlen. Unter dem Titel ›Der Maupassant der Kriminalistik‹ erscheint am 10. Mai 1925 ein bewundernder Aufsatz Lessings über Walter Serner im *Prager Tagblatt*. Darin heißt es unter Berufung auf PAUL STEEGEMANN: »Er [Serner] kam früh auf die sogenannte schiefe Ebene und hat sich zeitlebens in aller Welt herumgetrieben. Seine Adresse werden Sie nicht in Literaturkalendern, wohl aber bei der Kriminalpolizei erfahren können. Er ist internationaler Hochstapler im allergrößten Stil. Seine Lehrjahre verlebte er in Paris als Costel (Zuhälter). In seinen Büchern steht nichts, was nicht gelebt wurde. Sie können dies alles ruhig sagen. Herr Serner pfeift darauf. Er bereist gegenwärtig den Orient als Besitzer großer, öffentlicher Häuser in Argentinien.« Diese frei erfundenen und vom Verleger wohl als Werbegag gemeinten Angaben lösen eine Folge öffentlicher Beschimpfungen SERNERS und seines Apologeten THEODOR LESSING aus. Im Juli 1925 prangert ALFRED ROSENBERGS völkisch-antisemitische Zeitschrift *Der Weltkampf* den vermeintlichen Fall LESSING-SERNER an in dem Beitrag ›Der internationale Mädchenhandel‹. Einen Nachdruck der betreffenden Passage bringt der *Völkische Beobachter* am 8. Juli 1925 unter dem Titel ›Professor und Mädchenhändler. Professor Lessing als Bewunderer eines Bordellpoeten‹. Die Affäre liefert – nach dem Eintreten THEODOR LESSINGS gegen HINDENBURGS Kandidatur zum Reichspräsidenten – willkommene Munition für die völkische Hetze gegen den jüdischen Hochschullehrer. Mit einer Richtigstellung der falschen Angaben des Verlegers hat WALTER SERNER 1926 vergeblich gegen diese Kampagne Front zu machen versucht.[166] – SERNER hat – ebenfalls 1926 – noch den Versuch unternommen, sein Drama *Posada* und den Prosaband *Die tückische Straße* in Wien im Selbstverlag zu veröffentlichen. 1927 ist er dann mit diesen und den vorher bei ELENA GOTTSCHALK in Berlin publizierten Büchern und mit der erweiterten Neufassung der *Letzten Lockerung* in den Paul Steegemann Verlag zurückgekehrt. STEEGEMANN wiederum hat am 25. November 1927 im Anzeigenteil des *Börsenblatts* fünf Werbeseiten über den zurückgewonnenen Autor veröffentlicht und darin unter dem Titel ›Wer ist Walter Serner?‹ eine autobiographische Skizze SERNERS von 1925 abdrucken lassen, die u. a. mit jenen falschen biographischen Angaben aufräumt.[167]

166 Vgl. CHRISTIAN SCHAD: Relative Realitäten, in: W. Serner: *Die Tigerin*. 1971, hier v. a. S. 301–304.
167 Vgl. *Börsenblatt*. 94, 1927, S. 11609–11613.
168 HENNING RISCHBIETER in: *Die Zwanziger Jahre in Hannover*. 1962, S. 90.

1926 Nicht mehr als drei neue Titel erscheinen in diesem Jahr. HERMANN RICHTERS ›Schnurren und Schwänke‹ unter dem Titel *Das Geheimnis der kalten Mamsell* stehen noch in Zusammenhang mit der vorangegangenen Folge von Anekdotensammlungen. Daneben steht ein Band mit Feuilletons des Journalisten FRIEDRICH KOCH-WAWRA *Auf nach Karthago!* und desselben Autors Polemik gegen die Aberkennung seines Doktortitels durch die Universität Münster. Bedenkliches Zwielicht auf den Tiefpunkt, den dieses Jahr in der geschäftlichen Entwicklung des Verlages bedeutet, fällt aus einer Berliner ›Halbmonats-Zeitschrift mit vertraulichen Mitteilungen‹. In diesem famosen Blatt, betitelt *Das Schwarze Buch*, wird am 1. Dezember 1926 in der alphabetischen Rubrik ›Die schwarze Liste‹ auf Seite 13 warnend angezeigt, daß die Verlagsbuchhandlung Paul Stegemann (!), Hannover, Welfenstraße 1, »Vermögl. unauffindbar« sei.

1927 In dieses Jahr fällt der Umzug des PAUL STEEGEMANN Verlages nach Berlin; die neue Adresse ist zunächst Berlin-Schöneberg, Nymphenburger Straße 11, dann Ber-

Paul Steegemann, Entwurf und Korrekturen
zu *Börsenblatt*-Anzeigen für Nr. 91.1 und 91.4
(DLA Marbach)

Der Roman für mondäne Leute

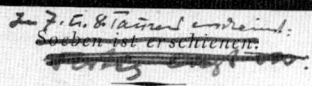

Soeben ist erschienen:

Freundinnen

Ein
Roman
unter
Frauen

von

MAXI ACKERS

Auf holzfreiem Papier, in flexibel Ganzleinen
gebunden, mit zweifarbigem Schutzumschlag
M. 4.50 ordinär

Dies erste Buch der jungen Berliner Schauspielerin schildert das amüsante Leben des Kurfürstendamms mit großer Aufrichtigkeit. Es geht da ein bißchen bunt zu, gewiß. Aber Mord und Totschlag, eine Prise Kokain und das Verhältnis zu dreien, das sind doch heute alltägliche Dinge, bei uns in Berlin.

Die Auslieferung besorgt die Firma L. A. Kittler in Leipzig.

2
Exemplare
zur Probe
40%

———

10
Exemplare
mit
45%
ausnahms-
weise

Z

PAUL STEEGEMANN · VERLAG · BERLIN

lin-Wilmersdorf, Pommersche Straße 14. »Die Übersiedlung [...] erfolgte natürlich, um in der Hauptstadt größere Wirkungsmöglichkeiten aufzutun – sie hing wohl auch mit dem Abbröckeln des künstlerischen Lebens in Hannover zusammen, mit der Verfinsterung des politischen Horizonts. Was sollte ein Verlag wie der von Paul Steegemann in einer Stadt, in der Theodor Lessing verfolgt wurde?«[168] Daneben haben sicher auch wirtschaftliche Schwierigkeiten eine Rolle gespielt. Daß schließlich die Berliner Aussichten des Verlegers, die seine Einladung durch SIEGFRIED JACOBSOHN zu eröffnen schien, für den Umzug ein Motiv geliefert haben mögen, habe ich schon erwähnt (vgl. S. 57).

Auch in diesem Jahr ist die Verlagsproduktion zahlenmäßig gering: fünf oder, wenn man die stark vermehrte Neuausgabe der *Letzten Lockerung* von WALTER SERNER mitzählt, sechs neue Titel. Qualitativ ist die Ausbeute indessen beträchtlich. STEEGEMANN veröffentlicht zwei neue Werke von SERNER, den Geschichtenband *Die tückische Straße* und das Drama *Posada*, dazu das um einen zweiten ›praktischen‹ Teil erweiterte Manifest *Letzte Lockerung*. Aus dem Berliner Elena Gottschalk Verlag übernimmt er in Titelauflagen SERNERS Prosasammlung *Der Pfiff um die Ecke* und den Roman *Die Tigerin*, die beide 1925 erschienen waren. Zusammen mit noch vorrätigen Bindequoten der Prosabücher *Zum blauen Affen* (im 2. – 6. Tausend) und *Der elfte Finger*, beide von 1923, ergibt das sieben gleichmäßig in braun-rotes Leinen gebundene Bände, deren Schutzumschläge SERNERS Freund CHRISTIAN SCHAD mit farbigen Titelzeichnungen versieht und die von STEEGEMANN in einer Kassette *Die Bücher von Walter Serner* vereinigt werden.[169]

Im selben Jahr veröffentlicht der Verleger die Monographie *Der Maler Christian Schad* mit einer Einführung von MAX OSBORN. Diese erste Buchveröffentlichung über einen Künstler, der heute längst zu den bedeutenden Vertetern der realistischen Malerei der zwanziger Jahre in Deutschland gezählt wird, »wurde von Serner angeregt«[170].

1928 Daß PAUL STEEGEMANN in diesem Jahr nur einen einzigen neuen Titel verlegt, den Roman eines spanischen Reiseabenteuers von LUDWIG BRINKMANN, zeugt wohl noch von den Startschwierigkeiten des Verlegers in Berlin.

1929 Immerhin acht neue Titel dokumentieren einen gewissen Aufschwung des Verlages. Stark vertreten ist die parodistische Komponente: Zum ersten Mal seit 1924 erscheinen wieder zwei Bücher von HANS REIMANN bei STEEGEMANN, die Parodien auf EDGAR WALLACE unter dem Titel *Männer, die im Keller husten* und die VAN DE VELDE-Parodie *Die voll und ganz vollkommene Ehe*. Daneben steht die wichtigste aller von STEEGEMANN verlegten Literatursatiren, *Hat Erich Maria Remarque wirklich gelebt?* von MYNONA. Diese drei Titel sind zugleich die auflagenstärksten des Jahres: SALOMO FRIEDLAENDERS Satire erscheint in 10 000, REIMANNS WALLACE-Parodie in 12 000 Exemplaren; die Parodie auf VAN DE VELDE startet mit 10 000 Stück und erreicht noch im selben Jahr das zwanzigste Tausend. Politische Akzente setzen die *Gardinen-Predigten* von ADA BEIL und KATHARINA VON KARDORFF; der Salon der letzteren war damals

169 Fünf der Umschlagzeichnungen sind in der von CARLO LASZLO edierten CHRISTIAN SCHAD-Monographie (Basel 1972) farbig abgebildet (S. 159–167). Bei den auf verschiedene bundesdeutsche Bibliotheken verstreuten Einzelbänden der SERNER-Ausgabe ist – soweit mir die Bände vorlagen – nirgends einer der Umschläge erhalten, die doch zu den wichtigen Belegen für diese Gattung in den zwanziger Jahren gehören. Auch die Umschlagsammlung CURT TILLMANNS im Deutschen Literaturarchiv (Marbach a. N.) enthält kein Exemplar. Ein vollständiges Exemplar der Kassette *Die Bücher von Walter Serner* konnte 1989 die Serner-Ausstellung im Literaturhaus Berlin präsentieren (vgl. im Ausstellungsbuch *dr. walter serner* von HERBERT WIESNER und ERNEST WICHNER die Nr. 48 und die Abbildungen S. 43 und 45).– CHRISTIAN SCHAD schrieb mir dazu: »Alle diese Zeichnungen wurden mit Serner genau besprochen.«

ein Treffpunkt der großen Berliner Gesellschaft. Daneben steht ARTUR LANDSBERGERS Report nach den Aufzeichnungen eines Zuchthäuslers, den der prominente Strafverteidiger MAX ALSBERG mit einem Nachwort versehen hat. Eigenartig berührt im selben Jahr die Veröffentlichung eines zugleich neuromantischen und expressionistischen Nachzüglers, des als ›Weltchristmette‹ bezeichneten Sprechchors *Der andere Christus* von ROGER DE CAMPAGNOLLE (1873–1957), einem frühen Apostel RICHARD DEHMELS und Freund von HANS CAROSSA.

1930   STEEGEMANN knüpft an die 1923 unterbrochene Reihe der *Sächsischen Miniaturen* an und veröffentlicht als deren vierten Band unter dem Titel *Lausbub in Leipzig* eine Neuauflage des *Paukerbuches* von HANS REIMANN. Als fünfter und letzter Band dieser *Sächsischen Miniaturen* erscheint der Titel *Die Gaffeeganne*. Mit drei Kriminalromanen des Engländers JAMES MORGAN WALSH, der in Prospekten und Anzeigen als »scharfe Konkurrenz« für EDGAR WALLACE vorgestellt wird, begibt sich PAUL STEEGEMANN erstmals auf ein Gebiet, dem er sich bis dahin nur parodistisch genähert hatte.

1931   Die Reihe der Kriminalromane von WALSH wird mit drei Bänden fortgesetzt. Hinzu kommen zwei Spionage-Romane der Engländerin VALENTINE WILLIAMS, die dem deutschen Leser als literarische Beispiele englischer Propaganda gegen Deutschland vorgestellt werden. Diese Propaganda, so heißt es in den Vorreden der beiden Bücher, diene »zur Aufrechterhaltung der Kriegsschuldlüge«, und auch die deutsche Öffentlichkeit müsse sie kennenlernen, »um zu wissen, mit welchen Mitteln die feindliche Propaganda arbeitet«[171]. Solche nationalistischen Untertöne sind ein Novum in der Geschichte des Verlages.

Neben den Kriminal- und Spionageromanen erscheinen 1931 nur zwei neue Titel, zugleich die einzigen von literarischem Anspruch: MYNONAS Roman *Geheimnisse von Berlin* ist eine Titelauflage des 1922 im Rudolf Kaemmerer Verlag in Dresden erschienenen Buches *Graue Magie*. Die Polemik *Der Holzweg zurück oder Knackes Umgang mit Flöhen*, ebenfalls von FRIEDLAENDER/MYNONA, rechnet ab mit den Angriffen insbesondere TUCHOLSKYS auf MYNONAS REMARQUE-Satire von 1929 (vgl. S. 56 f.). Daß PAUL STEEGEMANN ihm diese Gelegenheit zu Verteidigung und Gegenangriff gab, hat der literarisch und philosophisch zunehmend isolierte SALOMO FRIEDLAENDER dankbar anerkannt: »mein Verleger befreit mich soeben von dem Maulkorb, den meine Gegner mir angelegt haben«, schreibt er an seine Schwester ANNA SAMUEL. In die Freude mischt sich freilich Erbitterung: »Ich erwarte jetzt eben gerade wieder meinen letzten Verleger als meine letzte Hoffnung. Diese Männer müssen jetzt immer mehr den ewigen Geist in Zeitgeist umwandeln, – ach! in welchen …? Er legt sich mir wie Stickstoff auf die Lunge. Das Kompromiß zwischen meinen geistigen Absichten und dieser hundsföttischen ›Aktuellität‹ ist das Rezept zum Sterben. Der Donnerkeil, aus dem meine Blitze gegen diese Geist-Canaille fahren könnten, wird mir in eine Art Klosettbürste verschandelt. Und es ist dabei noch ein Glück, daß man

170 Brief CHRISTIAN SCHADS vom 17. Mai 1973. – Den Künstler CHRISTIAN SCHAD, Jahrgang 1894 wie der Verleger PAUL STEEGEMANN, ehrt die Deutsche Bundespost im Jubiläumsjahr 1994 mit einer Sonderbriefmarke!

171 VALENTIN[E] WILLIAMS: *5. Juli 14*, 1931, S. 6 f.

172 Postkarte an ANNA SAMUEL vom 4. 2. 1930, Brief an SALOMON und ANNA SAMUEL vom 25. 11. 1930 (Originale im Besitz des Deutschen Literaturarchivs in Marbach a. N.).

173 Das Original stellte Herr HEINZ L. FRIEDLAENDER (Paris) zur Verfügung.

174 Zit. nach dem Original im COTTA-Archiv, Deutsches Literaturarchiv, Marbach a. N.

175 Die Korrespondenz um dieses Buch zwischen Autor und Verleger hat sich im Nachlaß MANFRED GEORG(E)s im Deutschen Literaturarchiv, Marbach a. N., erhalten.

überhaupt Miene macht, mir den Maulkorb zu lüften.«[172] – Daß PAUL STEEGEMANN 1931 auch eine Neuauflage des 1918 bei KURT WOLFF erschienenen Romans *Die Bank der Spötter* von MYNONA plante, bezeugt ein Verlagsvertrag über dies Werk vom 20. Mai des Jahres[173].

In das Jahr 1931 fällt auch der endgültige Bruch mit HANS REIMANN, dem – gemessen an der Zahl seiner von STEEGEMANN veröffentlichten Werke und an deren Auflagenhöhe – wichtigsten Autor des Verlages. (Die näheren Umstände und die Folgen des Zerwürfnisses gehören in den Zusammenhang eines folgenden Kapitels.)

1932 Drei weitere Kriminalromane aus dem Englischen, daneben zwei Heftchen einer neuen *Miniaturbibliothek für Hauswirtschaft und Gesundheitspflege* (1931 f.) und nur ein Titel von literarischem Rang, die Prosa-Sammlung *Anti-Freud* von MYNONA, – diese Mischung spiegelt die wachsende Desorientierung des Verlages.

PAUL STEEGEMANN annonciert eine seit Anfang 1931 geplante und in Korrespondenzen mit Verlagen, die als Lizenzgeber in Frage kommen, erörterte billige neue Buchreihe meist anspruchsloser Unterhaltungsromane unter dem Titel *Florin-Bücher*, deren Bände kartoniert eine Mark, gebunden zwei Mark kosten sollen. Das Projekt war zunächst verschoben worden: »Die Zeiten müssen erst ruhiger werden für Unternehmungen, die nicht von vornherein Erfolg versprechen«, schrieb STEEGEMANN am 7. Februar 1931 an KARL ROSNER, den Leiter der J. G. COTTASCHEN Buchhandlung.[174] Konkrete Buchpläne, wie der bereits in Druck gegangene Roman *Eine Nacht in Kattowitz* von MANFRED GEORG[175], scheiterten an der Machtergreifung der Nationalsozialisten. Erschienen ist von all dem 1932 offenbar nur der Detektivroman *Es riecht nach Gas* von dem fingierten Angelsachsen FREEMAN WILLS CROFTS, in Wahrheit von CLARA BENDER aus Breslau. Sie hatte das Manuskript am 16. August 1932 eingereicht und den Verleger gebeten: »*Wenn* Sie obiges drucken, dann bitte nicht unter meinem Namen!« Auch dieser Reihenplan bezeugt die immer deutlichere Hinwendung des Verlages zu literarischer Dutzendware.

Paul und Carla Steegemann (links)
im Romanischen Café, Berlin, um 1930
(DLA Marbach)

Die Erhebung In den ersten beiden Nazijahren veröffentlichte PAUL STEEGEMANN in scharfem Bruch mit der republikanischen Tradition seines Verlages eine neue Buchreihe unter dem Titel *Die Erhebung. Dokumente zur Zeitgeschichte.* In dieser Reihe erscheinen ohne Bandzählung insgesamt sechzehn Titel, darunter je zwei Bände mit HITLER-Reden und mit Ansprachen des neuen Innenministers WILHELM FRICK und je ein Band von HERMANN GÖRING, von dem Landwirtschaftsminister und ›Reichsbauernführer‹ WALTER DARRÉ, dem Reichsbankpräsidenten und Wirtschaftsminister HJALMAR SCHACHT, dem nationalistischen ›Blutzeugen‹ ALBERT LEO SCHLAGETER etc. Auch weniger prominente Autoren gehören doch zu den führenden Kulturfunktionären der Partei: WILLI KRAUSE, von dem unter dem Pseudonym PETER HAGEN drei Bände in der *Erhebung* erscheinen, war schon vor 1933 verantwortlicher Redakteur des *Angriffs,* des Organs der Berliner Gauleitung der NSDAP. GÖTZ OTTO STOFFREGEN, dessen Erzählungen *Spuk in Frankreich* immerhin von HANS MEID illustriert sind, war Redakteur am *Völkischen Beobachter,* Herausgeber des *Hakenkreuzboten,* Intendant des Deutschlandsenders und ab Juni 1933 ›Reichsführer‹ des neuen ›Reichsverbandes Deutscher Schriftsteller‹. FRIEDRICH BUBENDEY, der für die Buchreihe einen Roman von WILLI KRAUSE dramatisiert hat, ist im Gefolge der Machtergreifung Rundfunkreferent in Berlin geworden.

Die nicht zeitgenössischen Texte der *Erhebung* sind Beispiele für die Suche der Nazis nach geistigen Ahnen. Eine Zitatenlese aus den Werken NIETZSCHES präsentiert diesen als einen ›Propheten‹ des Dritten Reichs«[176]. Ein weiterer Band der Reihe enthält die Schriften ›Das Judentum in der Musik‹ und ›Die Rache des Judentums‹ von RICHARD WAGNER. Ein dritter Band gräbt eine andere antisemitische Schrift des neunzehnten Jahrhunderts aus, das Kapitel ›Auf dem Judenkirchhof in Prag‹ aus dem Roman *Biarritz* von SIR JOHN RETCLIFFE, das ist HERMANN OTTOMAR FRIEDRICH GOEDSCHE, eingeleitet von JOHANN VON LEERS, dem damaligen Generalsekretär der nazistisch umbesetzten deutschen Sektion des PEN-Clubs und Verfasser einiger der übelsten antisemitischen Hetzschriften der Nazizeit.

Sechs angekündigte Bände der Reihe sind nicht mehr erschienen: Titel von JOSEPH GOEBBELS, von dem nazistischen Wirtschaftstheoretiker GOTTFRIED FEDER, dem damaligen Reichsleiter im Reichsrechtsamt der NSDAP HANS FRANK (später der berüchtigte Generalgouverneur in Polen), von der in der NS-Frauenschaft exponierten LYDIA GOTTSCHEWSKI, dem ›Rassentheoretiker‹ ARTHUR GÜTT und dem Präsidenten der ›Reichskammer der bildenden Künste‹ EUGEN HÖNIG.

PAUL STEEGEMANN hat also auf die Machtergreifung und die daraus ohne Zweifel sich ergebende Gefährdung seines Verlages und seiner Person nicht – wie viele seiner Branchenkollegen – mit der Produktion harmloser, unpolitischer, halbwegs sich anpassender Literatur reagiert. Vielmehr stellte ausgerechnet dieser linksprofilierte Verleger sich um auf die Veröffentlichung geradezu parteioffiziellen Schrifttums, dessen Linientreue nun freilich nicht einmal vom Münchner FRANZ EHER Verlag übertroffen werden konnte.

Die äußere Aufmachung der schmalen Bände ist darauf angelegt, die Vergangenheit des Paul Steegemann Verlages möglichst zu verleugnen. Anders als bisher fehlt jeder Hinweis auf frühere Veröffentlichungen; auf der Seite gegenüber dem Titelblatt findet sich indessen jeweils eine Liste der in der *Erhebung* erschienenen und geplanten

Titel. In Format und Ausstattung entspricht die Reihe ziemlich genau der *Insel-Bücherei*. Nur ist das Einbandpapier aller Bände gleich: Es zeigt auf roten und weißen Querstreifen ein schwarzes Titelschild und signalisiert mit dieser schwarzweißroten Kombination die politische Ausrichtung.

Reden die Parteiführer bilden den Hauptinhalt der neuen Buchreihe. Das erste HITLER-Bändchen enthält unter dem Titel ›Frieden und Sicherheit‹ die vergleichsweise maßvolle Reichstagsrede vom 17. Mai 1933. Im Jahr darauf erscheinen in dem Band *Führung und Gefolgschaft* die beiden berüchtigten ›Kultur-Reden‹, die HITLER am 1. und 3. September 1933 auf dem Nürnberger Parteitag gehalten hat. Ausgerechnet in einem Buch des Paul Steegemann Verlages, dessen Hauptruhm die dadaistischen Veröffentlichungen seiner Frühzeit bilden, steht nun über die »liberalistische Freizügigkeit« der Vergangenheit zu lesen: »In dem kubistisch-dadaistischen Primitivitätskult hat diese Unsicherheit endlich den einzig passenden, weil sicheren Ausdruck gefunden. Es ist dies die kulturelle Lebensäußerung des kulturlosen Bodensatzes der Nation.«[177] Neben den HITLER-Reden erscheinen in der *Erhebung* Ansprachen von GÖRING, FRICK, DARRÉ und SCHACHT: von GÖRING unter dem Titel *Der Geist des neuen Staates* eine Rede vom 18. Mai 1933 im Preußischen Landtag; von FRICK bevölkerungs- und rassenpolitische Ansprachen in den Bänden *Erziehung zum lebendigen Volke* und *Der Neuaufbau des Reichs*; von DARRÉ Rundschreiben, offene Briefe und Reden unter dem Titel *Im Kampf um die Seele des deutschen Bauern*; von SCHACHT sieben Ansprachen über *Nationale Kreditwirtschaft*. – Dies Übergewicht offizieller Verlautbarungen der neuen Machthaber erklärt sich vermutlich daraus, daß solche Dokumente zu Beginn der Nazizeit publizistisch relativ frei verfügbar waren. Über den Abdruck von HITLER-Reden heißt es noch in einer am 6. Oktober 1934 im *Börsenblatt* veröffentlichten Bekanntmachung des Vorsitzenden der ›Prüfungskommission zum Schutze des nationalsozialistischen Schrifttums‹ PHILIPP BOUHLER: »Die Wiedergabe einzelner Reden des Führers ist jedermann freigegeben.«[178] (Nur für die Zusammenstellung von HITLER-Reden in Sammelwerken war nach dieser Verordnung allein der Parteiverlag zuständig.)

Im übrigen dienen auch die ›poetischen‹ Texte der neuen Buchreihe mehr oder minder unverhüllt der Propaganda für die NSDAP. Die drei Hörspiele, die WILLI KRAUSE unter dem Pseudonym PETER HAGEN in der Reihe veröffentlicht hat, wurden 1933 jeweils »in der ›Stunde der Nation‹ über alle deutschen Sender uraufgeführt«. Das Stück *Soldat der Revolution*, die Funkbearbeitung seines Romans *SA-Kamerad Tonne*, beschreibt den Weg eines Arbeitersohnes – sein Vater ist nach 1918 als Spartakist bei Straßenkämpfen gefallen – vom Wandervogel über eine kommunistische Jugendgruppe zum überzeugten Nationalsozialisten und SA-Mann. Das Hörspiel endet im Vorbeimarsch der SA-Kolonnen an der Reichskanzlei am Tag der Ernennung HITLERS zum Kanzler. Die Gemeinschaftsarbeit von KRAUSE und NIERENTZ, *Wir bauen eine Straße*, wirbt für den Arbeitsdienst. FRIEDRICH BUBENDEYS Komödie *Nur nicht weich werden, Susanne!* nach dem gleichnamigen Roman von WILLI KRAUSE[179] spielt »vor dem 30. Januar 1933« und verspottet die zurückliegende »Systemzeit«.

176 FRIEDRICH NIETZSCHE: *Judentum/ Christentum/Deutschtum*. 1934, S. 84.

177 ADOLF HITLER: *Führung und Gefolgschaft*. 1934, S. 21.

178 In: *Börsenblatt*. 101, 1934, S. 875.

179 Dieser Roman von 1933 ist wohl das einzige nazistische Buch, das STEEGEMANN außerhalb der *Erhebung* veröffentlicht hat.

180 Brief FRANK ARNAUS vom 20. 3. 1974.

181 PAUL STEEGEMANN: Gab es nicht schon eine Hitler-Parodie? In: GÜNTER NEUMANN: *Ich war Hitlers Schnurrbart*. 1950, S. 21f.

182 In: *Die Weltbühne*. 22, 1926, S. 566.

183 In: *Das Stachelschwein*. 1, 1924, Heft 6, S. 4.

184 Diese Angaben beruhen auf detaillierten Mitteilungen HEINZ L. FRIEDLAENDERS (Paris) aus einem Notizbuch seines Vaters.

In der Figur des Dr. Isidor Schwarz wird der von den Nazis heftig bekämpfte frühere Polizeipräsident von Berlin Dr. Bernhard Weiss karikiert.

Spuren der befremdlichen ›Umkehr‹ des Paul Steegemann Verlages finden sich auch außerhalb der Reihe *Die Erhebung*. Die nationalistischen und englandfeindlichen Untertöne in den Vorreden zu den Spionageromanen der Valentine Williams von 1931 habe ich schon erwähnt (vgl. S. 82). 1933 verlegte Steegemann den Roman *Männer der Tat* von Frank Arnau, der die Figur eines ehemaligen Offiziers der deutschen Spionageabwehr im Ersten Weltkrieg als Geheimagenten und Freikorpsverbindungsmann in der Zeit der ›oberschlesischen Wirren‹ nach 1918 zeigt. Nach Mitteilung Frank Arnaus beruht die nationalistische Grundtendenz des Buches auf einer einschneidenden Bearbeitung, die der Verlag – nach der Emigration des Autors am 1. April 1933 – vorgenommen habe: »ich bekam ein Exemplar, nach Paris geschmuggelt, etwa im Sommer oder Anfang Herbst 33. Der Text war erheblich verändert [...] Ich betrachtete diesen Roman durch die weitgehenden Änderungen nicht als zu meinen Arbeiten gehörend, da es sich [um] – offenbar unter Druck erzwungene – ›Nationalisierungstendenzen‹ handelte.«[180]

Eine plausible Erklärung für Paul Steegemanns Verhalten in den Jahren 1933 und 1934 zu geben, muß bei dem Fehlen authentischer Unterlagen problematisch bleiben. Der Verleger selbst hat dieses unrühmliche Kapitel – soweit ich sehe – später nur ein einziges Mal öffentlich erwähnt. Er berichtet 1950 von einem Gespräch mit dem ›Reichsfilmdramaturgen‹ Willi Krause Anfang 1933 und bemerkt zu diesem Namen in einer Parenthese: »(mit dessen Produktion ich mich dann, um mich gegen das anziehende Gewitter zu schützen, ein paar Wochen schmücken mußte)«[181]. Das ist nun in der Tat eine fatal euphemistische Verkürzung des Sachverhalts. Aus solcher nachträglichen Beschönigung und aus der Beschaffenheit der Verlagsproduktion jener Jahre auf eine vorübergehende tatsächliche Parteinahme Paul Steegemanns für den Nationalsozialismus zu schließen, scheint mir indessen wenig überzeugend. Immerhin hatte er schon 1921 im Annoncenanhang zu Reimanns Parodie auf Artur Dinters völkischen und antisemitischen Roman *Die Sünde wider das Blut* die Parole ausgegeben ›Gegen die Hakenkreuzler‹. Und in seinem *Weltbühne*-Beitrag von 1926 über den Hauptmann Bernhard Jürgens geißelt er dessen Antisemitismus: »Hier hat die blonde Bestie gehaust, gehurt und verhaftet.«[182] Das »Nichtvorhandensein [...] eines völkischen Willens« war sein Programm; den »Kampf fürs Vulkstum« apostrophierte er als »Quatsch«[183].

Nach all dem läßt sich der scheinbare Sinneswandel des Verlegers wohl nur durch das Zusammenwirken von drei Faktoren einigermaßen erklären: akute Gefährdung, wirtschaftliche Misere und Zynismus. Steegemanns bisheriges Programm, insbesondere sein Plan von 1931, eine Hitler-Parodie *Mein Krampf* zu veröffentlichen (vgl. dazu den folgenden Abschnitt), macht eine tatsächliche und handfeste Gefährdung seines Verlages nach 1933 unmittelbar plausibel. Die zunehmende wirtschaftliche Misere der Firma bezeugt ein Notizbuch Salomo Friedlaenders: Steegemann war zu pünktlichen Honorarzahlungen offenbar nicht mehr in der Lage und reagierte auf die unablässigen Mahnungen des Autors allenfalls mit – obendrein sporadischen – Monatsraten von 10 Mark.[184] In dieser politisch und finanziell gleichermaßen kritischen Situation setzte den Verleger sein ausgeprägter Zynismus, wohl auch Opportunismus, in den Stand, ohne Bedenken die Zeugnisse für den gewandelten Zeitgeist zu präsentieren – genau im Wortsinn des Untertitels seiner neuen Buchreihe: *Dokumente zur Zeitgeschichte*.

Der Bruch mit Hans Reimann Für das Verhalten Paul Steegemanns in den Jahren 1933 und 1934 ist eine Affäre bedeutsam, die zurückreicht in das Frühjahr 1931. In dieser Zeit beauftragte der Verleger seinen Spezialisten für Literatursatire, Hans Reimann, eine Hitler-Parodie unter dem Titel *Mein Krampf* zu schreiben. In Reimanns Autobiographie von 1959 heißt es darüber: »Wir trafen uns bei Mampe am Kurfürstendamm. Ohne Umschweife rückte St. mit dem Propos heraus, ich müsse unbedingt eine Parodie auf Hitlers *Mein Kampf* schreiben. Ein Exemplar des Werkes und den Vertrag hatte er gleich mitgebracht. Ich überlegte keine Sekunde. [...] Bei der Nazibibel schieden Taktfragen und aesthetische Bedenken aus. Ehedem hatte ich Herrn Artur Dinter dem Gelächter preisgegeben, jetzt schien mirs höchste Zeit, den Mann mit dem Chaplinbärtchen im Zerrspiegel zu zeigen. Der Verleger hatte, wie er gestand, lediglich die ersten Seiten des Buches gelesen, dann war er eingeschlafen. Einerlei! Ich unterschrieb den Kontrakt, wir trennten uns, St. schwang sich in eine Taxe. Er konnte es nicht erwarten, die Linkspresse mit Notizen zu versehen – des Inhalts, in seinem Verlag erscheine demnächst *Mein Krampf,* eine von H. R. verfaßte Persiflage auf das Buch des Führers.«[185] Reimann berichtet weiter von einer Begegnung mit Hanns Johst, dem literarischen Herold der Nazis, der ihn dringend vor einer Ausführung des Vorhabens gewarnt habe: »Weil Sie garantiert totgeschlagen werden.« Diese Warnung, die Zeitungskampagne um seinen vom Verleger in der Presse annoncierten Plan, anonyme Drohbriefe und die Vorhaltungen seiner Freunde hätten ihn schließlich bewogen, nach Rückzugsmöglichkeiten zu suchen. So habe er am 30. Juni 1931 in einem Brief den Rechtsberater des ›Schutzverbandes deutscher Schriftsteller‹ Sammy Gronemann, um Rat gebeten, diesen Brief aber sofort zerrissen und stattdessen geschrieben: »eher wolle ich öffentlich zum Nationalsozialismus übertreten, als daß ich mich an dem Werk des von mir bewunderten Mannes vergriffe.[186] [...] die Kunde von meinem Rückzug würde in Parteikreisen unbedingt durchsickern. Ein Durchschlag meines Schriebs ging an den Verleger. St. unternahm zweierlei. Durch eine Korrespondenz ließ er meinen Brief verbreiten. Und er verklagte mich auf dreißigtausend Mark Schadenersatz.«[187] Weshalb Reimann vor seiner befremdlichen Ergebenheitserklärung an die Adresse der Nazis sich nicht zunächst einmal direkt an seinen Verleger gewandt und die leidige Verpflichtung auf diese Weise loszuwerden versucht hat, dafür gibt er keine Erklärung. Daß Steegemann auf den Vertragsbruch und seine erstaunliche Begründung mit Veröffentlichung und Schadenersatzklage reagierte, erscheint durchaus folgerichtig. Reimann wertet diese Reaktion als Indiz für Geldgier und gibt zu bedenken: »er wäre so wenig am Leben geblieben wie ich, wenn ich die Parodie geschrieben hätte«. Dennoch muß zu diesem frühen Zeitpunkt – um die Mitte des Jahres 1931 – als das eigentliche Ärgernis doch wohl jene briefliche Parteinahme Reimanns für Hitler gelten, die Äußerung eines Mannes, der bis dahin zu den Mitarbeitern der *Weltbühne* und des *Tagebuchs,* also jener ›Linkspresse‹ gehört hatte, die er 1959 ironisch apostrophiert. – Reimann berichtet noch kurz vom Ausgang des Prozesses: »1932 erging das Urteil. Ich wurde zur Zahlung von fünftausend Mark verurteilt.« Eine Berufung vorm Kammergericht »verlief im Sande«.[188]

185 Hans Reimann: *Mein blaues Wunder.* 1959, S. 441.
186 Bemerkenswert ist, daß Hans Reimann jene unverfängliche Bitte um Rat, die er sogleich »in kleine Fetzen« gerissen habe, 1959 im Wortlaut zitiert, während er den tatsächlich abgeschickten Kotau vor Hitler nur kurz in indirekter Rede charakterisiert. Trotzdem ist festzuhalten, daß die im Nachlaß Reimanns (Deutsches Literaturarchiv, Marbach a. N.) überlieferten Prozeßakten aus dem Jahre 1932 seine Darstellung von 1959 in allen wesentlichen Punkten bestätigen.
187 Hans Reimann: *Mein blaues Wunder.* 1959, S. 443.
188 Ebd. S. 444 f.

Als sich 1934 WILL VESPER in seiner Zeitschrift *Die Neue Literatur* daranmachte, die Diskrepanz zwischen der nazistischen Produktion des Paul Steegemann Verlages und seiner Rolle in den Jahren vor der Machtergreifung aufzudecken, da exemplifizierte er die Vergangenheit des Verlegers gerade an der Affäre um REIMANN: »Anfang 1931 bestellte derselbe Herr Paul Steegemann bei Hans Reimann [...] vertraglich eine Parodie, eine Verspottung von Hitlers ›Mein Kampf‹. Als dann Reimann sich ›ans Werk‹ machte und des Führers Buch erst einmal las, da wurde selbst dieser witzelnde Geist von der Gewalt des Kampfbuches ergriffen und weigerte sich in einem ehrlichen und tapferen Schreiben, das damals unter dem Titel ›Reimanns Damaskus‹ durch viele Zeitungen ging, Herrn Steegemann die gewünschte Verhöhnung des Führers zu liefern. Daraufhin verklagte Herr Steegemann Reimann auf einen Schadenersatz von – vierzigtausend Mark! Soviel durfte der jetzige Verleger der *Erhebung* damals mit einem solchen Hohnbuch zu verdienen hoffen. Der gleichen Ansicht war auch das deutsche Gericht und verurteilte Reimann zu mehreren tausend Mark Geldstrafe und zu allen Kosten – am 28. Januar 1932 [...] Reimann legte Berufung ein, aber auch das Kammergericht verurteilte ihn –

189 In: *Die Neue Literatur.* 35, 1934, S. 245. – Das von VESPER genannte Schreiben ›Reimanns Damaskus‹ ist wohl jener Brief vom 30. Juni 1931 an SAMMY GRONEMANN. Es ist mir nicht gelungen, den Text zu finden.

190 Diese Zusammenhänge ergeben sich aus den im LANGEN-MÜLLER-Verlagsarchiv und in den Nachlässen WILHELM STAPEL und WILL VESPER überlieferten Korrespondenzen (alle im Deutschen Literaturarchiv, Marbach a. N.).

im November 1932 – zum Schadenersatz an den Herrn Paul Steegemann – ohne daß allerdings Reimann wirklich in der Lage war zu zahlen, da er seit seinem ›Damaskus‹ natürlich für die ihn bis dahin verhätschelnde Presse tot war.«[189] WILL VESPERS Darstellung belegt jedenfalls, daß jenes »ehrliche und tapfere Schreiben« bei den Nationalsozialisten die von REIMANN für sich erhoffte Wirkung hatte, während es den Verleger zum Hauptschuldigen in der Affäre um die HITLER-Parodie stempelte. Und es wäre für STEEGEMANN gewiß kein Trost gewesen, hätte er gewußt, daß VESPERS Polemik im Grunde gegen zwei Autoren seiner Buchreihe *Die Erhebung* gerichtet war: WILLI KRAUSE und HANS JÜRGEN NIERENTZ, die im *Angriff*, der Zeitung der Berliner Gauleitung der NSDAP, den Langen-Müller-Verlag (München) und die Hanseatische Verlagsanstalt (Hamburg), deren Zeitschrift *Deutsches Volkstum* (und ihren Herausgeber WILHELM STAPEL) und des Münchner Verlages Zeitschrift *Das Innere Reich* einer parteischädigenden ›Vertrustung‹ geziehen hatten. Um die beiden gefährlichen Schützlinge von GOEBBELS – KRAUSE und NIERENTZ – zu entmachten, mußte der Verlag, zu dessen Autoren sie ohne Wissen um seine Vergangenheit geworden waren, ›entlarvt‹ werden: ein Freundschaftsdienst, den VESPER dem Münchner Verleger GUSTAV PEZOLD und dem Hamburger Herausgeber WILHELM STAPEL erwies.[190]

PAUL STEEGEMANN hat nach 1945 erklärt, REIMANN habe ihn bei der NSDAP denunziert: »er hatte nichts eiligeres zu tun, als die gesamten Unterlagen der Partei auszuliefern. Das sagte mir schon Anfang 1933 der ›Reichsfilmdramaturg‹ Willi Krause (mit dessen Produktion ich mich dann, um mich gegen das anziehende Gewitter zu schützen, ein paar Wochen schmücken mußte). Das bestätigte mir ferner Hedrich [gemeint ist Karl Heinrich Hederich] von der ›Parteiamtlichen Prüfungskommission‹, dem es lieber gewesen wäre, wenn Reimann diese Akten ins Feuer gesteckt hätte. Reimann wurde Mitarbeiter nationalsozialistischer Organe. Die *Brennessel* stand ihm nahe, das *Schwarze Korps* näher. Mir wurde der Verlag beschlagnahmt. Außerdem erhielt ich ein Arbeitsverbot.«[191] REIMANN betont in seinen Erinnerungen den sporadischen Charakter seiner Mitarbeit an den genannten Parteizeitschriften (immerhin war er 1938 Schriftleiter der *Brennessel*) und rechtfertigt diese Mitarbeit und einen antisemitischen Artikel von 1944[192], den STEEGEMANN später als ›Pogrom-Prosa‹ charakterisiert, als Schutzmaßnahmen gegen die wiederholte unmittelbare Gefährdung seiner Person. Das mag von Fall zu Fall zutreffen. Auch HANS REIMANN war gewiß kein Nationalsozialist. Für die ersten Jahre nach der Machtergreifung freilich läßt das Eintreten des rigorosen und gefürchteten WILL VESPER für REIMANN und gegen STEEGEMANN eine solche Gefährdung als wenig glaubhaft erscheinen. Dagegen dient die Behauptung STEEGEMANNS, REIMANN habe ihn bei der NSDAP denunziert und so zur Beschlagnahme seines Verlages beigetragen, wohl vor allem der Beschönigung eigenen Versagens. Nach STEEGEMANNS Veröffentlichung des REIMANN-Briefes und nach der Publizität des Prozesses zwischen Verleger und Autor bedurfte es nicht mehr einer Denunziation. Allerdings *hat* Reimann für die Angriffe VESPERS gegen STEEGEMANN dem Herausgeber der *Neuen Literatur* Material geliefert – also doch so etwas wie Denunziation.[193] Einzuräumen bleibt aber auch, daß die ohne Zweifel lebensgefährliche Lage, in die PAUL STEEGEMANN nach der Machtergreifung durch die REIMANN-Affäre geraten war, vermutlich ein Hauptgrund für den abrupten Kurswechsel seines Verlages ist.

Der Bruch zwischen dem Verleger und seinem erfolgreichsten Autor hat auch bewirkt, daß die Autobiographie REIMANNS, die sonst wohl zu einer wichtigen Quelle für die Geschichte des Paul Steegemann Verlages in den zwanziger Jahren geworden wäre, dafür nun kaum in Betracht kommt. Außerhalb seiner Darstellung der Affäre um die HITLER-Parodie erwähnt REIMANN den Verleger nur wenige Male ganz am Rande und ohne Namensnennung. So heißt es im Zusammenhang mit REIMANNS Parodie auf ARTUR DINTER: »Das Manuskript gab ich einem jungen Verleger, einem Bruder Lustig, der in mir eine verwandte Natur erblickte. Da ich ihn durch seinen Kommissionär, den hochachtbaren Dr. Wilhelm Klemm (Alfred Kröner Verlag), kennen lernte, hielt ich ihn sowohl für vertrauenswürdig als auch finanzkräftig. Splendid war er aber nur bei Vorschüssen. Die rückte er heraus, sooft ich ein neues Opus brauchte. Auf diese Weise blieb ich jahrelang mit ihm in Konnex«.[194] REIMANNS Glosse über STEEGEMANN in der *Weltbühne* vom 26. Oktober 1922 bezeugt, daß die langjährigen Beziehungen zwischen Autor und Verleger denn doch nicht allein mit splendiden Vorschüssen erklärt werden können. Da hieß es: »Wir wollen uns zu diesem Verleger gratulieren, der ein so (ich kenne ihn von hinten und von vorn) unbeschreiblicher Idealist ist und ein so origineller Kauz. [...] Und jetzt guckt er mir über die Schulter und fuchst sich, daß ich ihn besinge. Das große Kind, das große.«[195]

191 PAUL STEEGEMANN: Gab es nicht schon eine Hitler-Parodie? In: GÜNTER NEUMANN: *Ich war Hitlers Schnurrbart.* 1950, S. 21.

192 HANS REIMANN: Jüdischer Witz unter der Lupe. In: *Velhagen & Klasings Monatshefte.* 58, 1944, S. 255–257.

193 Das ergibt sich aus einem Brief VESPERS an REIMANN vom 4. September 1953 (REIMANN-Nachlaß, Deutsches Literaturarchiv, Marbach a. N.).

194 HANS REIMANN: *Mein blaues Wunder.* 1959, S. 177.

195 In: *Die Weltbühne.* 18, 1922, S. 457.

196 Vgl. *Börsenblatt.* 100, 1933, S. 103, 223, 346 u. 344.

197 Vgl. ebd. S. 349 u. 356–358.

198 Vgl. ebd. S. 674 u. 1014.

199 Vgl. *Börsenblatt.* 101, 1934, S. 56, 184 u. 728.

200 Vgl. *Börsenblatt.* 102, 1935, S. 328 u. 400.

Verbotene Bücher Nach der Ernennung HITLERS zum Reichskanzler am 30. Januar 1933 wurde das juristische Instrumentarium zur Unterdrückung oppositioneller Literatur unverzüglich vervollkommnet. Der §7 der ›Verordnung des Reichspräsidenten zum Schutze des Deutschen Volkes‹ vom 4. Februar 1933 ermöglichte in absichtlich vage gehaltener Formulierung die polizeiliche Beschlagnahme und Einziehung von »Druckschriften, deren Inhalt geeignet ist, die öffentliche Sicherheit oder Ordnung zu gefährden«. Wer Kenntnis vom Vorhandensein solcher Druckschriften hatte, war von nun an zur Anzeigeerstattung verpflichtet; zugleich wurde die ›Ablieferungspflicht‹ für Literatur dieser Art eingeführt. Ergänzt wurden diese Maßnahmen durch die ›Verordnung des Reichspräsidenten zum Schutze von Volk und Staat‹ vom 28. Februar 1933, die die Verfassungsbestimmungen über Beschränkungen der persönlichen Freiheit und des Rechts auf freie Meinungsäußerung aufhob, und durch die ›Verordnung des Reichspräsidenten gegen Verrat am deutschen Volke und hochverräterische Umtriebe‹, ebenfalls vom 28. Februar. Am 7. März traten dann neue ›Ausführungsbestimmungen zur Bekämpfung unzüchtiger Schriften, Abbildungen, Darstellungen‹ in Kraft, und mit der Einrichtung des Geheimen Staatspolizeiamtes in Berlin durch Gesetz vom 26. April gingen wichtige Zuständigkeiten bei der Beschlagnahme und Einziehung von Druckschriften vom Berliner Polizeipräsidenten über an dieses neue Amt.[196]

Nach den Bücherverbrennungen vom 10. Mai veröffentlichte der Vorstand des ›Börsenvereins‹ am 13. Mai eine Liste von zwölf Schriftstellern, die »für das deutsche Ansehen als schädigend zu erachten« seien, – darunter von ehemaligen STEEGEMANN-Autoren der Name HEINRICH MANNS. Am 16. Mai folgte dann eine ausführlichere ›Schwarze Liste‹ für den Bereich der schönen Literatur, darunter die frühen STEEGE-MANN-Autoren KASIMIR EDSCHMID und wieder HEINRICH MANN.[197] Außerdem gab das *Börsenblatt* fortlaufend Titel bekannt, die mit Hilfe der neuen gesetzlichen Vorschriften verboten worden waren. Folgende Bücher aus dem Paul Steegemann Verlag wurden davon betroffen. Am 20. Mai 1933 kam es – noch nach dem alten ›Gesetz zur Bewahrung der Jugend vor Schund- und Schmutzschriften‹ vom 18. Dezember 1926 – zur Indizierung von fünf Titeln von WALTER SERNER (vgl. S. 70). Die weiteren Verbote erfolgten aufgrund der neuen ›Verordnung des Reichspräsidenten zum Schutze des Deutschen Volkes‹ vom 4. Februar 1933, Paragraph 7: Am 5. September gab das *Börsenblatt* das Verbot der Parodie auf ARTUR DINTER von HANS REIMANN bekannt; am 28. Dezember folgten die ebenfalls noch aus der Zeit der *Silbergäule* stammenden Bücher *Der Emigrant* von KURT MARTENS und *Hermaphrodit* von MAX SIDOW[198]. 1934 kamen weitere STEEGEMANN-Titel hinzu: am 18. Januar KURT HILLERS Kampfschrift *§ 175: die Schmach des Jahrhunderts!*; am 24. Februar REIMANNS Parodie auf VAN DE VELDE, *Die voll und ganz vollkommene Ehe*; am 14. August der Spionageroman *Männer der Tat* von FRANK ARNAU.[199] (Die nationalistische Überarbeitung – vgl. S. 87 – hatte das Buch des Emigranten nicht retten können.) Die Bekanntmachung der Verbote von REIMANNS WALLACE-Parodie *Männer, die im Keller husten* und des englischen Spionageromans *Der Brief des Kaisers* von VALENTINE WILLIAMS folgte am 25. April und am 16. Mai 1935.[200]

Das Herausgreifen dieser Titel aus dem Programm des Paul Steegemann Verlages erscheint einigermaßen willkürlich. Ein Gutteil der Verlagsproduktion könnte mit dem gleichen oder mit größerem Recht an die Stelle der beschlagnahmten Bücher treten; zu denken wäre etwa an die Veröffentlichungen von FRANZ BLEI, SALOMO FRIEDLAEN-DER / MYNONA, KATHARINA VON KARDORFF, ARTUR LANDSBERGER, LEOPOLD VON WIESE. Das Fehlen eines ausdrücklichen Verbots für die STEEGEMANN-Titel dieser und anderer Autoren bedeutet denn auch keineswegs eine Billigung ihrer Bücher. Die Indizierungen und Beschlagnahmen erfolgten in diesen Jahren noch weitgehend systemlos. Die Buchhändler waren aufgerufen, alle verdächtigen Werke auch ohne ausdrückliches Verbot aus ihrem Angebot zu entfernen. Am 6. Oktober 1934 drohte der erste Vorsteher des ›Börsenvereins‹, WILHELM BAUR, im *Börsenblatt*: »Die verbotenen Bücher sind jeweils im *Börsenblatt* angezeigt worden; wer außerdem im Zweifel ist, ob das eine oder andere Buch Anspruch auf Vertrieb durch den Buchhandel hat, wende sich an die Geschäftsstelle. Auch ohne ausdrückliche amtliche Anweisung muß jeder Buchhändler wissen, auf was es heute ankommt. Wer volksschädliches Schrifttum vertreibt, wird sein Recht auf Berufsausübung verlieren.«[201]

Das Ende des Verlages Gerade innerhalb einer Publikation aus dem Paul Steegemann Verlag liest sich eine Passage aus dem HITLER-Band *Führung und Gefolgschaft* von 1934 wie ausdrücklich auf die politische Umstellung dieses Verlegers gemünzt: »Die nationalsozialistische Bewegung und Staatsführung darf auch auf kulturellem Gebiet nicht dulden, daß Nichtskönner oder Gaukler plötzlich ihre Fahne wechseln und so, als ob nichts gewesen wäre, in den neuen Staat einziehen, um dort auf dem Gebiete der Kunst und Kulturpolitik abermals das große Wort zu führen. [...] das eine wissen wir, daß unter keinen Umständen die Repräsentanten des Verfalls, der hinter uns liegt, plötzlich die Fahnenträger der Zukunft sein dürfen.«[202]

In der Tat war die Hochflut nazistischer Literatur nach der Machtergreifung auch für die Partei so wenig überschaubar, daß RUDOLF HESS am 18. April 1934 die Einsetzung einer parteiamtlichen ›Prüfungskommission zum Schutze des nationalsozialistischen Schrifttums‹ unter Vorsitz des ›Reichsleiters‹ PHILIPP BOUHLER anordnete[203], die freilich über diesen Anlaß hinaus von Anfang an auch als allgemeine Zensurbehörde konzipiert war. Die Verleger waren von nun an und sogar rückwirkend verpflichtet, alle ›einschlägigen‹ Druckschriften dieser ›Parteiamtlichen Prüfungskommission‹ vorzulegen und deren Unbedenklichkeitsvermerk abzuwarten. PAUL STEEGEMANN hatte für seine Verlagsproduktion von 1933 und 1934 eine Verweigerung dieses Vermerks gewiß nicht zu fürchten. Die Gefahr für ihn bestand ausschließlich in der drohenden Aufdeckung seiner Rolle vor 1933. Mit Enthüllungen dieser Art beschäftigte sich damals außerhalb der offiziellen Parteiinstitutionen der Schriftsteller WILL VESPER in seiner Zeitschrift *Die Neue Literatur*. Im Januar 1934 veröffentlichte er denn auch einen ersten massiven Angriff auf PAUL STEEGEMANN unter dem Pseudonym JÖRN OVEN: »Der Verlag Paul Steegemann, der noch vor einem Jahr übelstes Literatenzeug und schlimmste Bordellliteratur verlegte, hat sich, wie so mancher andere, wie durch ein Wunder gewandelt. Wieviel lieber sähe man neue ordentliche Bauten auch an sauberen unbeschmutzten Stellen errichtet! Ein Verlag ist doch die Flagge, unter der man segelt. Ist die Flagge verdreckt, so schändet sie das sauberste Schiff!«[204] Im Aprilheft setzte dann WILL VESPER unter seinem eigenen Namen diese Angriffe fort: »Es gibt wirklich allzu fixe Burschen! Heute ist Herr Paul Steegemann Verleger einer betont nationalsozialistischen Schriftenreihe *Die Erhebung* [...] und hat es verstanden, eine

201 Vgl. *Börsenblatt*. 101, 1934, S. 873.
202 ADOLF HITLER: *Führung und Gefolgschaft*. 1934, S. 25 f.
203 Vgl. *Börsenblatt*. 101, 1934, S. 367.
204 In: *Die Neue Literatur*. 35, 1934, S. 40.
205 Ebd. S. 244 f.
206 In: GÜNTER NEUMANN: *Ich war Hitlers Schnurrbart*. 1950, S. 21.
207 In: *Börsenblatt*. 101, 1934, S. 846.
208 In: *Börsenblatt*. 101, 1934, S. 875.
209 Nach den Originalen im Besitz des Deutschen Literaturarchivs in Marbach a. N.
210 Vgl. HELMUT PAPE: *Paul Steegemann*. Examensarbeit, Hannover 1973, S. 69.
211 Brief JOHN JAHRS vom 10. 7. 1974.
212 Vgl. PAUL STEEGEMANN: Gab es nicht schon eine Hitler-Parodie? In: GÜNTER NEUMANN: *Ich war Hitlers Schnurrbart*. 1950, S. 21.

Anzahl führender Männer, die sich in den Verwandlungskünsten gewisser deutscher Verleger noch nicht auskennen, zu Autoren seines üblen Verlages zu machen. [...] Herr Steegemann fühlt sich [...] vielleicht sogar moralisch berechtigt, sich jetzt durch die Herausgabe nationalsozialistischer Schriften schadlos zu halten dafür, daß er nicht ein halbes Jahr vorher mit der Bedreckung und Verhöhnung des Führers und seines Lebenswerkes ein Bombengeschäft machen konnte.«[205]

Solche Angriffe mußten Folgen haben. Sie haben vermutlich jener ›Parteiamtlichen Prüfungskommission‹ als Hinweis gedient. Ihr Geschäftsführer Karl Heinz Hederich, den der Verleger 1950 als Quelle für seine Angaben über die angebliche Denunziantenrolle Reimanns erwähnt[206], erläutert am 27. April 1934 im *Börsenblatt* die Aufgaben der Kommission und äußert sich dabei über die »rasende Produktion nationalsozialistischen Schrifttums« in einem Passus, der geradezu auf den Fall Steegemann gemünzt zu sein scheint: »Es gab Naturen, die sich als wahre Verwandlungskünstler erwiesen, indem sie von heute auf morgen eine vollständige Gesinnungsumstellung vornahmen und sich aus dadaistischem Gestammel heraus zum neuen Schrifttum retten wollten.«[207] Am 2. Oktober 1934 besiegelte dann eine Verordnung des Vorsitzenden der Kommission, Philipp Bouhler, das Schicksal des Verlages. Sie wurde am 6. Oktober im *Börsenblatt* veröffentlicht: »Dem Verlag Paul Steegemann, Berlin-Wilmersdorf, ist die Berechtigung entzogen worden, nationalsozialistisches Schrifttum herauszubringen. Ich mache alle Parteigenossen auf diesen Umstand aufmerksam, der es von selbst verbietet, mit diesem Verlag weiterhin in Beziehung zu treten.«[208]

Diese Verordnung bedeutete das Ende des Paul Steegemann Verlages. Der Verleger wurde aus den Berufsorganisationen ausgeschlossen und erhielt Berufsverbot. Die Beschlagnahme und Liquidation seiner Firma erfolgte ohne Aufhebens; in der Liste der ›Verlagsveränderungen im deutschen Buchhandel 1933–1937‹ (*Deutsches Bücherverzeichnis*, Band 18) wird sie nicht einmal erwähnt. Dem unveröffentlichten Briefwechsel zwischen Karl Schodder und dem nach Paris emigrierten Salomo Friedlaender entnehme ich einige Details: Schodder hat sich offenbar bald nach Beginn der Nazizeit von Steegemann getrennt. Am 14. März 1935 schreibt er an Mynona: »unserem Freund St.....ann ist zum ersten April der Verlag überhaupt verboten worden. Er muß bis zu diesem Tage liquidieren, da er nicht die charakterlichen Eigenschaften aufweist, die man in Deutschland heutzutage zu verlangen vorgibt.« Friedlaender erwidert am 17. März: »Architekt L[udwig] H[ilberseimer], der mich von Berlin aus hier aufsuchte, erzählte mir von St.'s Liquidation. Zugleich bekam ich ein paar Formulare zur Unterschrift, in denen ich mich bereit erkläre, das mir noch zukommende Honorar auf Sperrkonto zu tun; es ruhe sanft.« Am 15. April meldet Karl Schodder aus Berlin: »Die Liquidation des PStV. soll bis zum 1.7. hinausgeschoben sein.«[209]

Für die Dauer des ›Dritten Reichs‹ war Paul Steegemann gezwungen, sich trotz Berufsverbot als freier Mitarbeiter verschiedener Berliner Verlage durchzuschlagen. Ein Lebenslauf des Verlegers nennt die folgenden Firmen: Schildhorn Verlag, Aufwärts-Verlag, A. Rohrbacher Verlag, Otto Schaffer Verlag, O. Arnold Verlag und den Verlag Die Heimbücherei.[210] In dem zuletzt genannten Unternehmen des Verlegers John Jahr war Steegemann – nach Mitteilung Jahrs – etwa ab 1939 bis vor Kriegsende beschäftigt und hat umfangreiche historische Werke des 19. Jahrhunderts (Raumer, Ranke, Gregorovius, Treitschke) für eine Buchreihe in Einzelbände zerlegt und bearbeitet.[211]

1939 beantragte er die Aufnahme in die ›Reichsschrifttumskammer, Gruppe Buchhandel‹, »um als Angestellter arbeiten zu dürfen«[212]. Das für politische Beurteilungen zuständige Personalamt der Berliner Gauleitung der NSDAP empfahl in einem vertraulichen Schreiben vom 10. Juni 1939 dem ›Landeskulturverwalter‹ und ›Landesleiter für Schrifttum‹ im Gau Berlin die Ablehnung des Antrags mit der folgenden Begründung: »Der Verlagsbuchhändler Paul Steegemann war früher Inhaber des gleichnamigen Verlages. In diesem Verlag hat er bis 1933 typische Systemliteratur herausgegeben, von der ein großer Teil auf die Liste 1 des schädlichen und unerwünschten Schrifttums gestellt wurde. Im Jahre 1931 beauftragte St. den bekannten Schriftsteller Hans Reimann, des Führers Buch *Mein Kampf* zu parodieren. – Er erhoffte, sich mit einem derartigen Schmähbuch einen großen Erfolg zu erringen und bemühte sich selbst bei den jüdischen Organisationen und der Journaille der Systemzeit, um Skandalgeschichten über den Führer zu sammeln. Um Reimann einige Tips für die Abfassung der Parodie zu geben, hat er die beiden ersten Kapitel von *Mein Kampf* mit schmutzigen Randbemerkungen versehen. Auf Grund dieser Tatsachen muß dem Volksgenossen Steegemann für alle Zeit die politische Zuverlässigkeit abgesprochen werden. Ich bitte Sie, seinen Antrag auf Aufnahme in die Reichsschrifttumskammer, Gruppe Buchhandel, abzulehnen. Heil Hitler! gez. Kühn, Gau-Hauptstellenleiter.«[213]

1943 zieht sich PAUL STEEGEMANN aus dem gefährdeten Berlin in den böhmischen Kurort Nieder-Rochlitz an der Iser zurück; seine Familie folgt ihm 1944. Im Zusammenhang mit dieser Umsiedlung spricht er später zuweilen von ›Emigration‹. Ein Beispiel: »Vierundzwanzig Jahre später emigrierte ich. Schicklgruber war auch nicht der Richtige.«[214] Ebenfalls im Zusammenhang mit dieser ›böhmischen‹ Emigration steht die Erwähnung eines KZ-Aufenthalts: »Das erste Buch, das mir hinter dem Stacheldraht im böhmischen KZ Lešany in die Hände fiel, war der Roman von Arthur Schnitzler: *Der Weg ins Freie*.«[215] Aus den unbestimmten Angaben STEEGEMANNS haben verschiedene Zeitungs- und Zeitschriftenartikel über ihn nach der Neugründung seines Verlages 1949 einen direkten Zusammenhang zwischen der angeblichen Denunziation des Verlegers durch REIMANN und seiner vermeintlichen Inhaftierung durch die Nazis gefolgert. Insbesondere MORITZ LEDERER hat in einer Reihe ungezügelt polemischer Artikel gegen REIMANN von 1952 bis 1958 diese Version lanciert und genährt: »Hans Reimann machte Karriere und kam ans *Schwarze Korps*, Paul Steegemann auf die Schwarze Liste und ins KZ.«[216] Oder: »Seinem defaitistischen Verleger, dem ohnehin unerwünschten Paul Steegemann, verhalf er vollends zum Einlaß ins KZ.«[217] STEEGEMANN hat diese Folgerung in seinen schriftlichen Äußerungen zum ›Fall REIMANN‹ nicht ausdrücklich gezogen. Aber er ist der Version auch nicht entgegengetreten und hat vielmehr LEDERERS und ähnliche Artikel in den Annoncenanhängen seiner neuen Verlagsproduktion nachgedruckt und damit autorisiert.

Wie wenig es zur Liquidation des Paul Steegemann Verlages einer Denunziation bedurfte, habe ich schon gesagt. Jene Inhaftierung des Verlegers »im böhmischen KZ Lešany« hat vollends nichts mit HANS REIMANN zu tun. In einem Prozeß, den REIMANN nach STEEGEMANNS Tod gegen MORITZ LEDERER führte und gewann, hat die Witwe des Verlegers, CARLA STEEGEMANN, ausgesagt, sie und ihr Mann seien 1946/47 von den Tschechen für eineinviertel Jahre in dem Lager Lešany bei Prag interniert

213 Ebd. S. 21. Zur Herkunft des Dokuments bemerkt PAUL STEEGEMANN: »Ein paar Wochen nach der Lizenzerteilung [15. Juni 1949] erhielt ich von dem Leiter des ›Archivs der ehem. Reichskulturkammer und ihrer Gliederungen, Berlin W 15‹ die Fotokopien von ein paar aufgefundenen Dokumenten. Hier ist eins:«

214 PAUL STEEGEMANN: Piston-Solo eines Verlegers. Zit. nach KARL ESCHER: *Hinter dem Hoftheater*. 1950, S. 51.

215 PAUL STEEGEMANN: Zwei, drei Worte zuvor. In: ARTHUR SCHNITZLER: *Reigen*. 1951, S. 3.

216 MORITZ LEDERER: Auferstandene Silbergäule. In: *Neue literarische Welt*. 3, 1952, Nr. 7, S. 16.

217 MORITZ LEDERER: Ein Chamäleon. Ebd. Nr. 15, S. 1. – Die weiteren Artikel LEDERERS gegen REIMANN: Reimann taucht auf, in: *Deutsche Rundschau*. 79, 1953, S. 183–186; Reimann der Taucher, in: *Deutsche Rundschau*. 80, 1954, S. 163–165; Raubzüge in die

worden. In einem nationalsozialistischen Konzentrationslager ist STEEGEMANN nie gewesen.[218]

Nach all dem ist sein Kampf gegen REIMANN wohl nur als eine Art Kompensationsmechanismus einigermaßen verständlich zu machen: Indem er die dunklen Punkte in der Vergangenheit REIMANNS hervorhob (die Ergebenheitsadresse an HITLER 1931, die Mitarbeit an nazistischen Organen und den antisemitischen Aufsatz von 1944), schuf er vor sich und anderen einen Hauptschuldigen, den er auch für das eigene Versagen in den Jahren 1933 und 1934 und seine Folgen verantwortlich machen konnte.

Literatur, in: *Deutsche Rundschau*. 82, 1956, S. 1014–1016; Hans Reimann berichtigt!, in: *Deutsche Rundschau*. 83, 1957, S. 262–265; Anti-Literazzia, in: *Streit-Zeit-Schrift*. 1, 1956/57, S. 150–153; Eine Erklärung, in: *Deutsche Rundschau*. 84, 1958, S. 1087 f.

218 Ich entnehme diese Angaben einem gedruckten Informationsblatt, das Auszüge des vom Landgericht Stuttgart am 10. 7. 1958 gefällten Urteils, der Entscheidungsgründe und eines Vernehmungsprotokolls enthält.

Grapheus schreibt im „Telegraf" vom 22. Januar 1950:

Das poetische Holzbein

Lachkabinett Paul Steegemann

Er ist wieder da, der Spaßmacher und Humorsucher unter den deutschen Verlegern, Paul Steegemann, und hat genau so wieder angefangen wie einst vor einem Schwabenalter in Hannover. Der kleine Buchhändler, der damals als Kommis hinter dem Ladentisch stand und den Traum vom großen Verleger träumte, war durchaus kein Phantast, so phantasievoll seine Pläne waren, sondern ging höchst ökonomisch und kaufmännisch vor. Er war kein Verschwender, der seinen Kredit eiligst unter die Leute brachte, aber er war immer ein Lebenskünstler, der das Leben zu genießen verstand, der aber auch in langen, schmalen Jahren standhielt und sich wieder bewährte. Überlegene Heiterkeit, unverwüstlicher Lebensglaube, Witz und Angriffslust, dazu Sinn für die Farbigkeit und Fröhlichkeit aller kuriosen Dinge und Erscheinungen waren ihm in der Wiege gegeben.

Der Paul-Steegemann-Verlag war rasch ein Begriff. Dieser Kabarettist unter den Verlegern stand immer in vorderster Linie, ob es sich um die junge Kunst, die Freiheit der Persönlichkeit oder um eine Schlacht gegen Mief und Muff handelte. Er war immer zum Kampf bereit, dazu witzig und amüsant, frech und zuschlagend, dabei aber keineswegs exaltiert.

Sein erster großer Erfolg war Kurt Schwitters „Anna Blume", die damals in Lebensgröße an den Plakatsäulen klebte. Die Silbergäule aus dem Marstall Paul Steegemanns marschierten, eine Reihe junger Verse und Prosa. Kasimir Edschmid, Otto Flake, Ossip Kalenter, Kurt Hiller, Adolf v. Hatzfeld, Carl Hauptmann, Heinrich Mann, Mynona waren die Autoren, dazu die Dadaisten, Pamphlete, amouröse Kostbarkeiten aus allen Zeiten und immer Parodien und Satiren. Diese bunte Tafel aber war keineswegs eine Wildnis, die jeden wuchernden Strauch und Stengel aufnahm, sondern sehr genau, fast pedantisch wurde auf die Form geachtet.

Und so hat Paul Steegemann jetzt wieder begonnen, ganz anders als die andern. Er überrascht wiederum. Nicht mit dem Schweren, dem Ernsten, den großen Autoren oder den Stammlern begann er, sondern mit

„Die Bank der Spötter" aufgemacht und gibt Kredite auf Humor zur Selbstverzinsung. Wenn das Wort von Novalis stimmt — und man soll ihm trauen —, daß nach einem verlorenen Krieg Komödien geschrieben werden müssen — wieviel mehr nach unserer Katastrophe! —, dann hat Paul Steegemann den Nagel auf den Kopf getroffen und legt den Finger genau dorthin, wo wir wund sind.

Humor ist schon immer eine rare Sache gewesen. Wieviel mehr in unseren Tagen! Aber Paul Steegemann bietet ihn keineswegs zu höchsten Schwarzmarktpreisen an, wie seltene Dinge sie an sich haben, sondern zum Einheitspreis von einer Mark für 18 000 Buchstaben Fröhlichkeit. Die Reihe erscheint auf holzfreiem, weißem Papier in einem farbigen Büttenkarton und Magazinformat. Zunächst liegen vor: Werner Fincks „Orpheus in der Unterwelt", diese funkelnde und sprühende Satire auf unsere Zeit; Friedrich Theodor Vischers große Literaturparodie „Faust dritter Teil", wohl die beste Gabe zum eben verflossenen Goethejahr; Günter Neumanns Groteske „Ich war Hitlers Schnurrbart", die witzige Abfertigung von jedermanns Hitler-Memoiren, und der wahrhaft erschütternd heitere Roman von Norbert Jacques „Pitter de Poep", ein Stück Leben, wo es am deftigsten und windigsten ist. Es werden folgen: Karl Eschers Jugenderinnerungen „Hinter dem Hoftheater gleich links"; „Das poetische Holzbein", Verse von Bonifatius Kiesewetter und der Wirtin an der Lahn, gereinigt und neu aufgeputzt von Curt Seibert, und eine literarische Ausgrabung, ein höchst vergnüglicher Roman von Delphine de Giradin „Der zauberhafte Spazierstock des Herrn v. Balzac", der zum erstenmal damit in deutscher Sprache erscheint. Ferner: „Camera Occulta" oder „Das astrologische Astloch", eine Satire von François Rabelais auf die Jahrmarkts-Astrologen.

Das ist der Anfang, der erste Ausstoß von Humor. Es leben die Folgenden! Spaßmacher an die Front! Hier ist die Bahn zum Start geschaffen. Der jüngste unter den deutschen Verlagen ist auch der aktuellste und originellste dazu, der einen neuen und notwendigen Ton in das Gewerbe bringt.

Nach dem „Telegraf" ein Telegramm:
Als erster Band der BANK DER PHILOSOPHEN
erscheint von URSULA KARDOS, der berühmten Berliner
Hellseherin: „Die Kunst, das Schicksal zu meistern. Gedanken zur
Lebensweisheit." Auf Bütten gedruckt, in Leinen gebunden DM 5,-

---

DER NEUE BUCH-TYP: 18 000 BUCHSTABEN FÜR EINE MARK

HERRN

DRUCKSACHE

Prospekt und Bestellzettel für *Die Bank der Spötter*, 1950

1947 kehrte Paul Steegemann nach Berlin zurück. Seine Bemühungen um eine Verlagslizenz hat er in dem Aufsatz ›Piston-Solo eines Verlegers‹ ironisch glossiert: Nach langem vergeblichen Warten habe ihm eine junge Bibliothekarin den Rat gegeben, sich an die prominente Hellseherin Ursula Kardos zu wenden. In einer Mischung aus Spaß und Neugier habe er diesen Rat schließlich befolgt und sich als ›Friedrich Wilhelm Neumann‹ bei der Hellseherin angemeldet. Die Kardos habe ihm ohne Umschweife erklärt, seine ›Berufsstörung‹ werde durch eine behördliche Vorladung im November behoben werden. Bis dahin werde auch das Ende der Blockade eine von Paul Steegemann vorbereitete Umsiedlung nach München überflüssig machen. – Der Verleger blieb skeptisch und amüsiert. »Aber am 1. November 1948 brachte der Briefträger die Vorladung zur Vernehmung in Sachen der erbetenen Lizenz. Und die Lizenz kam dann auch. Und es war weit und breit keine Blockade mehr. Und die Rohstoffe: das Druckpapier nämlich, waren auch frei. Und die Kollegen grüßten Herrn Neumann wieder auf der Straße.«[219]

Dieser Bericht mag nun freilich nichts weiter sein als des Verlegers galante Empfehlung einer Schriftstellerin, die mit den Büchern *Hellsehen* und *Die Kunst, das Schicksal zu meistern* zu den ersten Autoren des neuen Paul Steegemann Verlages gehört. Die Skizze ›Piston-Solo eines Verlegers‹ ist als Nachwort zu dem letztgenannten Titel geschrieben worden. Wie dem auch sei: Am 15. Juni 1949 erhielt Paul Steegemann endlich die US-Lizenz B 256.[220] Er hatte inzwischen alte Verbindungen wieder aufgenommen und eine Reihe von neuen Kontakten angeknüpft – etwa im Kreise des Rechtsanwaltes und Bibliophilen Georg Thierkopf, dessen Haus ein geselliger Treffpunkt für Intellektuelle, Literaten und Künstler war[221]. Auch den Bücherschätzen dieses Sammlers entnahm Steegemann Anregungen zu seinem neuen Verlagsprogramm[222], das er noch im Jahre 1949 vorzulegen begann – wieder einmal in Form einer Buchreihe: *Die Bank der Spötter. Scherz, Satire, Ironie und tiefere Bedeutung. Eine neue Reihe in Magazin-Format.* Der Reihentitel bezieht sich auf den Anfang des ersten Psalms: »Wohl dem, der nicht wandelt im Rat der Gottlosen noch tritt auf den Weg der Sünder noch sitzt, da die Spötter sitzen.« Zugleich knüpft er an die Produktion des Paul Steegemann Verlages vor 1933 an: 1920 war in den *Silbergäulen* unter dem Titel *Unterm Leichentuch* ein Ausschnitt aus Mynonas Un-Roman *Die Bank der Spötter* erschienen, den im Jahr zuvor der Kurt Wolff Verlag veröffentlicht hatte (Steegemann plante 1931 eine Neuausgabe). Und der Sprechchor *Der andere Christus* von Roger de Campagnolle, den Paul Steegemann 1929 verlegt hat, beginnt mit einer Szene vor der *Bank der Spötter*. – Ein dem Reihentitel beigegebener etwas überanstrengter Kommentar leitet aus dem Doppelsinn des Wortes ›Bank‹ eine Einladung an die Leser ab: »Nicht nur die Mitglieder der von Werner Finck gegründeten Partei der fröhlichen Hoffnungslosen sind Kreditoren und Debitoren der *Bank der Spötter*; auch die monopolkapitalistischen Preßluft-Lacher und die abendländischen Schmunzler im Morgenland sind dazu eingeladen. Lassen Sie sich Konten eröffnen. Denn wir geben Kredite: Lach-Kredite. / Deutsch sein heißt Humor haben – aber da muß man viel Spaß verstehen…«

Paul Steegemanns neue Reihe variiert das in den Jahren nach dem Zweiten Weltkrieg so erfolgreiche Konzept vom billigen Buch, das der allgemeinen wirtschaftlichen Not Rechnung trug und zugleich ein neues Verhältnis zum Buch als Konsumartikel geschaffen hat. Das relativ große Format der farbig kartonierten Hefte (24 x 17 cm) wird ausdrücklich als ›Magazin-Format‹ charakterisiert und betont so ihre Konkurrenz zu periodischen Veröffentlichungen, die an die Tagesaktualität gebunden sind. Diesem Vorbild entspricht auch der zweispaltige Satz mit ziemlich kleinen Typen, der den Abdruck längerer Texte auf relativ wenigen Seiten ermöglicht. Dem Käufer sollten »je 180 000 Buchstaben für eine Mark« geboten werden.[223] Das bezeichnet die untere Umfanggrenze der Hefte; die Veröffentlichung unterschiedlich langer Texte bedingte ein Schwanken des Preises pro Heft zwischen einer Mark und zwei Mark vierzig. – Neuauflagen einzelner Titel kehren 1953 und 1954 zu einem kleineren Format mit größerer Seitenzahl zurück. Die bisher unnummerierten Hefte erhalten jetzt eine Zählung. Neben die kartonierten Ausgaben treten gebundene Bücher, deren Preis etwa doppelt so hoch ist wie der des kartonierten Exemplars.

Die Bank der Spötter hat es insgesamt nur auf zehn Titel gebracht: In den ersten drei Jahren von 1949 bis 1951 erscheinen jeweils drei Hefte; danach ist neben Neuauflagen dieser älteren Titel nur noch ein neuer Band von 1953 zu verzeichnen. – Das Programm der Reihe knüpft an die satirisch-parodistische Komponente der Verlagstradition an. Direkt übernommen aus der Produktion vor 1933 ist nur ein Titel von 1949, der deftige Unterhaltungsroman *Pitter de Poep oder Die Limmburger Flöte* von NORBERT JACQUES, desen erste öffentliche Ausgabe PAUL STEEGEMANN 1929 verlegt hatte. Ebenfalls eine Reminiszenz an die Vergangenheit des Verlages ist eine Umschlagzeichnung von EMIL ORLIK zu WILHELM KLEMMS 1922 unter dem Pseudonym FELIX BRAZIL erschienenem Gedichtband *Die Satanspuppe*; 1951 wird sie für SCHNITZLERS *Reigen* von neuem verwendet. Schließlich reicht auch die Vorgeschichte der 1951 veröffentlichten satirischen Biographie *Bonifazius Kiesewetter* von WOLFGANG KRAUS in die zwanziger Jahre zurück (vgl. S. 51 f.). PAUL STEEGEMANN hat in seinem Vorwort zu diesem Heft von dem ersten Besuch des Autors »Anfang der zwanziger Jahre« und dem in der »Golgatha-Bar« gefaßten Plan zu einer KIESEWETTER-Biographie berichtet. »Aus braunem Himmel erhielt ich nach vielen Jahren plötzlich die Nachricht von der Vollendung des Manuskripts. [...] Aber da mir der kariöse Zentrale Mittelpunkt 1934 den Verlag global demontiert hatte, beschlossen wir, die paar Wochen bis zum Exitus der Garanten des Großdeutschen Tausendjährigen Reiches zu warten. [...] Dreißig Jahre nach der Konzeption erscheint nun das heroische Leben des Bonifazius Kiesewetter auf der *Bank der Spötter* als ein übermütiges Erbe aus einer sorgloseren Zeit. Es ist ein prächtiges Pendant zu den üppigen Biographien der (leider) noch einmal davongekommenen quicken Herren-Imitatoren. Und zugleich auch deren salomonische Parodie.«[224] Der Retrospektive auf den ursprünglichen Verlagsort gilt ein Bändchen von KARL ESCHER, das unter dem Titel *Hinter dem Hoftheater gleich links um die Ecke* Erinnerungen an die Jugend des Autors um die Jahrhundertwende in Hannover enthält. Auch die für den Paul Steegemann Verlag vor 1933 so charakteristische Neigung, die jeweiligen Bestseller durch Parodien zu relativieren, ist nach 1945 noch lebendig: Unter dem Titel *Schenzinger: Scheibenkleister. Roman einer Industrie* kündigt der Verleger eine Parodie von MISCHA MLEINEK auf die Romane *Anilin* und *Metall*

219 Zit. nach KARL ESCHER: *Hinter dem Hoftheater*. 1950, S. 51.
220 Vgl. PAUL STEEGEMANN: Gab es nicht schon eine Hitler-Parodie? In: GÜNTER NEUMANN: *Ich war Hitlers Schnurrbart*. 1950, S. 21.
221 Vgl. die Erwähnung THIERKOPFS bei OTTOMAR STARKE: *Was mein Leben anlangt*. 1956, S. 245.
222 Vgl. PAUL STEEGEMANN: Zwei, drei Worte zuvor. In: ARTHUR SCHNITZLER: *Reigen*. 1951, S. 3.
223 JULIA PONS in: *Die Neue Zeitung*. 5. März 1950. Zit. nach CURT SEIBERT: *Das poetische Holzbein*. 1950, S. 28.
224 PAUL STEEGEMANN: Habent sua fata libelli. In: WOLFGANG KRAUS: *Bonifazius Kiesewetter*. 1951, S. 2.

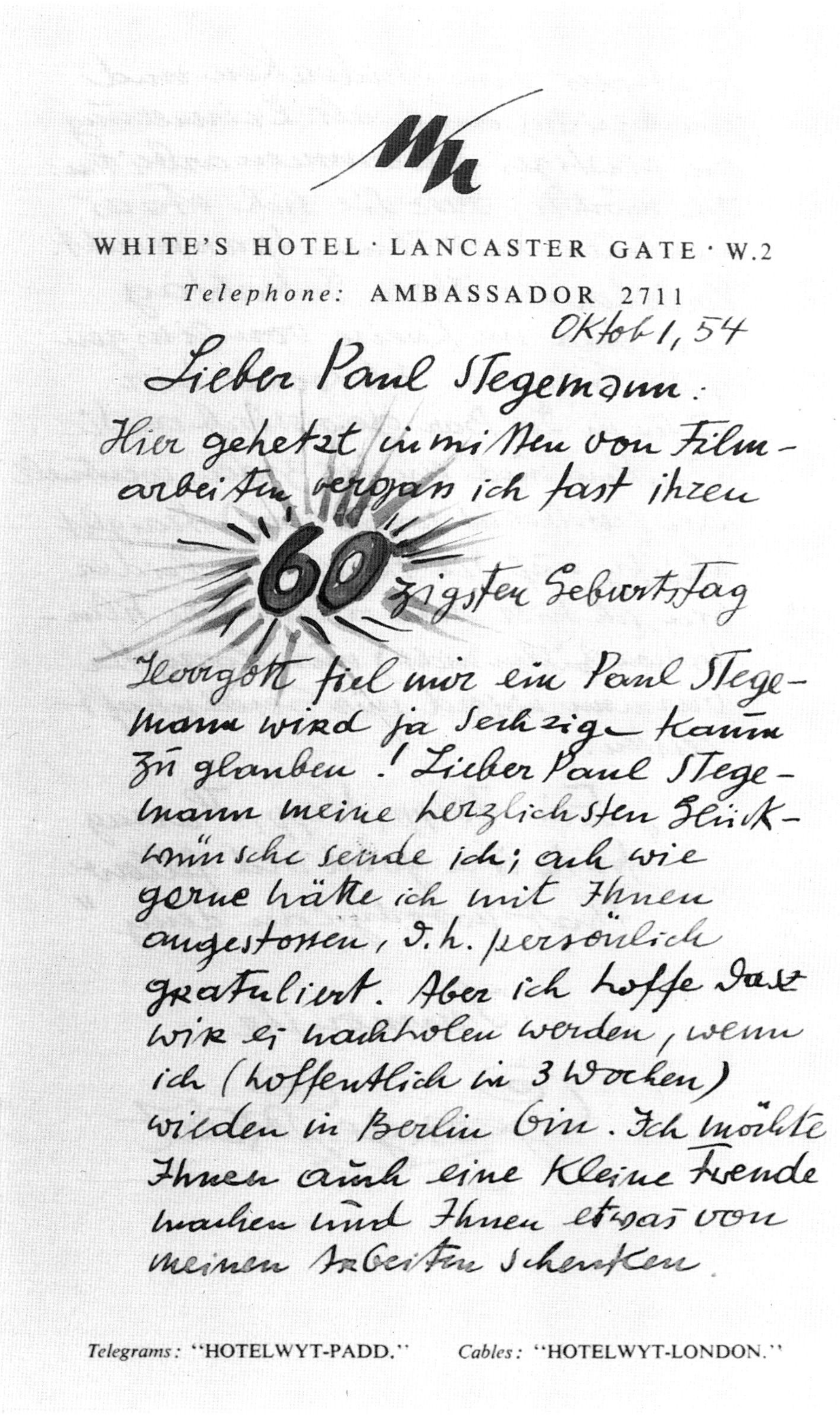

WHITE'S HOTEL · LANCASTER GATE · W.2

Telephone: AMBASSADOR 2711

Oktob 1, 54

Lieber Paul Stegemann:

Hier gehetzt inmitten von Film-
arbeiten vergass ich fast ihren

60zigsten Geburtstag

Teeorgott fiel mir ein Paul Stegemann wird ja sechzig - kaum
zu glauben! Lieber Paul Stegemann meine herzlichsten Glück-
wünsche sende ich; ach wie
gerne hätte ich mit Ihnen
angestossen, d.h. persönlich
gratuliert. Aber ich hoffe das
wir es nachholen werden, wenn
ich (hoffentlich in 3 Wochen)
wieden in Berlin bin. Ich möchte
Ihnen auch eine kleine Freude
machen und Ihnen etwas von
meinen Arbeiten schenken.

Telegrams: "HOTELWYT-PADD."   Cables: "HOTELWYT-LONDON."

George Grosz an Paul Steegemann, 1.10.1954 (DLA Marbach)

So etwas zum Andenken und gleichzeitig auch als Erinnerung an einstiges Zusammenarbeiten. Ich möchte, dass Sie sich etwas aussuchen, was Ihnen Spass macht. Verleben Sie Ihren Geburtstag nett und im Kreise von einigen guten Freunden. Ich werde hier unten in der Bar gewisslich an Sie denken und ein bis zwei, eventuell drei (vielleicht sogar vier) straight whisky auf Sie trinken — leider bin ich hier sehr allein (die Film-fritzen zählen nicht) nur Harry the barman wird mir Gesellschaft leisten.

„Ein Hipp, Hipp, Hurray for he is a good old fellow that nobody can deny"

Immer ihr

George GROSZ

von Karl Aloys Schenzinger an, die allerdings nicht mehr erschienen ist.

Neben der frühen Produktion des Paul Steegemann Verlages kommt das neue Programm kaum in Betracht. Die literarisch bedeutsamsten Titel, Schnitzlers *Reigen* und Friedrich Theodor Vischers *Faust*-Parodie, sind Neuausgaben älterer Werke. Daneben ist allenfalls die Erstausgabe des Buches *Der Knabe Karl* aus dem Nachlaß Karl Valentins zu nennen. Nur zwei Veröffentlichungen zeitgenössischer Autoren verdienen in diesem Zusammenhang eine Erwähnung: Die Parodie *Orpheus in der Unterwelt* von Werner Finck und Wilhelm Meissner-Ruland und die Groteske *Ich war Hitlers Schnurrbart* von Günter Neumann sind charakteristische Beispiele des deutschen Kabaretts der Nachkriegszeit.

Außerhalb der *Bank der Spötter* hat Paul Steegemann nach 1945 vermutlich nur drei Titel verlegt: die beiden Bücher der Hellseherin Ursula Kardos und einen Band mit Vorträgen und Essays unter dem Titel *Das Theater am Broadway* von Frederic Mellinger, dem Theater-Offizier der amerikanischen Militärregierung in Deutschland, in den zwanziger Jahren Gründer des Berliner Theaters ›Tribüne‹ und der Münchner ›Schaubühne‹. Das Buch von Mellinger trägt den Reihentitel *Die Bank der Kritiker* und bezeugt damit die Absicht des Verlegers, parallel zur *Bank der Spötter* eine literaturkritische Serie herauszugeben.

Die bescheidenen Dimensionen des Paul Steegemann Verlages nach 1945 boten keine ausreichende Existenzgrundlage. Der Verleger bemühte sich deshalb um eine feste Anstellung. Auf Empfehlung Walther G. Oschilewskis, des kulturpolitischen Ressortchefs am *Telegraf* und Verlagsleiters der arani Verlags-GmbH, kam Steegemann etwa 1952 als Vertriebsleiter zu ›arani‹, einem Unternehmen der Druck- und Verlagshaus Grunewald GmbH.[225] Innerhalb dieser verzweigten und finanzstarken Gesellschaft initiierte er den Amsel Verlag, als dessen Leiter und Lektor er ab 1952 zahlreiche meist angloamerikanische Kriminalromane und daneben Unterhaltungs-, Liebes- und Frauenromane veröffentlichte[226]. So führte er die harten Krimis von Mickey Spillane mit sieben Titeln in Deutschland ein, die prompt verboten wurden und danach nur noch ›unterem Ladentisch‹ verkauft werden durften. Aus der Produktion des alten Paul Steegemann Verlages übernahm er sechs Titel von 1930 bis 1933 in den Amsel Verlag: Kriminalromane von James Morgan Walsh (Nr. 145, 147, 152, 153, 161 und 171 der Bibliographie).

Am 21. Januar 1956 riß den 61jährigen Verleger ein Herzschlag im Hause der arani Verlags-GmbH aus seiner Arbeit. Die Zeitungsnekrologe würdigten insbesondere seine verlegerischen Anfänge in Hannover nach dem Ersten Weltkrieg. – Die Firma Paul Steegemann Verlag wurde erst 1960 im Handelsregister gelöscht[227].

225 Detaillierte Angaben zu Steegemanns Tätigkeit in der Druck- und Verlagshaus Grunewald GmbH verdanke ich Herrn Walther G. Oschilewski (Berlin) und Herrn Oscar Scholz (Berlin).

226 Im Amsel Verlag verlegte Steegemann u. a. Kriminalromane von Michael Avallone, James Wakefield Burke, W. R. Burnett, Christopher Bush, James Hadley Chase, Ferguson Findley, Edwin Lauham, John Ross Macdonald, Cécil St. Laurent, Mickey Spillane, Ottomar Starke, James Morgan Walsh und Vernon Warren; daneben Unterhaltungs-, Liebes- und Frauenromane von Friede Birkner, Gertrud von Brockdorff, Sheila Cousins, Margot Daniger, Mathilde Husten, Else Jerusalem, Käthe Lambert und Hertha von Puttkamer.

227 Vgl. *Verlagsveränderungen im deutschsprachigen Buchhandel 1942–1963*. 1969, S. 186.

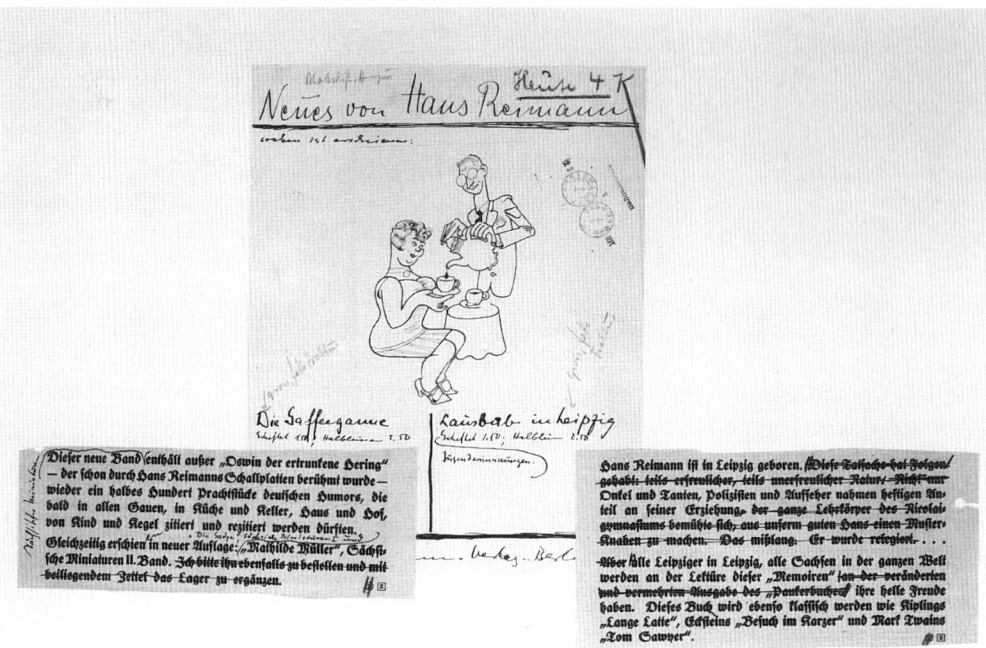

Paul Steegemann, Entwurf einer *Börsenblatt*-Anzeige
für Nr. 142 und 143, 1930 (DLA Marbach)

Hinweise zur Anlage der Bibliographie Ausgangspunkt der Bibliographie waren die beiden separat erschienenen Gesamtverzeichnisse der Verlagsproduktion: ›Zwei Jahre Verleger. Von Laotse bis Dada‹, 1921, 35(1) Seiten, und *Katalog 1919–1924*, Oktober 1924, 48 Seiten. Zur Ergänzung dienten insbesondere Verlagsprospekte aus den Jahren 1920 bis 1953, eine Reihe von Gesamtverzeichnissen im Anhang einzelner Bücher des Verlages (vgl. die Nummern 58.4, 59.2, 74, 87, 137, 139 und 160 der Bibliographie) und die meist sehr reichhaltigen Annoncenanhänge der STEEGEMANN-Publikationen. Die bibliographische Überprüfung aller von STEEGEMANN angezeigten und angekündigten Titel ergab neben weiteren Ergänzungen, daß überraschend viele annoncierte Bücher entweder niemals oder in anderen Verlagen erschienen sind (vgl. den Abschnitt ›Angekündigte Bücher‹). Für alle ermittelten Titel, für deren Neuauflagen und für die Originalausgaben der Werke, die Paul Steegemann aus anderen Verlagen übernommen hat, habe ich Autopsie angestrebt. Daß ich dieses Ziel schon in einem ersten Anlauf annähernd erreichen konnte, wäre ohne die reichen Bestände der Niedersächsischen Staats- und Universitätsbibliothek in Göttingen, danach der Stadtbibliothek Hannover, der Niedersächsischen Landesbibliothek Hannover und des Deutschen Literaturarchivs in Marbach am Neckar nicht möglich gewesen. Im zweiten Anlauf bot dann die fast vollständige Sammlung EGIDIO MARZONA (Bielefeld) die Möglichkeit, die bibliographischen Daten zu überprüfen und zu ergänzen.

Die Produktion des Paul Steegemann Verlages wird im folgenden chronologisch verzeichnet. Innerhalb eines Jahres gilt die alphabetische Folge der Verfassernamen und Sachtitel. Bücher, die nur im Copyrightvermerk eine Jahreszahl enthalten, sind unter diesem Jahr eingeordnet. Unveränderte Neuauflagen werden unter der Erstausgabe oder der ersten bei STEEGEMANN erschienenen Ausgabe genannt; veränderte Neuauflagen – auch solche, die sich nur im äußeren Umfang und nicht textlich unterscheiden – sind unter ihrem Erscheinungsjahr selbständig aufgeführt.

Für die Titelaufnahmen gelten die folgenden Grundsätze: Titel und Untertitel werden buchstabengetreu wiedergegeben, dabei alle Titel (nicht die Untertitel) durch Kursive kenntlich gemacht. Autorennamen werden durch Fettdruck, alle anderen Personennamen durch Kapitälchen hervorgehoben. Was auf Titelblättern typographisch abgesetzt und geordnet erscheint, muß in Titelaufnahmen von Fall zu Fall durch zusätzliche Zeichen (Interpunktion usw.) markiert werden. Absolute Konsequenz ist dabei nicht möglich. Die Angaben über Illustrationen, Umschlagzeichnungen, Auflagenhöhen und die Aufzählung der jeweils angegebenen Verlagsorte sind vollständig. (Gerade in den Anfangsjahren neigte Paul Steegemann dazu, neben Hannover nicht nur Leipzig, den Sitz seines Kommissionärs, zu nennen, sondern zusätzlich seine mehr oder minder fiktiven ›Dadafilialen‹ in Wien, Zürich, Paris oder Trippstrill.) Nicht dem Titelblatt, aber dem Buch entnommene Angaben stehen in runden, aus sekundären Quellen stammende Daten in eckigen Klammern. Die Umfangsangaben nennen die Zahl der paginierten Seiten und davor und danach in Klammern die der vorangehenden, in der Paginierung gar nicht enthaltenen, und der etwa noch folgenden nicht gezählten Seiten (gleichgültig, ob diese leer sind oder noch Text, ein Inhaltsverzeichnis, das Impressum oder Verlagsanzeigen enthalten). Die Formatangaben weichen etwas von bibliothekarischen Gepflogenheiten ab: Bücher mit einer Rückenhöhe bis zu 15 cm sind mit Kl. 8°, bis 21 cm mit 8°, bis 25 cm mit Gr. 8°, bis 35 cm mit 4°, bis 45 cm mit 2° und über 45 cm mit Gr. 2° bezeichnet. Von Fall zu Fall hat der Verleger kartonierte Titel wohl auch nachträglich stärker beschneiden lassen und dann in verkleinertem Format ausgeliefert (solche Finessen lassen sich nur vorweg konstatieren, nicht beim einzelnen Titel bibliographisch fixieren). Im Anschluß an die einzelnen Titelaufnahmen stehen Angaben über Einbandarten und Druckereien. Auch gedruckte Widmungen und Datierungen werden im allgemeinen mitgeteilt.

Im übrigen geben die individuellen Besonderheiten der Bücher von Fall zu Fall Anlaß zu bibliographischen Notizen und Kommentaren. So ist z. B. jeweils vermerkt, wenn es sich bei einer Veröffentlichung nicht um die Erstausgabe handelt. Daß von einzelnen *Silbergäulen* Exemplare ein und derselben Auflage mit voneinander abweichenden Umschlägen vorkommen, sei hier vorweg festgestellt.

Verweisungen – etwa von Pseudonymen auf die ursprüngliche Namensform oder von anonymen Titeln auf den ermittelten Verfasser und umgekehrt – habe ich bei der Überschaubarkeit der verzeichneten Titelmenge für entbehrlich gehalten. Der Erschließung der Bibliographie dienen verschiedene Register.

Übersicht:

Register zur Bibliographie:

1   2   3

Die Bücher des Paul Steegemann Verlages

1919

1   **Ludwig Bäumer** *Das Wesen des Kommunismus.* (Umschlagzeichnung von
Karl Jakob Hirsch. 1.–3. Tsd.) – Hannover 1919. 27 (5) S. Gr. 8°. Kartoniert
(= *Die Silbergäule.* 25–26.)
Druck: Edler & Krische, Hannover

Widmung: »Der kämpfenden Bremischen Arbeiterschaft gewidmet!« –
S. (3): ›Zur Einführung‹ von Ludwig Bäumer, datiert »Bremen, Schutzhaft –
Worpswede am 15. Tage des Monats der Friedensverhandlungen«.

2   **Max Burchartz** *Die Dämonen.* 8 Steinzeichnungen zu F. M. Dostojewskis
Roman. Mit Genehmigung der Galerie Alfred Flechtheim, Düsseldorf,
hrsg. von Paul Steegemann, Hannover. – Hannover [1919]. Titelbl. + 7 nicht
gez. Bl. mit Lithos + (4) S. Gr. 8°. Kartoniert (= *Die Silbergäule.* 43–44.)
Druck: Edler & Krische, Hannover

Auf dem Titelbl. zwei Motti von Puschkin und nach Lukas, Kap. VIII, 32–37.
»Diese Zeichnungen wurden Ende 1919 vom Künstler auf den Stein gezeichnet. Vorliegende Ausgabe wurde unter Aufsicht des Künstlers von Edler &
Krische in Hannover gedruckt. Von den Originalsteinen wurden 50 Exemplare
auf handgeschöpftem Zandersbütten in größerem Format auf der Handpresse
abgezogen und vom Künstler handschriftlich signiert und numeriert; jedes
Blatt in Passepartout; Mappe in Halbleinen, je 80 Mark.« Die Ausgabe innerhalb der *Silbergäule* auf bräunlich getöntem Papier; das achte Litho auf dem
Umschlag. Vorzugsausgabe als Mappenwerk vgl. Nr. 223.

3   [Umschlagtitel:] *Mittelalter*, acht Steinzeichnungen von **Bernhard Dörries**.
Hannover [1919]. Titelbl. + 7 nicht gez. Bl. mit Lithos + (4) S. Gr. 8°. Kartoniert
(= *Die Silbergäule.* 15.)
Druck: Edler & Krische, Hannover

»Die Lithos dieses Heftes sind der in meinem Verlage erscheinenden Mappe
von Bernhard Dörries entnommen, im Umdruckverfahren maschinell her-
gestellt.« Die Mappe enthält zehn Originallithographien auf Japan-Alexandra-
Bütten, signiert. Auflage 50 Exemplare; Nr. 1–10 in Seide gebunden;
Nr. 11–50 in Mappe. – In der Ausgabe innerhalb der *Silbergäule* das achte
Litho auf dem Umschlag.

  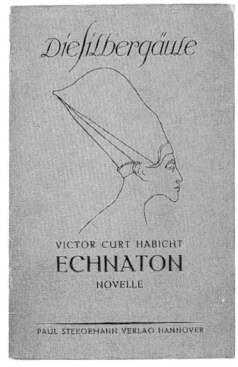

4   5   6.1

4 **Kasimir Edschmid** *Stehe von Lichtern gestreichelt.* Gedichte. (Umschlagzeich-
nung von Käthe Schmidt.) – Hannover 1919. 23 (9) S. Gr. 8°. Kartoniert
(= *Die Silbergäule.* 10 – 11.)
Druck: Edler & Krische, Hannover

S. (2): »Geschrieben zumeist etwa Neunzehnhundertdreizehn. Gediche eines,
dem Verse Mißverständnis, Prosa Erfüllung ist. Der, zu wenig eitel oder zu
verliebt in diese Form des Dichterischen aus ihm, sie weder verschweigt noch
bejaht.« – Vorzugsausgabe: 75 vom Autor signierte Exemplare auf Bütten in
Halbpergament, davon 50 für den Handel; Format 26,5 x 18 cm.

5 **Otto Flake** *Wandlung.* Novelle. (Umschlagzeichnung von Käthe Schmidt.) –
Hannover 1919. 16 (8) S. Gr. 8°. Kartoniert (= *Die Silbergäule.* 17.)
Druck: Edler & Krische, Hannover

Vorzugsausgabe: 50 vom Autor signierte Exemplare auf Bütten in Halbpergament; Format 28 x 20 cm.

6.1 **Victor Curt Habicht** *Echnaton.* Novelle. (Umschlagzeichnung von
Käthe Schmidt.) – Hannover 1919. 54 (6) S. Gr. 8°. Kartoniert
(= *Die Silbergäule.* 5 – 7.)
Druck: Edler & Krische, Hannover

S. (2): Emphatische Angaben zur Entstehung (»1911 traf mich zum ersten
Male der liebezündende Zauber Echnatons [...] März 1918: die vorliegende
Novelle [...]«) und zu den zitierten Quellen.
Vorzugsausgabe: 60 numerierte und vom Autor signierte Exemplare auf Büt-
ten in Halbpergament, davon 50 für den Handel; Format 26,6 x 18 cm.

6.2 (Einband von Käthe Steegemann. 2.– 4. Tsd.) – Hannover 1919. 54 (2) S.
Gr. 8°. Kartoniert und Pappband
Druck: Edler & Krische, Hannover

Die Einbandzeichnung von Käthe Steegemann geb. Schmidt, ist eine andere
als die zur Erstausgabe. – S. [2]: Angaben zur Entstehung wie in 6.1.

7   8 Kartonage, grau   9 Kartonage, grau   10 Kartonage, grau

7   **Victor Curt Habicht** *Der Triumph des Todes.* Ein Mysterienspiel in drei Aufzü-
gen. (Umschlagzeichnung von ERNST SCHÜTTE.). – Hannover 1919. 48 (4) S.
Gr. 8°. Kartoniert (= *Die Silbergäule.* 29 – 30.)
Druck: EDLER & KRISCHE, Hannover

Im Impressum falsche Reihenzählung: 19 – 21. S. (2): »Geschrieben im Juli –
September 1918 in Darmstadt und Hannover.« – Vorzugsausgabe: 200 numerierte und vom Autor signierte Exemplare in Halbpergament und als Pappband; Format 28,5 x 21,5 cm.

8   **Carl Hauptmann** *Der schwingende Felsen von Tandil.* Legende. (Umschlag-
zeichnung von OTTO HOHLT. 1. – 3. Tsd.) – Hannover 1919. 20 (8) S. Gr. 8°.
Kartoniert (= *Die Silbergäule.* 23 – 24.)
Druck: EDLER & KRISCHE, Hannover

Bindequoten mit farblich (grün und grau) und typographisch abweichenden
Umschlägen. – Vorzugsausgabe: 100 numerierte und vom Autor signierte
Exemplare auf Zanders-Dickdruckpapier in Halbpergament; Format 29 x 22,5 cm.

9   **Carl Hauptmann** *Lesseps.* Legendarisches Porträt. (Umschlagzeichnung
von OTTO HOHLT. 1. – 3. Tsd.) – Hannover 1919. 15 (9) S. Gr. 8°. Kartoniert
(= *Die Silbergäule.* 20.)
Druck: EDLER & KRISCHE, Hannover

Bindequoten mit farblich (grün und grau) und typographisch abweichenden
Umschlägen. – Vorzugsausgabe: 100 numerierte und vom Autor signierte
Exemplare auf Zanders-Dickdruckpapier in Halbpergament; Format 29 x 22,5 cm.

10   **Carl Hauptmann** *Des Kaisers Liebkosende.* Legende. (Umschlagzeichnung von
ERNST SCHÜTTE. 1. – 3. Tsd.) – Hannover 1919. 20 (8) S. Gr. 8°. Kartoniert
(*Die Silbergäule.* 21 – 22.)
Druck: EDLER & KRISCHE, Hannover

Bindequoten mit farblich (grün und grau) und typographisch abweichenden
Umschlägen. – Vorzugsausgabe: 100 numerierte und vom Autor signierte
Exemplare auf Zanders-Dickdruckpapier in Halbpergament; Format
29 x 22,5 cm. – Erstdruck mit fünf Radierungen von ROBERT GENIN im
Marsyas, H. 2, 1917, S. 10 – 29.

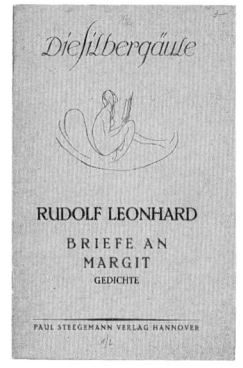

11.1   12   13   14

11.1   **Kurt Hiller** *Gustav Wyneken's Erziehungslehre und der Aktivismus.* – Hannover 1919. 17 (11) S. Gr. 8°. Kartoniert (= *Die Silbergäule.* 4)
Druck: EDLER & KRISCHE, Hannover

Ungewöhnlich für *Die Silbergäule* ist der Druck dieses Heftes in Fraktur.

11.2   (2. Aufl.) – Hannover 1919. 17 (3) S. Gr. 8°. Kartoniert
Druck: EDLER & KRISCHE, Hannover

Text in Fraktur.

12   **Max Krell** *Das Meer.* Erzählung. (Umschlagzeichnung von ERNST SCHÜTTE.) – Hannover 1919. 32 (4) S. Gr. 8°. Kartoniert (= *Die Silbergäule.* 27 – 28.)
Druck: EDLER & KRISCHE, Hannover

S. (2): »(Algier, Frühjahr 1914)«.

13   **Berta Lask** *Stimmen.* Gedichte. (Umschlagzeichnung von KÄTHE SCHMIDT.) – Hannover 1919. 31 (9) S. Gr. 8.°. Kartoniert (= *Die Silbergäule.* 13–14.)
Druck: EDLER & KRISCHE, Hannover

Vorzugsausgabe: 50 numerierte und von der Autorin signierte Exemplare auf Bütten in Halbpergament; Format 28 x 20 cm. – Widmung: »Meiner Mutter«.

14   **Rudolf Leonhard** *Briefe an Margit.* Gedichte. (Umschlagzeichnung von KÄTHE SCHMIDT.) – Hannover 1919. 42 (10) S. Gr. 8°. Kartoniert (= *Die Silbergäule.* 1–2.)
Druck: EDLER & KRISCHE, Hannover

Vorzugsausgabe: 60 numerierte und vom Autor signierte Exemplare auf Bütten in Halbpergament, davon 50 für den Handel; Format 26,5 x 18 cm. – Widmung: »Margit, ich küsse Deine Stimme!«

15   **Heinrich Mann** *Der Sohn.* Novelle. (Umschlagzeichnung von ERNST SCHÜTTE.) – Hannover 1919. 16 (8) S. Gr. 8°. Kartoniert (= *Die Silbergäule.* 3.)
D: EDLER & KRISCHE, Hannover

Vorzugsausgabe: 50 numerierte und vom Autor signierte Exemplare auf Bütten in Halbpergament; Format 28 x 20 cm.

15   16   17   18

16   **Kurt Martens** *Der Emigrant.* Novelle. (Umschlagzeichnung von E[RNST] M[ORITZ] ENGERT.) – Hannover 1919. 31 (9) S. Gr. 8°. Kartoniert (= *Die Silbergäule.* 8 – 9.)
D: EDLER & KRISCHE, Hannover

Ungewöhnlich für *Die Silbergäule* ist der Druck dieses Heftes in Fraktur. – Vorzugsausgabe: 60 numerierte und vom Autor signierte Exemplare auf Bütten in Halbpergament, davon 50 für den Handel; Format 26,5 x 18 cm. – Die Erzählung ist dem Bande *Drei Novellen von Adeliger Lust* von KURT MARTENS entnommen (Leipzig: Grethlein 1909).
Veränderte Neuauflage vgl. unter Nr. 54.

17   **Curt Moreck** *Die Hölle.* Novelle. (Umschlagzeichnung von ERNST SCHÜTTE.) – Hannover 1919. 16 (8) S. Gr. 8°. Kartoniert (= *Die Silbergäule.* 18.)
Druck: EDLER & KRISCHE, Hannover

18   **Olaf** [d. i. **Carl Maria Weber**] *Der bekränzte Silen.* Verse von einem tröstlichen Ufer. (Umschlagzeichnung von OLAF.) – Hannover 1919. 33 (7) S. Gr. 8°. Kartoniert (= *Die Silbergäule.* 34 x 35.)
Druck: EDLER & KRISCHE, Hannover

Im Impressum falsche Reihenzählung: 33 – 34. Umschlaguntertitel: *Verse des antiken Eros.* – Vorzugsausgabe: 100 numerierte und vom Autor signierte Exemplare auf Zanders-Dickdruckpapier in Halbpergament; Format 29 x 22,5 cm.

19   **Anton Schnack** *Die tausend Gelächter.* Gedichte. (Umschlagzeichnung von ERNST SCHÜTTE.) – Hannover 1919. 16 (8) S. Gr. 8°. Kartoniert (= *Die Silbergäule.* 16.)
Druck: EDLER & KRISCHE, Hannover

Auf der Rückseite des Titelblatts Hinweis auf erschienene und vorbereitete Gedichtbände von SCHNACK in anderen Verlagen; darin der Druckfehler »Powohlt« (statt Rowohlt). Vorzugsausgabe: 60 numerierte und vom Autor signierte Exemplare auf Bütten in Halbpergament , davon 50 für den Handel; Format 26,6 x 18 cm. Widmung der Vorzugsausgabe: »Für Ma aus Franken«.

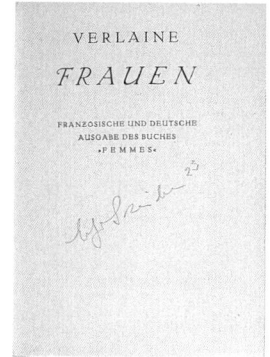

19   Vgl. unter 21.2   22

20.1   **Kurt Schwitters** *Anna Blume*. Dichtungen. (Umschlagzeichnung von Kurt
Schwitters. 1.–5. Tsd.) – Hannover 1919. 37 (3) S. Gr. 8°. Kartoniert
(= *Die Silbergäule*. 39–40.)
Druck: Edler & Krische, Hannover

Auf der Rückseite des Titelblatts der Hinweis: »Die Merzbilder von Kurt
Schwitters sind ständig ausgestellt in der Kunstausstellung *Der Sturm*, Berlin,
Potsdamerstraße 134a – und bei *Paul Steegemann*, Hannover, Marienstraße 33^{I},
Straßenbahnhaltestelle«. – Mit einem Vorwort ›Der Künstler‹ von Christof
Spengemann (S. 3 f.) und einem Nachwort ›Selbstbestimmungsrecht der
Künstler‹ von Schwitters (S. 36 f.). Abb. S. 40.

20.2   (6.–10. Tsd.) – Hannover 1919. 37 (11) S. Gr. 8°. Kartoniert
Druck: Edler & Krische, Hannover

Auf der Rückseite des Titelblatts der Hinweis: »Die Merzbilder von Kurt
Schwitters sind ständig ausgestellt in der Kunstausstellung *Der Sturm*, Berlin,
Potsdamerstraße 134a – und bei *Paul Steegemann*, Hannover, Marienstraße 33^{I},
Straßenbahnhaltestelle«. – Veränderte Neuauflage vgl. unter Nr. 85.

21.1   **Paul Verlaine** *Frauen*. Deutsche Umdichtung des Buches *Femmes* von Curt
Moreck mit vier bisher unveröffentlichten Gedichten aus dem Manuskript. –
Hannover 1919. 48 (4) S. 4°
Druck: Edler & Krische, Hannover

»Die erste deutsche Ausgabe dieses Buches, autorisiert durch den Insel-
Verlag, wurde als Privatdruck für Subskribenten in einer Auflage von 600
numerierten Exemplaren in der Offizin von Edler & Krische, Hannover auf
handgeschöpftem Bütten abgezogen. Nr. 1–25 wurde in Ganzpergament,
Nr. 26–600 in Halbpergament gebunden.« – Die vier Gedichte »aus dem
Manuskript« stammen von Curt Moreck.

21.2   (Zweite deutsche Ausgabe in 800 numerierten Exemplaren.) – Hannover
1920. (2) 49 (5) S. 4°
Druck: Edler & Krische, Hannover

Ebenfalls als Privatdruck für Subskribenten gedruckt. Nr. 1–50 in Ganzperga-
ment, Nr. 51–800 in Halbpergament.
Eine weitere Ausgabe mit der – offenbar durchgesehenen – Übersetzung Curt
Morecks:

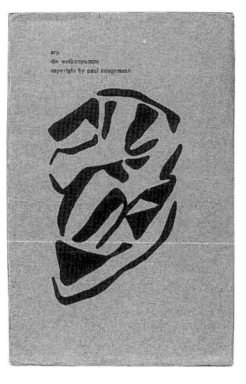

23   24   25   26

VERLAINE. *Frauen*. Französische und deutsche Ausgabe des Buches *Femmes*. (Cette édition a été tiré à cent exemplaires. Imprimée pour la Société des Bibliophiles à Lausanne.) 79 (1) S. Gr. 8° stammt vermutlich ebenfalls aus dem Paul Steegemann Verlag und ist wohl nach 1920 erschienen.

22   **Heinrich Vogeler** Worpswede. *Über den Expressionismus der Liebe*. (Umschlagzeichnung von HEINRICH VOGELER, Worpswede. Neue veränderte Ausgabe.) – Hannover 1919. 14 (10) S. Gr. 8°. Kartoniert (= *Die Silbergäule*. 12.)
Druck: EDLER & KRISCHE, Hannover

Veränderter Neudruck der Ausgabe: *Über den Expressionismus der Liebe*. Der Weg zum Frieden. – Bremen (1918): HAUSCHILD.

23   **Heinrich Vogeler** *Das neue Leben*. Ein kommunistisches Manifest. (Umschlagzeichnung von HEINRICH VOGELER-WORPSWEDE. 1.–5. Tsd.) – Hannover 1919. 15 (5) S. Gr. 8°. Kartoniert (= *Die Silbergäule*. 19.)
Druck: EDLER & KRISCHE, Hannover

24   **Heinrich Vogeler** *Siedlungswesen und Arbeitsschule*. (Umschlagzeichnung von HEINRICH VOGELER. 1.–5. Tsd.) – Hannover 1919. 21 (3) S. Gr. 8°. Kartoniert (= *Die Silbergäule*. 36.)
Druck: EDLER & KRISCHE, Hannover

25   **Franz [Johannes] Weinrich** *Himmlisches Manifest*. Ein Gesicht. (Umschlagzeichnung von KÄTHE STEEGEMANN.) – Hannover 1919. 20 (4) S. Gr. 8°. Kartoniert (= *Die Silbergäule*. 31–32.)
Druck: EDLER & KRISCHE, Hannover

1920

26   **[hans] arp** *die wolkenpumpe*. (umschlagzeichnung von ARP. 1.–3. tsd.) – (hannover: copyright 1920.) 28 nicht gez. S. Gr. 8°.Kartoniert (= *die silbergäule*. 52–53.)
Druck: EDLER & KRISCHE, hannover

Im Impressum falsche Reihenzählung: 50–51. – Auf dem Titelblatt mancher Exemplare eingeklebter roter Hinweiszettel: »OTTO FLAKES neuer Roman *Nein und Ja*, der jetzt in der *Neuen Rundschau* erscheint, setzt sich mit den Versen Arps auseinander: ›Hören Sie etwas Deutsches, Gedichte meines Freundes Hans Arps; wenn Sie nicht böswillig sind, werden Sie empfinden, wie rein, von Seelenproblemen unbeschwert, phantastisches Spiel hier die Welt gewor-

  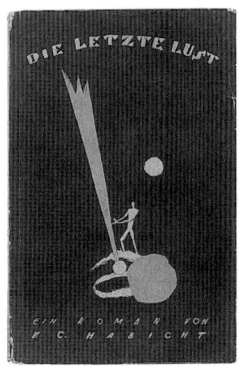

28   29   30

den ist, ausgeschaltet Kausalität, übersprungen Zwischenglieder, gleichzeitig alles, Silberkugeln und Fontänen.‹ – ›Wo lebt er, wie?‹ ›In Zürich, so reinlich, daß es im Zeitalter von Büro, Bank, Börse unwahrscheinlich ist, er hat keinem Kritiker einen Besuch gemacht, diniert nicht mit Sammlern, Einladung mit Schmeichelei abzahlend, liest Laotse und Jakob Böhme, hat Hände und Füße wie eine Frau, sein Organismus ist so unbrutal, daß er Ausschlag bekommt, wenn er Fleisch ißt.‹ – Hans Arps Verse sind Vorbild künftiger Gedichtschreibung«

27   *Venus und Tannhäuser*. Eine romantische Novelle von **Aubrey Beardsley.** (Aus dem Englischen in das Deutsche übertragen von PROKOP TEMPLIN und mit einigen, des englischen Meisters Fragment abschließenden Kapiteln versehen von FRANZ BLEI.) – Hannover (1920). 275 (1) S. 8°. Normale Ausgaben Pappband und Halbpergament, z. T. numeriert.
Druck: EDLER & KRISCHE, Hannover

»Von diesem Werk wurden für Subskribenten Tausendeinhundert numerierte Exemplare im Sommer 1920 in der Druckerei von Edler & Krische Hannover auf Zanders-Dickdruckpapier abgezogen. Die Exemplare Nummer 1 – 100 wurden in Ganzpergament gebunden.« – Kapitel 11 – 18 und der ›Epilog‹ stammen von FRANZ BLEI; hinter dem Pseudonym PROKOP TEMPLIN verbirgt sich ebenfalls FRANZ BLEI.

28   **Robert Brendel** *Die große Hure.* (Umschlagzeichnung von ERNST SCHÜTTE. 1. – 3. Tsd.) – Hannover, Leipzig, Wien, Zürich 1920. 29 (7) S. Gr. 8°. Kartoniert (= *Die Silbergäule.* 57 – 58.)
Druck: EDLER & KRISCHE, Hannover.

Ein wohl etwas später hinzugefügter Schutzumschlag gibt dem Heft einen neuen Titel: *Sodom. Eine Novelle*, unter dem das Werk von 1922 an annonciert wird. – S. (2): »Geschrieben im Dezember 1919«.

29   *Martin ohne Flügelkleid*. Auch eine Groteske von **Johann Frerking.** Mit einem Anhang von K. A. VARNHAGEN VON ENSE. (1. – 3. Tsd.) – Hannover, Leipzig, Wien, Zürich (Copyright 1920). 47 (1) S. Gr. 8°. Kartoniert (= *Die Silbergäule.* 87 – 88.)
Druck: EDLER & KRISCHE, Hannover

Von wem die Umschlagzeichnung stammt, konnte ich nicht ermitteln. Widmung: »Der jungen Jugend in Hannover!« – S. (2): Zwei Motti von MOLIÈRE und MORITZ HEIMANN.

31   32   33   34

30   *Die letzte Lust.* Ein Roman von **Victor Curt Habicht** (Umschlagzeichnung von
V[IKTOR] J[OSEPH] KURON. 1.–3. Tsd.) – Hannover, Leipzig, Wien, Zürich
(Copyright 1920). 129 (3) S. Gr. 8°. Kartoniert und Pappband (= *Die Silbergäule*
69–75.)
Druck: EDLER & KRISCHE, Hannover

Vorzugsausgabe: 100 numerierte vom Autor signierte Exemplare in marmo-
riertem Halbpergamentband, paginiert 128 (2) S.– Widmung: »Dem Neuen
Menschen, dem Gottesfreunde!«

31   *Die selige Welt.* Der Psalm vom Menschensohne von **Victor Curt Habicht**
(1. Tsd.) – Hannover 1920. 23 (3) S. 8°. Broschiert (der Umschlag ist in die
Paginierung einbezogen)
Druck: AUGUST GRIMPE, Hannover

Auf S. 22 schreibt HABICHT: »Den Freunden, die es ermöglicht haben, die
erste Auflage dieses Büchleins so gut wie verschenken zu können, danke ich
heiß und innig!«

32   **Richard Huelsenbeck** *En avant Dada.* Eine Geschichte des Dadaismus.
(1.–5. Tsd.) – Hannover, Leipzig, Wien, Zürich (Copyright 1920). 44 (4) S.
Gr. 8°. Kartoniert (= *Die Silbergäule.* 50–51.)
Druck: EDLER & KRISCHE, Hannover

33   *Marietta* von **Klabund** ([d. i. **Alfred Henschke**] Titelzeichnung von KLABUND.
1.–3. Tsd.) – Hannover, Leipzig (Wien, Zürich) (Copyright 1920). 16 S. Gr. 8°.
Kartoniert (die Vorzugsausgabe in rotem Pappband) (= *Die Silbergäule.* 79.)
Druck: EDLER & KRISCHE, Hannover

Umschlaguntertitel: *Ein Liebesroman aus Schwabing.* – Im Impressum:
»Geschrieben im Mai 1914 in München«. – Vorzugsausgabe: 50 numerierte
und vom Autor signierte Exemplare auf handgeschöpftem Bütten.

34   **Wilhelm Klemm** *Traumschutt.* Gedichte. (Umschlagzeichnung von WILHELM
KLEMM. 1.–3. Tsd.) – Hannover, Leipzig, Wien, Zürich (Copyright 1920).
30 (2) S. Gr. 8°. Kartoniert (= *Die Silbergäule.* 65–66.)
Druck: EDLER & KRISCHE, Hannover.

Ungewöhnlich für *Die Silbergäule* ist der Druck dieses Heftes in Fraktur.

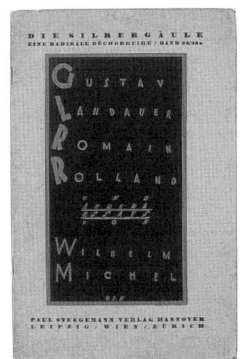

35   36   37

35 *Der Marstall*. Zeit- und Streit-Schrift des Verlages Paul Steegemann. Heft 1–2 [mehr nicht erschienen]. – Hannover, Leipzig, Wien, Zürich [1920]. 58 (6) S. Gr. 8°. Broschiert (der Umschlag ist in die Paginierung einbezogen) Druck: EDLER & KRISCHE, Hannover

Die Zeitschrift sollte »unregelmäßig« erscheinen.

36 **Wilhelm Michel** *Essays über Gustav Landauer, Romain Rolland, Friedrich Hölderlin, Die Metaphysik des Bürgers.* (Umschlagzeichnung von V[IKTOR] J[OSEPH] KURON. 1.–3. Tsd.) – Hannover, Leipzig, Wien, Zürich (Copyright 1920). 21 (3) S. Gr. 8°. Kartoniert (= *Die Silbergäule* 33–33a.) Druck: EDLER & KRISCHE, Hannover

Umschlagtitel: *Gustav Landauer, Romain Rolland und andere Essays.* – Die ungewöhnliche Zählung 33–33a erklärt sich aus der Ersatzfunktion dieses Titels für ein zunächst als Nr. 33 angekündigtes, nicht erschienenes Lyrikheft von WILHELM MICHEL: *Pan singt* (vgl. Nr. 246 der Bibliographie).

37 *Unterm Leichentuch*. Ein Nachtstück von **Mynona** [d. i. **Salomo Friedlaender**]. (Umschlagzeichnung von ERNST KRANTZ. 1.–3. Tsd.) – Hannover 1920. 57 (7) S. Gr. 8°. Kartoniert mit Schutzumschlag (= *Die Silbergäule*. 45–47.) Druck: EDLER & KRISCHE, Hannover

Umschlaguntertitel: *Eine tolle Spukgeschichte*; Untertitel auf dem Schutzumschlag: *Tolle Geister- und Mordgeschichte.* – Auszug aus dem 1919 im Kurt Wolff Verlag, München und Leipzig, erschienenen *Die Bank der Spötter. Ein Unroman* (darin S. 84–163, d. h. der größere Teil des Abschnitts ›Die Nachbarn Ezechiel‹).

38 [Umschlagtitel:] *Die Kathedrale*. 8 Lithos von **Kurt Schwitters** – (Hannover [1920].) 7 nicht gez. Bl. mit Lithos + (2) S. Gr. 8°. Kartoniert (= *Die Silbergäule*. 41–42.) Druck: EDLER & KRISCHE, Hannover

Das achte Litho auf dem Umschlag. Das Heft war ursprünglich mit einem lithographierten Papierstreifen verschlossen mit der Aufschrift: »Aus sanitären Gründen zugeklebt. Vorsicht: Anti-dada. Man weise aufgebrochene Exemplare zurück. K. S. Merz. 1920.« Abb. S. 41.

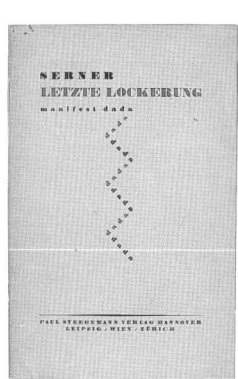

39   40   42   43

39   [**Walter**] **Serner** *Letzte Lockerung*. manifest dada. (1.–3. Tsd.) – Hannover,
Leipzig, Wien, Zürich (Copyright 1920). 45 (3) S. Gr. 8°. Kartoniert
(= *Die Silbergäule*. 62–64.)
Druck: EDLER & KRISCHE, Hannover

Widmung: »Anton van Hoboken gewidmet«. – S. 45: Datierung am Textende
»Lugano, im März 1918.« – Vermehrte Neuausgabe vgl. unter Nr. 127.

40   **Max Sidow** *Hermaphrodit*. Symphonische Dichtung. (Umschlagzeichnung von
HEINZ WANDERS. 1.–3. Tsd.) – Hannover, Leipzig, Wien, Zürich 1920. 24 (4) S.
Gr. 8°. Kartoniert (= *Die Silbergäule*. 55–56.)
Druck: EDLER & KRISCHE, Hannover

S. (2): »Die Dichtung wurde geschrieben im Mai 1919.« – Widmung: »Friedrich Vorwerk im Gedenken an die Jenaer Tage Ostern 1919«.

41   **Paul Verlaine** / *Männer*. Deutsche und französische Ausgabe des Buches
Hombres. [Übers. von CURT MORECK u. HANS SCHIEBELHUTH.] – ([Hannover:
STEEGEMANN] 1920.) 54 (2) S. Gr. 8°
Druck: Offizin I. H. FRANÇOIS, Zürich

»Dieses Werk wurde im Herbst 1920 als Privatdruck für Subskribenten in
einer einmaligen Auflage von Elfhundert numerierten Exemplaren in der Offizin I. H. François in Zürich auf handgeschöpftem Bütten abgezogen. Die
ersten hundert Exemplare wurden in Ganzpergament gebunden.« Die übrigen
Exemplare: Halbpergament.

42   **Melchior Vischer** *Sekunde durch Hirn*. Ein unheimlich schnell rotierender
Roman. (Umschlagzeichnung von KURT SCHWITTERS. 1.–3. Tsd.) – Hannover,
Leipzig, Wien, Zürich (Copyright 1920). 49 (3) S. Gr. 8°. Kartoniert
(= *Die Silbergäule*. 59–61.)
Druck: EDLER & KRISCHE, Hannover

S. (2): Zwei Motti von NIETZSCHE. – Ein Faksimiledruck erschien 1964 in 200
Exemplaren im Verlag Petersen Press, Berlin.

43   **Heinrich Vogeler** *Proletkult*. Kunst und Kultur in der Kommunistischen
Gesellschaft. (Umschlagzeichnung von HEINRICH VOGELER. 1.–5. Tsd.) –
Hannover 1920. 15 (5) S. Gr. 8°. Kartoniert (= *Die Silbergäule*. 54.)
Druck: EDLER & KRISCHE, Hannover

44 45

44   *Jungfraun platzen männertoll*. Grotesken von **F[riedrich] W[ilhelm] Wagner**
(Umschlagzeichung von J[oseph] V[iktor] Kuron. 1.–3. Tsd.) – Hannover,
Leipzig, Wien, Zürich 1920. 17 (7) S. Gr. 8°. Kartoniert (= *Die Silbergäule*.
48–49.)
Druck: Edler & Krische, Hannover.

Umschlagtitel: *Jungfrauen platzen männertoll. Groteske Dichtungen*. Der Titel
zitiert Jakob van Hoddis.

45   [Umschlagtitel:] **Heinz Wanders** *Steinzeichnungen. Spuk*. [Umschlagzeichung
von Heinz Wanders.] – (Hannover [1920]). 7 ungez. Bl. mit Lithos + (2) S.
Gr. 8°. Kartoniert (= *Die Silbergäule*. 67–68.)
Druck: Edler & Krische, Hannover

46   **Franz Johannes Weinrich** *Ein Mensch*. Szenen vom Tode eines Menschen. –
Hannover, Leipzig, Wien, Zürich (1920). 55 (3) S. 4°. Schwarzer Pappband.
Druck: Edler & Krische, Hannover

»Dieses Werk wurde im Sommer 1920 in der Offizin von Edler & Krische,
Hannover, in einer Auflage von Zweihundert numerierten und vom Autor
handschriftlich signierten Exemplaren abgezogen.« – Widmung: »Wilhelm
C. Gerst, dem Freunde zugeeignet«. »Geschrieben Winter 1917/18«.

1921

46a   **Pietro Aretino** *Die sechzehn wollüstigen Sonette*. Deutsche Umdichtung von
E. v. d. Z. [nach Mitteilung von Ernst Sander für Ede von der Zunft,
d. i. Paul Steegemann]. – [Hannover: Steegemann ca. 1921.] (20) Bl. Kl. 8°
(= *Bücherei Georg Brummel*. 1.)

Privatdruck für Subskribenten in 300 Exemplaren.

47   [Umschlagtitel:] *Unsittliche Literatur und deutsche Republik*. § 184. [Von
Franz Blei] – Hannover (Juni 1921). 29 (3) S. 8°. Broschiert (der Umschlag ist
in die Paginierung einbezogen) (= *Die Silbergäule*. 135–136.)
Druck: Spamersche Buchdruckerei, Leipzig

Zur Frage der Verfasserschaft Franz Bleis vgl. Anm. 49.

48   49

48 **Rudolf von Delius** *Die leuchtenden Frauen.* (1.–3. Tsd.) – Hannover, Leipzig, Wien, Zürich (Copyright 1921). 22 (6) S. 8°. Kartoniert, mit Schutzumschlag (= *Die Silbergäule.* 99–100.) Druck: EDLER & KRISCHE, Hannover

Auf dem Schutzumschlag Werbetext: »Dieses Buch ist angefüllt mit brünstiger Lebensglut. Es ist das Evangelium der großen Sinnlichkeit, das jede bürgerliche Moral verachtet und nur den Geist des Leibes gelten läßt.« Umschlaguntertitel: *Ein kleines Lehrbuch der Liebe.* – Vorzugsausgabe: 20 numerierte und vom Autor signierte Exemplare auf handgeschöpftem Bütten.

49 *Schwabinger Köpfe.* Scherenschnitte von **Ernst Moritz Engert.** Mit einleitender Prosa von HANS SCHIEBELHUTH. (1.–3. Tsd.) – Hannover (Copyright 1921). (8) S. + 36 gez. Bl. + (4) S. 8°. Pappband mit dem Scherenschnittporträt Blatt 4: EMMY HENNINGS, oder Blatt 34: FRITZ EHRHARDT (= *Die Silbergäule.* 80–82.) Druck: EDLER & KRISCHE, Hannover

Vorzugsausgabe: 10 numerierte und vom Künstler signierte Exemplare auf handgeschöpftem Bütten. – Widmung: »Dem Hause Fürmann zu eigen«.

50 **Gustave Flaubert** *Der Büchernarr.* (Deutsch von Johann Frerking.) Mit [3] Lithographien von Alfred Kubin. – Hannover, Leipzig, Wien, Zürich [1921]. 34 (2) S. Gr. 8°. Schwarzer Pappband (= *Die Silbergäule.* 101–106.) Druck: EDLER & KRISCHE, Hannover

Übertragung der frühen Erzählung *Bibliomanie.* Die Lithos auf 3 nicht gez. Blättern im Text. Nach dem Zeugnis des ersten KUBIN-Monographen ERNST WILLY BREDT handelt es sich um »durch photomechanischen Prozeß auf den Stein gebrachte Zeichnungen« (E. W. BREDT: *Alfred Kubin,* 1922, S. 118). – Vorzugsausgabe: 50 numerierte Exemplare auf Bütten in Ganzpergament, alle Lithos vom Künstler signiert. (= RAABE 149) Gedruckt in Fraktur. Veränderte Neuauflage vgl. unter Nr. 92.

51 *Hanswursts Hochzeit oder Der Lauf der Welt.* Ein mikrokosmisches Drama von **Goethe** – Hannover (1921). 55 (1) S. 8°. Pappband

»Dieses Werk, herausgegeben von Prof. Dr. Wolfgang Stammler, wurde 1921 als Privatdruck für Subskribenten in einer Auflage von 320 Exemplaren bei Edler & Krische in Hannover hergestellt. Zwanzig Exemplare wurden auf Kaiserlich-Japan-Bütten abgezogen und handschriftlich numeriert.« – ›Vorspruch‹ (S. 7–18) und ›Nachrede‹ (S. 54 f.) von W. STAMMLER.

52 **Hölderlin** *Die späten Hymnen.* Herausgegeben von RUDOLF VON DELIUS. (1.–3. Tsd.) – Hannover [1921]. 58 S. Gr. 8°. Pappband (= *Die Silbergäule.* 119–125.)
Druck: EDLER & KRISCHE, Hannover

Um sieben Fragmente vermehrt gegenüber einer ebenfalls von RUDOLF VON DELIUS besorgten Ausgabe der *Hymnen,* die im Herbst 1919 in München als 8. Buch der Rupprechtpresse unter der Leitung von F. H. EHMCKE in 200 Exemplaren gedruckt worden war. Gedruckt in Fraktur.

53 **Berta Lask** *Senta.* Eine Lebenslinie in acht Szenen. – Hannover (Copyright 1921). 37 (3) S. Gr. 8°. Kartoniert mit Schutzumschlag (= *Die Silbergäule.* 89–90.)
Druck: EDLER & KRISCHE, Hannover

Widmung: »Meinem Mann«.

54 **Kurt Martens.** *Der Emigrant.* Novelle. (Umschlagzeichnung von AUBREY BEARDSLEY. 2.–4. Tsd.) – Hannover (1921). 56 (8) S. 8°, Pappband (= *Die Silbergäule.* 8–9.)
Druck: JULIUS KLINKHARDT, Leipzig

Veränderte Neuauflage von Nr. 16.

55 *Weltgericht. Die Tragödie der Urlaute A E I O U* von **Jan van Mehan** [d. i. **Hans Havemann**]. (1.–3. Tsd.) – Hannover, Leipzig, Wien, Zürich (Copyright 1921). 22 (2) S. Gr. 8°. Kartoniert (= *Die Silbergäule.* 83–84.)
Druck: EDLER & KRISCHE, Hannover

Auf dem Umschlag vor dem Titel: *Neue holländische Kunst* und unter dem Titel und dem Verlagssignet: »Völker befreit! Hier ist das Erste Drama der Ur-Kunst; ohne Sätze, ohne Worte; nur die primitiven Ausdrucksmittel der Gebär-den und der Vokale A E I O U gestalten die rasende Handlung dieses Dramas, das ein junger Dichter in die Welt warf. Alle Erdgeborenen: Ihr Holländer, Chinesen, Franzosen, Australneger, Berliner, Eskimos; ihr Heizer, Friseure, Milliardäre, Professoren, Kommis, kniet in Anbetung vorm Laut, der die Erde noch einmal dem Anfang entrollt!« – Unter dem Vorwort S. (5) Datierung mit fingierter Ortsangabe: »DEN HAAG, Mai 1920.«

56.2   57   58

56.1   *Der Weiße Knabe.* Die Geschichte einer seltsamen Liebe von **Kurt Münzer** ([Einbandentwurf von WALTER] SCHACHT. 1.–3. Tsd.) – Hannover und Leipzig (1921). (8) 66 (6) S. 8°. Pappband und Halbleinen in unterschiedlicher Farbstellung (= *Die Silbergäule.* 147–151.)
Druck: DR. C. WOLF & Sohn, Universitäts-Buchdruckerei, München

56.2   (4.–8. Tsd.) – Hannover und Leipzig (1923). Kartoniert und Pappband (Typographie gegenüber 56.1 vereinfacht).
Druck: DR. C. WOLF & Sohn, Universitäts-Buchdruckerei, München

57   *NG. Veröffentlichung der November Gruppe.* Hrsg. von H(ANS) S(IEBERT) v. HEISTER & R[AOUL] HAUSMANN. (Der farbige Umschlag wurde von HANNA[H] HÖCH entworfen.) Heft 1 [mehr nicht erschienen]. – Hannover (Mai 1921). 48 S. 4°. Kartoniert
Druck: NEUENDORFF & MOLL, Weißensee

Enthält Texte von RUDOLF ADRIAN DIETRICH, OTTO FREUNDLICH, SALOMO FRIEDLAENDER, RAOUL HAUSMANN, HANS SIEBERT VON HEISTER, OSWALD HERZOG, HANNAH HÖCH, WILHELM MORGNER und GEORG SCHOLZ; Abbildungen nach RUDOLF BELLING, HEINRICH VON BODDIEN, OTTO DIX, HEINZ FUCHS, H. S. v. HEISTER, OSWALD HERZOG, MAX KRAUSE, ALESSANDRO MAGNASCO, MORIZ MELZER, WILHELM MORGNER, OTTO MÖLLER (Originalholzschnitt auf S. 43), KURT H. ROSENBERG (drei Original-Linolschnittvignetten auf S. 5, 17 und 31), WILHELM SCHMID, ARTUR SEGALL, GEORG TAPPERT und KARL VÖLKER. Geplant waren vier Hefte pro Jahr. – »Eine einmalige Vorzugsausgabe dieses Heftes wurde in fünfzig numerierten Exemplaren hergestellt und von den Herausgebern und den Künstlern der abgebildeten Werke, soweit sie in Berlin wohnen, signiert.«

58.1   *Die Dinte wider das Blut.* Ein Zeitroman von **Artur Sünder** ([d. i.] **Hans Reimann**). 39. wildgewordene und vermasselte Auflage. 640.–683. Tausend. (Umschlagzeichnung von WALTER SCHACHT. 1.–5. Tsd.) – Hannover und Leipzig (1921). 39 (9) S. 8°. Kartoniert (= *Die Silbergäule.* 132–134).
Druck: OSCAR BRANDSTETTER, Leipzig

58.2   (Verbesserte und vermehrte Auflage. 6.–10. Tsd.) – Hannover und Leipzig 1921. 39 (9) S. 8°. Kartoniert
Druck: OSCAR BRANDSTETTER, Leipzig

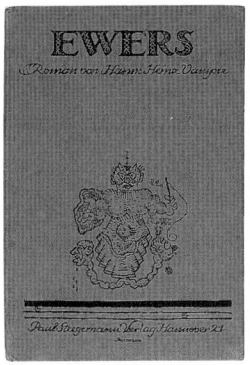 

59   60

58.3   (Verbesserte und vermehrte Auflage. 11.–20. Tsd.) – Hannover und Leipzig 1921. 39 (9) S. 8°. Kartoniert
Druck: Oscar BRANDSTETTER, Leipzig

58.4   (Verbesserte und vermehrte Auflage. 21.–30. Tsd.) – Hannover und Leipzig 1922. 39 (1) S. + 26 (2) S. 8°. Kartoniert
Druck: Oscar BRANDSTETTER, Leipzig

58.5   (Verbesserte und vermehrte Auflage. 31.–35. Tsd.) – Hannover und Leipzig (1923). 39 (1) S. 8°. Kartoniert
Druck: Oscar BRANDSTETTER, Leipzig

58.6   (Verbesserte und vermehrte Auflage. 36.–40. Tsd.) – Berlin (1929). 39 (1) S. 8°

Die »verbesserten und vermehrten« Auflagen sind in Wahrheit nicht verändert. Die Auflage von 1922 enthält zusätzlich auf 26 (2) Seiten im Anhang das Verlagsverzeichnis ›Zwei Jahre Verleger. Von Dada bis Laotse‹.

59.1   *Ewers.* Ein garantiert verwahrloster Schundroman in Lumpen, Fetzchen, Mätzchen und Unterhosen von **Hanns Heinz Vampir.** CCXIXCVIIIIX. Auflage. (Die Parodie schrieb und den Einband zeichnete **Hans Reimann.** 1.–10. Tsd.) – Hannover, Paris, Trippstrill (August) 1921. 83 (13) S. 8°. Kartoniert und Pappband (= *Die Silbergäule.* 139–146.)
Druck: Oscar BRANDSTETTER, Leipzig

59.2   (11.–20. Tsd.) – Hannover, Paris, Trippstrill 1922. 83 (1) + 26 (2) S. 8°. Kartoniert und Pappband
Druck: Oscar BRANDSTETTER, Leipzig

In der Erstausgabe (Nr. 59.1) die falsche Reihenzählung: 137–146. Im Anhang der Auflage von 1922 auf 26 (2) Seiten das Verlagsverzeichnis ›Zwei Jahre Verleger‹. Beide Auflagen enthalten auf S. 75–83 Auszüge aus REIMANNS COURTHS-MAHLER-Parodie (vgl. Nr. 80).

60   **Heinar Schilling** *Freundschaft.* Gedichte 1914–1919. (Neue Ausgabe der *Ersten* und *Frühen Gedichte,* 9. u. 10 Tsd.) [Umschlagzeichnung von WALTER O. GRIMM.] – Hannover, Leipzig 1921. 79 (5) S. Gr. 8°. Kartoniert (= *Die Silbergäule.* 128–131.)
Druck: Lehmannsche Buchdruckerei, Dresden

61   62 Kartonage   63

Vorzugsausgabe: 50 numerierte und vom Autor signierte Exemplare auf
Japanpapier. – Die Bände *Erste Gedichte* und *Frühe Gedichte* von SCHILLING
erschienen bis zum 6. Tausend im RUDOLF KAEMMERER Verlag, Dresden,
danach in der dreibändigen Werkausgabe *Versuche (1913/1919)* im Dresdner
Verlag. Darauf bezieht sich der Auflagenvermerk der Steegemann-Ausgabe.

61   **Alexander Seidel** *Daß ich Sebastian sei.* (Titelholzschnitt von ALEXANDER
SEIDEL. I. Tsd.) – Hannover, Leipzig, Wien, Zürich (Copyright 1921). 46 (2) S.
Gr. 8°. Kartoniert (= *Die Silbergäule*. 126 – 127.)
Druck: HEINRICH DREISBACH, Flörsheim a. M.

62   [**Walter**] **Serner.** *Zum blauen Affen.* Dreiunddreißig hahnebüchene Geschichten. – Hannover, Leipzig, Wien, Zürich (Copyright 1921). 209 (5) S. 8°. Kartoniert (mit Zeichnung) mit typographischem Schutzumschlag und Pappband
(rote Variante mit Zeichnung; grüne Variante mit typographischem Entwurf
von WALTER SCHACHT). (= *Die Silbergäule*. 91 – 98.)
Druck: EDLER & KRISCHE, Hannover.

Vorzugsausgabe: 50 numerierte und vom Autor signierte Exemplare auf Zanders-Dickdruckpapier in Halbpergament (in der Sammlung EGIDIO MARZONA
Exemplar Nr. 26). –   Von wem die Umschlagzeichnung der hellen Kartonum-
schläge und roten Pappbände stammt, konnte ich nicht ermitteln. – Widmung:
»Marietta! Marietta!! Marietta!!!« Veränderte Neuauflage vgl. unter Nr. 103.

63   **Ferd**[**inand**] **Timpe** *Wendepunkte.* Vier groteske Striche. (Umschlagzeichnung
von THEODOR PAUL ETBAUER, Hamburg. I. u. 2. Tsd.) – Hannover (Copyright
1921). 40 S. 8°. Kartoniert (= *Die Silbergäule*. 137 – 138.)
Druck: JULIUS KLINKHARDT, Leipzig

Untertitel auf dem Umschlag: *Grotesken*

63a *Freundinnen/Amies.* Von **Paul Verlaine.** Deutsche und französische Ausgabe
besorgt von CURT MORECK. – [Hannover: Paul Steegemann Verlag 1921.]
(32) S. 4°

»Diese Ausgabe wurde für Curt Moreck und seine Freunde als Privatdruck in
500 numerierten Exemplaren auf handgeschöpftem Bütten abgezogen und
kommt nicht in den Handel.« – Eine Ausgabe der Übertragung von MORECK
mit 7 Radierungen von R. R. JUNGHANNS war schon ca 1919 im C. P. Chryse-
liusschen Verlag in Berlin erschienen.

64 65 67

64 *Das Buch der irdischen Mühe und des himmlischen Lohnes* von **Wang-Siang.**
Übertragen von KLABUND [d. i. ALFRED HENSCHKE]. (1.–3. Tsd.) – Hannover
(1921). 21 (3) S. 8°. Kartoniert (= *Die Silbergäule.* 109–110.)
Druck: Dr. C. WOLF & Sohn, Universitäts-Buchdruckerei, München

Von wem die Umschlagzeichnung stammt, konnte ich nicht ermitteln.

1922

65 [**Jules Amédée**] **Barbey D'Aurevilly** *Das Gastmahl der Lästerer.* Eine grausame
Novelle. (Autorisierte Übertragung von ARTHUR SCHURIG. [Umschlagzeich-
nung von ERNST SCHÜTTE.] 1.–3. Tsd.) – Hannover (1922). 64 (4) S. 8°.
Pappband
Druck: JULIUS KLINKHARDT, Leipzig

Auszug aus *Les Diaboliques.* – Umschlagtitel: *Die Kinder des Teufels. Das Gastmahl der Lästerer. Eine grausame Erzählung.*

66.1 *Liebesgeschichten des Orients* mit einleitender Prosa von **Franz Blei.** – Hannover
(1922). 214 (2) S. 8°. Illustrierter Pappband
Druck: JULIUS KLINKHARDT, Leipzig

Aus dem Impressum: »in 800 Exemplaren im Januar 1922 gedruckt«.

66.2 (2. u. 3. Tsd.) – Hannover (1923). 214 (2) S. 8°. Illustrierter Pappband
Druck: JULIUS KLINKHARDT, Leipzig

66.3 (4.–8. Tsd.) – Hannover (1923). 214 (2) S. 8°. Illustrierter Pappband
Druck: JULIUS KLINKHARDT, Leipzig

Anstelle von »mit einleitender Prosa« heißt es in den Neuauflagen: »mit
einem Vorwort«.

67 **Edward Bulwer** *Die Geisterseher.* Eine okkulte Erzählung. (Deutsche Übertragung von RAINER MARIA SCHULZE [d. i. PAUL STEEGEMANN]. [Umschlagzeich-
nung von ERNST SCHÜTTE.]) – Hannover (1922). 61 (3) S. 8°. Pappband
Druck: JULIUS KLINKHARDT, Leipzig

Auf dem Umschlag vor dem Titel der Zusatz: *Abenteuer und Magie.*

69   70   71   72

68   *Der intime Balzac.* Anekdoten. Nach dem Französischen des **Léon Gozlan**
von Ossip Kalenter [d. i. Hanns Burkhardt]. Mit einem Nachwort von
Arthur Schurig. (1.–3. Tsd.) – Hannover (1922). 138 (6) S. 8°. Pappband
und Halbleder
Druck: Julius Klinkhardt, Leipzig

Widmung: »Robert von Anacker und Manfred Schäffer zugeeignet vom Übersetzer«. – »Zwanzig Exemplare wurden auf handgeschöpftem Bütten abgezogen und in Ganzleder gebunden«.

69   **Kurt Hiller** *§ 175: die Schmach des Jahrhunderts!* (1.–3. Tsd.) – Hannover 1922.
(4) 132 (4) S. 8°. Kartoniert und Pappband
Druck: Oscar Brandstetter, Leipzig

Widmung: »DIR und allen menschlichen Menschen in Deutschland«. –
Die ›Vorrede‹ ist datiert »Oktober 1921«, das ›Nachwort aus der Höhe‹
»28. Dezember 1921«.

70   *Das goldene Dresden.* Eine Arabeske von **Ossip Kalenter** [d.i. **Hanns Burkhardt**].
([Umschlagzeichnung von Adolf Kobitzsch.] 1.–3. Tsd.) – Hannover und
Leipzig (1922). 67 (5) S. 8°. Pappband (= *Die Silbergäule.* 152.)
Druck: Dr. Kurt Säuberlich, Leipzig

Widmung: »Unsrer Lieben Frauen von Dresden«. Gedruckt in Fraktur.

71   *Die Idyllen um Sylphe* von **Ossip Kalenter** [d. i. **Hanns Burkhardt**]. [Umschlag-
zeichnung von Adolf Kobitzsch.] – Hannover und Leipzig (Mai 1922).
(2) 26 (6) S. 8°. Pappband (= Die Silbergäule. 153.)
Druck: Dr. Kurt Säuberlich, Leipzig

Widmung: »Für H. D.« – S. (28): »Geschrieben im Herbst, Winter und Früh-
ling von 1920 auf 21«. Gedruckt in Fraktur.

72   *Die Satanspuppe.* Verse von **Felix Brazil** [d. i. **Wilhelm Klemm**]. ([Umschlag-
zeichnung von Emil Orlik.] 1. u. 2. Tsd.) – Hannover (1922), 59 (5) S. Gr. 8°.
Kartoniert und Pappband
Druck: Julius Klinkhardt, Leipzig

In dem Verlagsverzeichnis »Zwei Jahre Verleger« kommentiert Paul Steegemann: »Felix Brazil ist das Pseudonym eines bekannten Dichters, dem die
deutsche Mentalität nicht gestattet, seinen Namen zu nennen.«

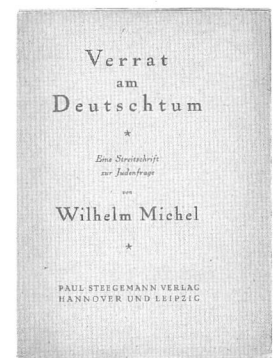

74   75   76

73.1 *Des **Laotse** Tao te king.* Deutsch von F. FIEDLER. Hrs. von GUSTAV WYNEKEN.
(1.–3. Tsd.) – Hannover (1922). 97 (3) S. 8°. Pappband
Druck: OSCAR BRANDSTETTER, Leipzig.

Bauchbinde mit Werbetext: »Diese neue Ausgabe vom Heiligen Buche Chinas
ist nur zu vergleichen mit Luthers Bibelübertragung: Klar, hart, eindeutig […]«
Im ›Nachwort‹, S. 89–(98), wertet WYNEKEN diese deutsche Ausgabe als die
›klassische‹ deutsche Übersetzung des Textes und erläutert (S. 93): »Fiedlers
Übersetzung ist im Jahre 1899 entstanden und war nur handschriftlich in
einem kleinen Freundeskreis verbreitet; veröffentlicht habe ich sie zum ersten
Mal für einen kleinen Leserkreis in der ›Freien Schulgemeinde‹ [Wickersdorf],
Juli 1918. Fiedler ist im Jahre 1900, noch nicht 25jährig, aus unserer Mitte
geschieden.«

73.2 (4.–6. Tsd.) – Hannover (1923). 97 (3) S. 8°. Pappband
Druck: OSCAR BRANDSTETTER, Leipzig.

74 *Erinnerungen an Caruso.* Von **Emil Ledner,** Geheimer Intendanzrat. Mit einem
Vorwort von LEO BLECH, Generalmusikdirektor der Berliner Staatsoper.
(1.–10. Tsd.) – Hannover und Leipzig (1922). 91 (13) S. + 12 nicht gez. Tafeln.
Gr. 8°. Kartoniert und Pappband
Druck: Dr. KURT SÄUBERLICH, Leipzig.

Der Umschlagtitel läßt den Käufer eine Autobiographie CARUSOS erwarten:
Caruso. Erinnerungen. Mit vielen Bildern, Karikaturen und Briefen hrsg. von
seinem Impresario Emil Ledner. – Im Anhang das Verlagsverzeichnis ›3 Jahre
Verleger‹ (9 nicht gez. S.).

75.1 *Verrat am Deutschtum.* Eine Streitschrift zur Judenfrage von **Wilhelm Michel.**
(1.–3. Tsd.) – Hannover und Leipzig (Copyright 1922). 47 (1) S. 8°. Kartoniert
Druck: OSCAR BRANDSTETTER, Leipzig

75.2 (4.–10. Tsd.) – Hannover und Leipzig (Copyright 1922). 47 (1) S. 8°. Kartoniert
Druck: OSCAR BRANDSTETTER, Leipzig.

76 *Gott Stinnes.* Ein Pamphlet gegen den vollkommenen Menschen von **Eugen
Ortner.** (Umschlagzeichnung von WALTHER SCHACHT. 1.–5. Tsd.) – Hannover
und Leipzig (Copyright 1922). 71 (1) S. Gr. 8°. Kartoniert und Pappband
Druck: OSCAR BRANDSTETTER, Leipzig.

Im Impressum: »Geschrieben Mai 1922«.

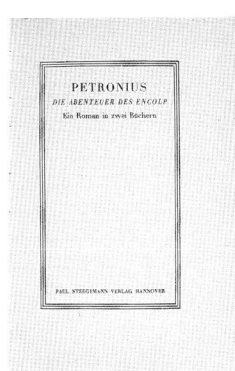

77

78

77 **Petronius** D*ie Abenteuer des Encolp.* Ein Roman in zwei Büchern. (Dieser Ausgabe liegt die deutsche Übertragung von WILHELM HEINSE zugrunde, gekürzt und überarbeitet von CURT MORECK.) – Hannover (1922). 210 (2) S. 8°
Pappband und Halbleder
Druck: JULIUS KLINKHARDT, Leipzig

»Das Buch wurde in 800 Exemplaren bei Julius Klinkhardt in Leipzig im Frühjahr 1922 gedruckt.«

78 **Edgar Allan Poe** *Die Abenteuer des Detektivs Dupin.* Illustriert von ERNST SCHÜTTE. Erster Band [mehr nicht erschienen]. (Übertragen von RAINER MARIA SCHULZE [d. i. PAUL STEEGEMANN]. [Umschlagzeichnung von ERNST SCHÜTTE.] 1.–3. Tsd.) – Hannover 1922. 126 (2) S. 8°. Kartoniert und Pappband
Druck: JULIUS KLINKHARDT, Leipzig

Auf dem Umschlag vor dem Titel der Zusatz: »Spione und Mörder«.
Enthält: *Der Mord in der Rue Morgue* und *Der Brief.* – Mit fünf ganzseitigen Zeichnungen.

79 **Hans Reimann** *Das verbotene Buch.* Grotesken und Schnurren. (Einbandzeichnung [und Frontispiz] von EMIL PREETORIUS. 7.–16. Tsd. Veränderte Ausgabe.) – Hannover und Leipzig (Copyright 1922). 148 (4) S. 8°.
Kartoniert und Pappband. Abb. S. 44.
Druck: OSCAR BRANDSTETTER, Leipzig

Die Erstausgabe erschien 1917 bei GEORG MÜLLER in München; das 4.–6. Tausend ebenda 1919.

80 *Hedwig Courths-Mahler. Schlichte Geschichten fürs traute Heim.* Erzählt von **Hans Reimann.** Geschmückt mit reizenden Bildern von GEORGE GROSZ. (30 Zeichnungen im Text und eine Umschlagzeichnung von George Grosz. 1.–10. Aufl.) – Hannover, Leipzig, Zürich (Copyright 1922). 199 (1) S. 8°.
Kartoniert. Abb. S. 37 und 45.

Ungewöhnliche Fassung der Verlagsangabe: »Import und Export, Paul Steegemann, Buchmacher«. S. 151 ff.: Auszüge aus den bei STEEGEMANN erschienenen Büchern REIMANNS und aus Rezensionen über REIMANN von HANS SCHIEBELHUTH, PETER PANTER (d. i. TUCHOLSKY) und KASIMIR EDSCHMID.

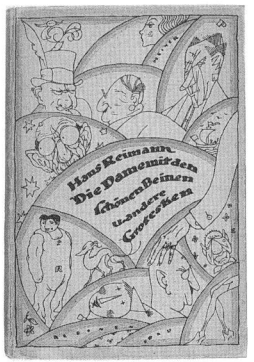

81   82

81   **Hans Reimann** *Die Dame mit den schönen Beinen und andere Grotesken.*
(Einbandzeichnung von EMIL PREETORIUS. 12.–21. Tsd. Veränderte Ausgabe.)
– Hannover und Leipzig (Copyright 1922). 140 (4) S. 8°. Kartoniert und
Pappband
Druck: OSCAR BRANDSTETTER, Leipzig

Die Erstausgabe erschien 1916 bei GEORG MÜLLER in München; das 7.–11.
Tausend ebenda 1919.

82.1   *Sächsische Miniaturen von* **Hans Reimann.** Mit vierzehn Zeichnungen von
GEORGE GROSZ [13 im Text und eine Umschlagzeichnung]. (6.–15. Tsd.) –
Hannover und Leipzig [1922]. 84 (12) S. 8°. Broschur und Pappband
Druck: Dr. KURT SÄUBERLICH, Leipzig

Widmung: »Meiner lieben Vaterstadt gewidmet!«

82.3   (21.–23. Tsd.) – Hannover und Leipzig (1924). 84 (12) S. 8°. Broschur und
Pappband
Druck: JULIUS KLINKHARDT, Leipzig.

82.4   (24.–26. Tsd.) – Hannover und Leipzig (1926). 84 (8) S. 8°. Broschur und
Halbleinen
Druck: JULIUS KLINKHARDT, Leipzig

82.5   (27.–30. Tsd.) – Berlin und Leipzig (1928). 84 (8) S. 8°. Broschur und
Halbleinen
Druck: JULIUS KLINKHARDT, Leipzig

Die Originalausgabe – wohl 5000 Exemplare – erschien 1921 im Verlag Der
Drache in Leipzig; STEEGEMANN übernahm einen Teil der Auflage, überdruck-
te auf dem Umschlag die alte Verlagsangabe und setzte darüber: »Paul
Steegemann · Verlag · Hannover«. – STEEGEMANN zeigt noch in Büchern von
1922 das 20. Tausend dieses Titels an; also mag in diesem oder dem nächsten
Jahr das 16.–20. Tausend erschienen sein. Als 1923 ein zweiter Band der
Sächsischen Miniaturen erscheint, wird der Vorgänger mit dem Nebentitel
Sächsische Miniaturen von Hans Reimann. Erster Band versehen.
Veränderte Neuauflage unter dem Titel *Die Gadze und andere Sächsische
Miniaturen* vgl. unter Nr. 159.

  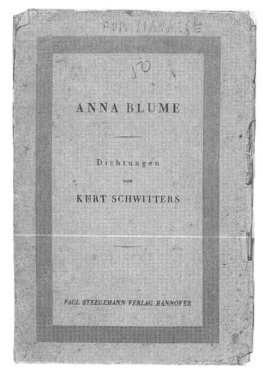

83 84 85

83 **Hans Reimann** *Das Paukerbuch.* Skizzen vom Gymnasium. (Umschlagzeichnung von GEORGE GROSZ. 5.–14. Tsd.) – Hannover und Leipzig (1922). 116 (4) S. 8°. Kartoniert und Pappband
Druck: OSCAR BRANDSTETTER, Leipzig

Die Erstausgabe erschien 1918 bei GEORG MÜLLER in München im 1.–4. Tausend. – Im Impressum: »Geschrieben während des Monats Oktober 1916 in Podhajce, Lipica Dolna und anderen ostgalizischen Dörfern.« Widmung: »Für Peter und Frank meine beiden Jungens!« Veränderte Neuauflage unter dem Titel *Lausbub in Leipzig* vgl. unter Nr. 143.

84 **Roda Roda** [d. i. **Sandór Friedrich Rosenfeld**] *Eines Esels Kinnbacken.* Veränderte Ausgabe des Buches *Schwefel über Gomorrha.* ([Umschlagzeichnung von ALBERT WEISGERBER.] Der neuen Fassung 1.–10., des Buches 19.–28. Tsd.) – Hannover und Leipzig (Copyright 1922). 172 (6) S. 8°. Broschur und Pappband
Druck: Dr. KURT SÄUBERLICH, Leipzig

Umschlag-Untertitel: *Schwänke und Satiren.* – Die Erstausgabe erschien 1906 unter dem Titel *Eines Esels Kinnbacke. Schwänke und Schnurren, Satiren und Gleichnisse* bei SCHUSTER & LOEFFLER in München und Berlin; eine erweiterte Neuauflage unter dem Titel *Schwefel über Gomorrha* 1909 in Berlin im selben Verlag.

85 **Kurt Schwitters** *Anna Blume.* Dichtungen. (Umschlagzeichnung von KURT SCHWITTERS. 11.–13. Tsd.) – Hannover 1922. 82 (6) S. 8°. Broschur
(= *Die Silbergäule.* 39–40.)
Druck: JULIUS KLINKHARDT, Leipzig

Veränderte Neuauflage von Nr. 20. – Die Exemplare, die mir vorlagen, haben einen schlichten typographischen Umschlag. Die Umschlagzeichnung steht also entweder auf einem in diesen Fällen verlorengegangenen Schutzumschlag; oder der Vermerk über die Zeichnung ist irrtümlich aus den vorangegangenen Auflagen übernommen worden.

86 **Stendhal** *Elf Liebesabenteuer.* Ins Deutsche übertragen von FRANZ BLEI. (1.–10. Tsd.) – Hannover (1922). 94 (6) S. 8°. Kartoniert und Pappband, mit Zeichnung
Druck: JULIUS KLINKHARDT, Leipzig

87   88   89

87   *Der Klub der Selbstmörder* von **Robert Louis Stevenson,** illustriert von ERNST SCHÜTTE. (Übertragen von RAINER MARIA SCHULZE [d. i. PAUL STEEGEMANN]. [Umschlagzeichnung von ERNST SCHÜTTE.] 1.–3. Tsd.) – Hannover und Leipzig 1922. 86, 26 (2) S. 8°. Kartoniert und Pappband
Druck: OSCAR BRANDSTETTER, Leipzig

Auf dem Umschlag vor dem Titel der Zusatz: »Spieler und Abenteurer«. Mit vier ganzseitigen Zeichnungen. – Im Anhang des Buches auf 26 (2) Seiten das Verlagsverzeichnis ›Zwei Jahre Verleger‹.

88   **Robert Louis Stevenson** *Der Mann mit den zwei Gesichtern.* Die seltsame Geschichte von Dr. Jekyll und Herrn Hyde. (Übertragen von W[ILHELM EMANUEL] SÜSKIND. [Umschlagzeichnung von ERNST SCHÜTTE.] 1.–5. Tsd.) – Hannover (1922). 131 (5) S. 8°. Kartoniert und Pappband
Druck: JULIUS KLINKHARDT, Leipzig

Auf dem Umschlag vor dem Titel der Zusatz: »Der große Kriminalroman«.

89   **Voltaire** *Candide.* Eine Erzählung. Mit achtundzwanzig Federzeichnungen von ALFRED KUBIN. (Deutsch von JOHANN FRERKING. 1.–3. Tsd.) – Hannover (1922). (8) 145 (1) S. 4°. Pappband und Leinen
Druck: POESCHEL & TREPTE, Leipzig

Mit Bildertitel (gleichzeitig Deckelprägung) und 27 Illustrationen, davon 21 ganzseitig (Strichätzungen). S. 139–(146): »Nachwort des Übersetzers«, datiert: »Hannover, 29. Oktober 1922.« – Vorzugsausgabe: 50 numerierte Exemplare auf Bütten in Saffian. (= Raabe 183)

90   *Der Priester und der Meßnerknabe.* Eine Erzählung von **Oscar Wilde.** (Übertragen und mit einem Nachwort versehen von RAINER MARIA SCHULZE [d. i. PAUL STEEGEMANN]. Umschlagzeichnung von JOHN HÖXTER. 1.–10. Tsd.) – Hannover (Dezember 1922). 43 (5) S. 8°. Kartoniert und Pappband, Druck der Umschlagzeichnungen in verschiedenen Farbstellungen (grün auf beige, rot auf gelb)
Druck: JULIUS KLINKHARDT, Leipzig.

Plagiat des Verlegers an der Übersetzung von ERNST SANDER; STEEGEMANN wurde deswegen im April 1923 in Braunschweig zu einer Geldstrafe verurteilt. Vgl. S. 72 f., Abb. S. 48 und Bibliographie Nr. 116.

Nr. 108, Umschlagzeichnung von Paul Simmel

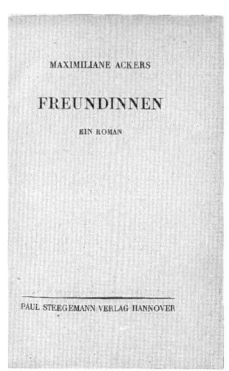

91.1 Titelblatt   93   94

1923

91.1 **Maximiliane Ackers** *Freundinnen.* Ein Roman. (1. u. 2. Tsd.) – Hannover
(Copyright 1923). (2) 164 (4) S. 8°. Kartoniert und Pappband
Druck: JULIUS KLINKHARDT, Leipzig

Umschlag-Untertitel: *Ein Roman unter Frauen.* – »Zehn Exemplare wurden auf
Bütten abgezogen und von der Autorin handschriftlich signiert.«

91.2 (3. u. 4. Tsd.) – Hannover (1924). (2) 164 (4) S. 8°. Kartoniert und Pappband
Druck: JULIUS KLINKHARDT, Leipzig

91.3 (5. u. 6. Tsd.) – Berlin (1927). 164 S. 8°. Leinen
Druck: JULIUS KLINKHARDT, Leipzig

91.4 (7. – 10. Tsd.) – Berlin (1928). 164 (4) S. 8°. Leinen
Druck: JULIUS KLINKHARDT, Leipzig

92 **Gustave Flaubert** *Der Büchernarr.* (Deutsch von JOHANN FRERKING.). Mit vier
Zeichnungen von ALFRED KUBIN. (4. – 8. Tsd.) – Hannover (1923). 51 (5) S.
Gr. 8°. Pappband
Druck: POESCHEL & TREPTE, Leipzig

Veränderte Neuauflage von Nr. 50. – Mit 4 ganzseitigen Illustrationen
(Strichätzungen). (= Raabe 225)

93 **Adolf von Hatzfeld** *Aufsätze.* (1. – 3. Tsd.) – Hannover (Copyright 1923).
213 (3) S. 8°. Broschur und Pappband
Druck: Dr. KURT SÄUBERLICH, Leipzig

Widmung: »Dietlof von Arnim zugeeignet«.

94 *Franziskus.* Eine Erzählung von **Adolf von Hatzfeld.** (Das Titelbild, Originallithographie, zeichnete ERNST BARLACH. 4. – 8. Tsd.) – Hannover (Copyright
1923). (4) 114 (6) S. Gr. 8°. Broschur und Pappband
Druck: POESCHEL & TREPTE, Leipzig

Die Originalausgabe erschien 1918 bei PAUL CASSIRER in Berlin. – Die Deutsche Verlags-Anstalt in Stuttgart veröffentlichte 1925 einen Neudruck vom
Satz der STEEGEMANN-Ausgabe.

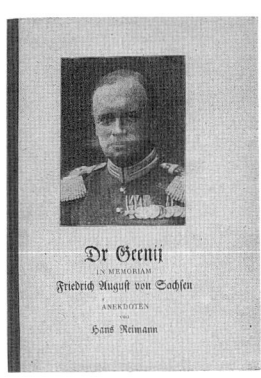

96   98   99

95 **Adolf von Hatzfeld** *Gedichte.* (3. u. 4. Tsd.) – Hannover (Copyright 1923). (2)
64 (4) S. Gr. 8°. Broschur und Pappband
Druck: Dr. KURT SÄUBERLICH, Leipzig

Widmung: »Dem Andenken Gisela Finkenstädts«. – Das 1. u. 2. Tausend dieser Ausgabe konnte ich nicht nachweisen.

96 **Adolf von Hatzfeld** *Die Lemminge.* Ein Roman. (1.–5. Tsd.) – Hannover und
Leipzig (Copyright 1923). 189 (3) S. 8°. Broschur und Pappband
Druck: DR. KURT SÄUBERLICH, Leipzig

Die Deutsche Verlags-Anstalt in Stuttgart veröffentlichte 1925 eine Titelauflage
der STEEGEMANN-Ausgabe.

97 *Der abendländische Zeus.* Aufsätze über Rudolf Steiner, Oswald Spengler,
Hölderlin u. a. Von **Wilhelm Michel.** (1.–3. Tsd.) – Hannover und Leipzig
(Copyright 1923). 79 (1) S. 8°. Broschur
Druck: OSCAR BRANDSTETTER, Leipzig

98 *Dr Geenij.* In memoriam Friedrich August von Sachsen von **Hans Reimann.**
(1.–50. Tsd.) – Hannover und Leipzig (Copyright 1923). 72 (8) S. 8°. Broschur
und Pappband (auf dem Umschlag ein Photo des »verflossenen« Königs
FRIEDRICH AUGUST).

Nebentitel: *Sächsische Miniaturen von Hans Reimann. Dritter Band.* –
Vorzugsausgabe: 100 numerierte Exemplare auf Bütten, »wovon die Exemplare Nr. 1–27 als Fürstenausgabe gelten«.

99.1 **Hans Reimann** *Mein Kabarettbuch.* Mit sechzehn Zeichnungen von PAUL
SIMMEL. (1.–5. Tsd.) – Hannover und Leipzig (1923). 81 (15) S. 8°. Broschur
und Pappband
Druck: DR. KURT SÄUBERLICH, Leipzig

99.2 (6.–10. Tsd.) – Hannover und Leipzig (1924). 81 (15) S. 8°. Broschur und
Pappband
Druck: JULIUS KLINKHARDT, Leipzig

Im Reklameanhang beider Auflagen sind Dokumente zur Wirkungsgeschichte
von REIMANNS Anekdotensammlung *Dr Geenij* (vgl. Nr. 98) zusammengestellt.

Erstausgabe im Elena Gottschalk Verlag, Berlin 1925,
Umschlagzeichnung von Hans Bellmer, vgl. Nr. 128

Erstausgabe im Elena Gottschalk Verlag, Berlin 1925,
Umschlagzeichnung von Hans Bellmer, vgl. Nr. 131

100   102   103

100   *Sächsische Miniaturen* von **Hans Reimann.** (Zweiter Band.) Mit 20 Zeichnungen von PAUL SIMMEL [richtig: 18 im Text und eine Umschlagzeichnung].
(1.–15. Tsd.) – Hannover und Leipzig (1923). 123 (5) S. 8°. Broschur und
Pappband
Druck: DR. KURT SÄUBERLICH, Leipzig

Widmung: »Herrn Professor G. Winter in Meißen und Ironie gewidmet!« –
Veränderte Neuauflage vgl. unter Nr. 144.

101.1   *Das Land Gottes.* Das Gesicht des neuen Amerika von **Herman George
Scheffauer.** (Einzige durch den Verfasser autorisierte Übersetzung von TONY
NOAH. 1.–5. Tsd.) – Hannover (1923). 254 (2) S. Gr. 8°. Kartoniert und
Pappband
Druck: DR. KURT SÄUBERLICH, Leipzig

Widmung: »Meinem teuren Freunde John L. Stoddard dem Vorbild edelsten
Amerikanertums gewidmet«. Das ›Vorwort‹ (S. 5–8) ist datiert: »Berlin,
Februar 1923«.

101.2   (6. u. 7. Tsd.) – Hannover (1926). 254 (2) S. 8°. Pappband und Leinen
Druck: JULIUS KLINKHARDT, Leipzig

Veränderte Neuauflage vgl. Nr. 141.

102   *Der elfte Finger.* Fünfundzwanzig Kriminalgeschichten von **Walter Serner.**
(Umschlagzeichnung von TOULOUSE-LAUTREC. 1.–5. Tsd.) – Hannover (1923).
260 (4) S. 8°. Broschur und Pappband
Druck: JULIUS KLINKHARDT, Leipzig

Eine Titelauflage hiervon wird 1927 ein Bestandteil der Kassette *Die Bücher
von Walter Serner.*

103   *Zum blauen Affen.* Dreiunddreißig hahnebüchene Geschichten von **Walter
Serner.** (Umschlagzeichnung von Toulouse-Lautrec. 2.–6. Tsd.) – Hannover
(1923). 229 (3) S. 8°. Broschur und Pappband
Druck: JULIUS KLINKHARDT, Leipzig

Veränderte Neuauflage von Nr. 62. – Eine Titelauflage hiervon wird 1927 ein
Bestandteil der Kassette *Die Bücher von Walter Serner.*

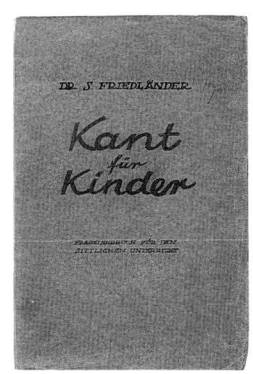

104   106   107

104 **Dési Stinnes** *Die Söhne.* Acht Szenen. (Mit acht Steinzeichnungen von ERNST
SCHÜTTE. I. Aufl.) – Hannover und Leipzig (Copyright 1923). 85 (3) S. Gr. 8°.
Pappband
Druck: POESCHEL & TREPTE, Leipzig

Vorzugsausgabe: 50 numerierte und von der Autorin signierte Exemplare auf
Bütten.

1924

105 **Emil Belzner** *Die Hörner des Potiphar.* Groteskes Mysterium. – (Hannover
Copyright 1924.) (2) 85 (5) S. Gr. 8°. Pappband
Druck: DR. KURT SÄUBERLICH

»Die erste Auflage wurde in 200 Exemplaren bei Dr. Kurt Säuberlich in
Leipzig gedruckt. Zehn Exemplare wurden auf Bütten abgezogen und vom
Autor handschriftlich signiert.« Büttenexemplare in Ganzleder. – »Meinem
lieben und sehr geehrten Freunde Henry G. de László in London gewidmet.«

106 *Das Kuriositäten-Kabinett der Literatur.* Von **Franz Blei.** (I.–3. Tsd.) – Hannover
(Copyright 1924). 439 (I) S. 8°. Kartoniert, Halbleinen und Leinen
Druck: JULIUS KLINKHARDT, Leipzig

Vorzugsausgabe: 100 numerierte und vom Autor signierte Exemplare auf Bütten. – Personenregister (S. 431–437) bearbeitet von MAX KANTOROWICZ.

107 *Kant für Kinder.* Fragelehrbuch zum sittlichen Unterricht von **Dr. S[alomo]
Friedlaender.** (I.–3. Tsd.) – Hannover (Copyright 1924). 92 (4) S. Gr. 8°.
Kartoniert und Pappband
Druck: JULIUS KLINKHARDT, Leipzig, Abb. S. 129.

Umschlag-Untertitel: *Fragelehrbuch für den sittlichen Unterricht.* – Widmung:
»Meinem Kinde Heinz Ludwig«.

108 *Raffke & Cie. Die neue Gesellschaft.* Roman von **Artur Landsberger,** illustriert
von Paul Simmel. ([Farbige Umschlagzeichnung von Paul Simmel.] 37.–47.
Tsd.) – Hannover (Copyright 1924). 312 (8) S. 8°. Kartoniert und Halbleinen
Druck: JULIUS KLINKHARDT, Leipzig. Abb. S. 129.

Ich habe nur Exemplare mit dem Auflagenvermerk 37.–47. Tsd. nachweisen
können. Vermutlich handelt es sich um eine Neuauflage des Romans *Die neue*

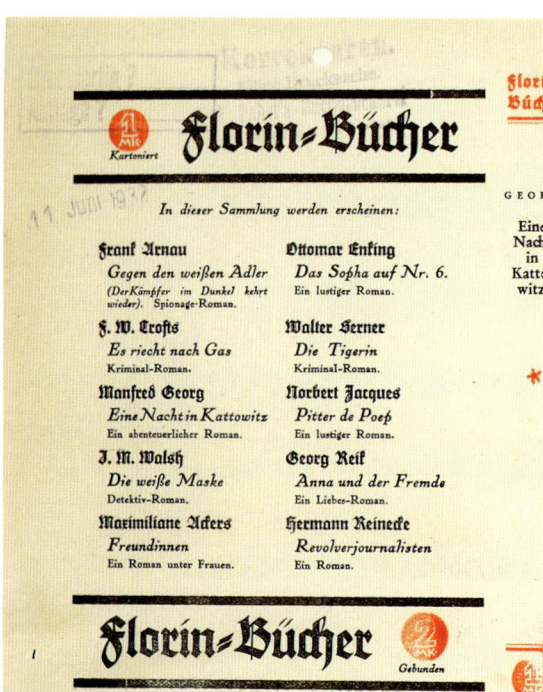

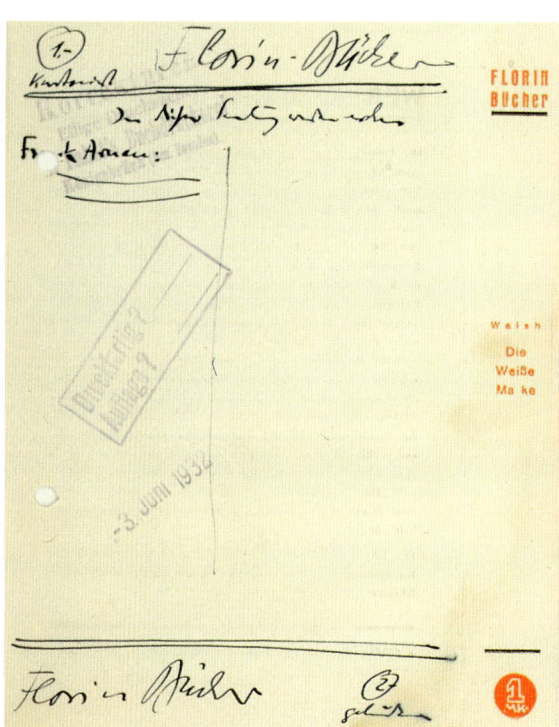

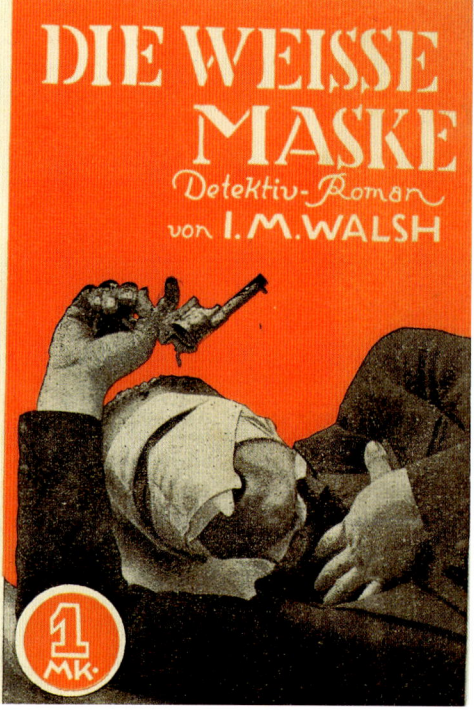

Andrucke für Schutzumschläge der geplanten
Florin-Bücher, Nr. 265 und 313 (DLA Marbach)

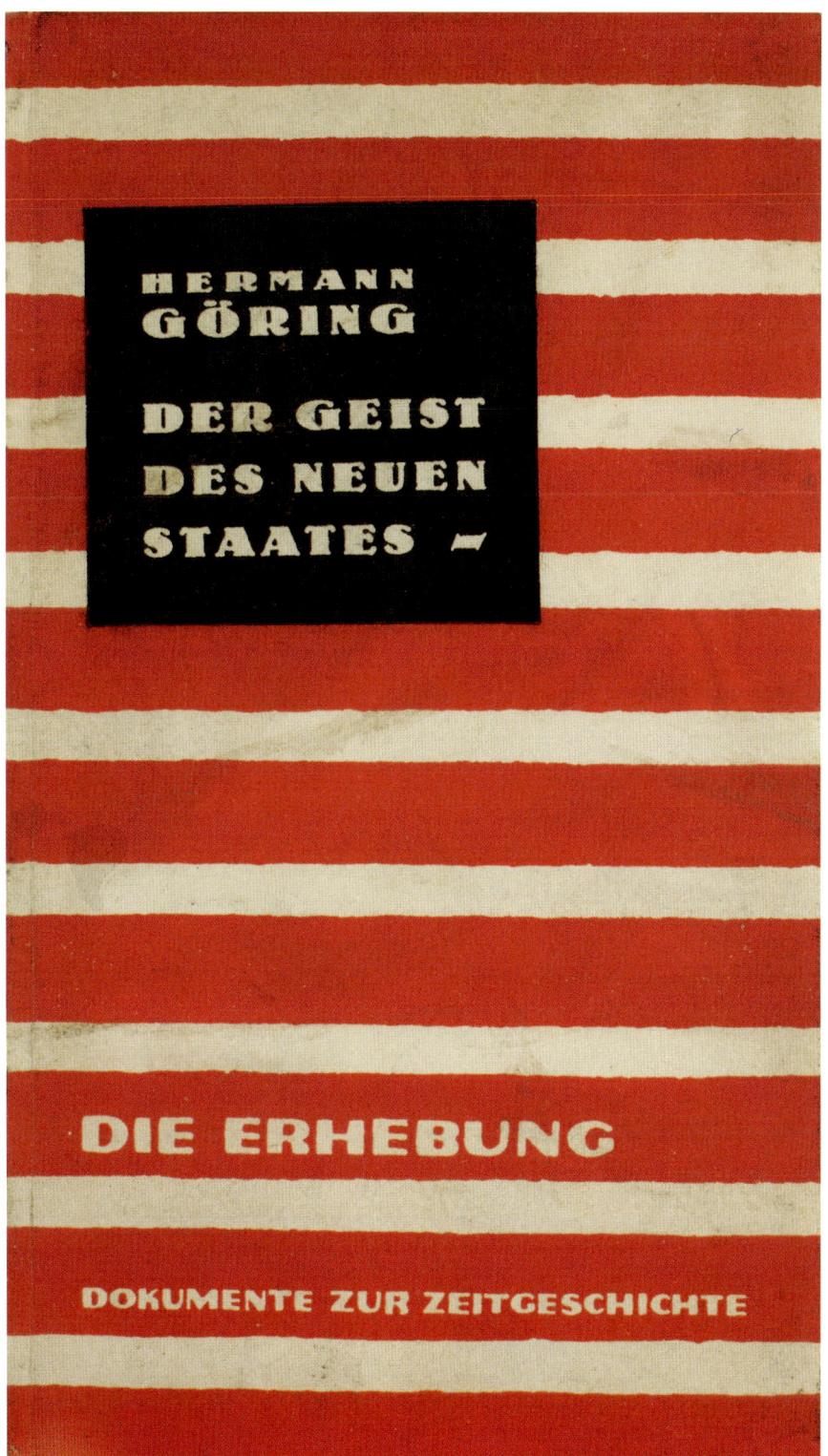

HERMANN
GÖRING

DER GEIST
DES NEUEN
STAATES —

DIE ERHEBUNG

DOKUMENTE ZUR ZEITGESCHICHTE

Nr. 164, Reihen-Einbandentwurf von F. A. Wittig

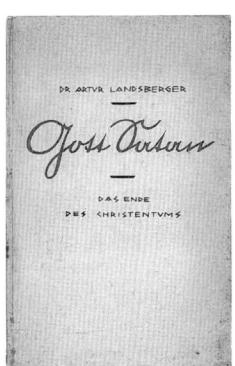

109   111   112

Gesellschaft von 1917. Eine im Nachwort für den Herbst 1924 angekündigte Fortsetzung *Raffke II. Der neue Mensch* (vgl. Nr. 278) ist nicht erschienen.

109   *Gott Satan oder Das Ende des Christentums.* Von **Dr. Artur Landsberger.** (1.–10. Tsd.) – Hannover (Copyright 1924). 136 (2) S. Gr. 8°. Broschur und Pappband Druck: Mandruck A. G., München

Titelauflage der 1923 im Münchner Verlag O. W. Barth erschienenen Erstausgabe. – Wohl noch 1924 veranstaltet Steegemann eine neue Titelauflage unter dem Titel *Schwarze Messen.*

110   *Ernst und Falk.* Gespräche für Freimaurer von **Gotthold Ephraim Lessing.** (Dieses Buch wurde herausgegeben und mit einem Nachwort versehen von Johann Frerking. 1.–3. Tsd.) – Hannover (1924). 157 (3) S. Kl. 8°. Pappband Druck: Dr. Kurt Säuberlich, Leipzig

111   *Tünnes.* Schwänke und Schnurren von **Hans Müller-Schlösser.** Mit 20 Zeichnungen von Paul Simmel [19 im Text und eine farbige auf dem Umschlag]. (1.–10. Tsd.) – Hannover und Leipzig (1924). 102 (10) S. 8°. Broschur und Halbleinen.
Nebentitel: *Rheinische Miniaturen von Hans Müller-Schlösser. Erster Band* (mehr nicht erschienen).
Druck: Julius Klinkhardt, Leipzig

112   *Jüdische Miniaturen.* Schnurren und Schwänke von **Paul Nikolaus.** Mit 11 Zeichnungen von Paul Simmel [10 im Text und eine farbige auf dem Umschlag]. (1.–5. Tsd.) – Hannover und Leipzig (Copyright 1924). 168 (8) S. 8°. Broschur und Halbleinen
Druck: Julius Klinkhardt, Leipzig

Widmung: »Dem Andenken des Grafen Zeppelin gewidmet«. Veränderte Neuauflage vgl. unter Nr. 122.

113   **Hans Reimann** *Literarisches Albdrücken.* (2. Aufl.) – Hannover (Copyright 1924). (10) 106 (2) S. 8°. Broschur und Halbleinen
Druck: Rudolf Gerstäcker, Leipzig

Graphische Ausstattung vom Verfasser; Vorwort von Hans Natonek. – Die Erstausgabe erschien 1919 im Leipziger Verlag Erich Matthes. Die Steegemann-Ausgabe ist eine Titelauflage der 1921 ebenfalls von Matthes in Leipzig und Hartenstein i. Erzgeb. als 50. Band der *Zweifäuster-Drucke* verlegten zweiten Auflage. Der Satz dieser Auflage stimmt mit dem der Erstausgabe überein.

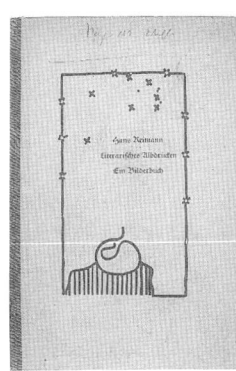

113 114 117

114 *Störtebeker.* Wochenschrift. Hrsg.: Paul Steegemann. Nr. 1–5 [mehr nicht erschienen]. – Hannover 1924. 120 S. Gr. 8°. Kartonierte Hefte
Druck: Friedrich Culemann, Hannover

Die einzelnen Hefte der ›Wochenschrift‹ erschienen ohne Datum und enthalten Textbeiträge von Franz Blei, Gustav Bock (d. i. Paul Steegemann), Kasimir Edschmid, Johann Frerking, Manfred Georg, Kurt Hiller, Jan Hinnerk, Maximilian Kraemer, Artur Landsberger, Théodore Le Singe (d. i. Theodor Lessing), Theodor Lessing, Hans Müller-Schlösser, Munkepunke (d. i. Alfred Richard Meyer), Hans Reimann, Erich Maria Remarque, Christian Schad, Herman George Scheffauer, K. S. (d. i. Karl Schodder), Walter Serner, Veit Spiegel, Ludwig Sternheim, Tabulator (d. i. ?); Zeichnungen von George Grosz und Paul Simmel.

115 **Leopold von Wiese** *Kindheit.* Erinnerungen aus meinen Kadettenjahren. (1.–3. Tsd.) – Hannover (1924). 95 (1) S. Gr. 8°. Broschur und Pappband
Druck: Julius Klinkhardt, Leipzig

Widmung: »Meinen drei Kindern zugeeignet«.

116 *Der Priester und der Meßnerknabe und andere apokryphe Erzählungen* von **Oscar Wilde.** (Die Übertragung der Erzählung: *Der Priester und der Meßnerknabe* – ist von Sibylle Blei. Die beiden anderen Geschichten sind von Franz Blei übersetzt. Umschlagzeichnung von John Höxter. 1.–3. Tsd.) – Hannover (1924). 53 (3) S. 8°. Halbleinen. Abb. S. 48.
Druck: Julius Klinkhardt, Leipzig

»Diese ›Apokryphen Schriften‹ erscheinen als Ergänzungsband zu den von Franz Blei herausgegebenen *Gesammelten Werken* von Oscar Wilde.« Diese Werkausgabe ist nicht erschienen.

1925

117 *Schwäbische Miniaturen.* Schnurren und Schwänke von **Alfred Auerbach.** Mit 13 Zeichnungen von Ernst Hummel [12 im Text und eine farbige auf dem Umschlag]. (1.–3. Tsd.) – Hannover und Leipzig (Copyright 1925). 116 (4) S. 8°. Kartoniert und Halbleinen
Druck: Julius Klinkhardt, Leipzig.

Im Impressum: »Unbefugter Vortrag wird, so leid es mir auch tut, als Diebstahl verfolgt.«

Nr. 182, Umschlagzeichnung von Herbert Döblin

Nr. 189, Umschlagzeichnung von Eduard Hedtstück

118   119   120

118   *Vertell! Vertell!* Schwänke und Schnurren von der Wasserkante, neu erzählt von
Otto Ernst. (Mit 15 Zeichnungen von H. W. Krug [14 im Text und eine farbige
auf dem Umschlag]. 1.–5. Tsd.) – Hannover und Leipzig (Copyright 1925).
169 (7) S. 8°. Kartoniert und Halbleinen
Nebentitel: *Niederdeutsche Miniaturen von Otto Ernst.*
Druck: Julius Klinkhardt, Leipzig

119   *Der Franzl und andere Habsburger-Anekdoten* von **Fred Heller.** (Umschlagzeichnung von Rud. Herrmann, Wien. 1.–3. Tsd.) – Hannover und Leipzig (Copyright 1925). 117 (3) S. 8°. Kartoniert und Halbleinen
Nebentitel: *Oesterreichische Miniaturen von Fred Heller. Erster Band* (mehr nicht
erschienen, vgl. Nr. 271).
Druck: Julius Klinkhardt, Leipzig

120   *Aufwertung für Laien und angehende Juristen in leichtverständlicher Darstellung
mit Beispielen.* Von Rechtsanwalt Dr. jur. **[Friedrich] Kist** unter Mitwirkung von
Dr. jur. Schönfeld, in Hannover. (1.–3. Tsd.) – Hannover (Copyright 1925).
(6) 37 (5) S. Gr. 8°. Kartoniert
Druck: Briefpostkartenfabrik, Druck- und Verlagsgesellschaft m.b.H.,
Hannover

»Meiner lieben Mutter gewidmet«.

121   *Berlin ohne Juden.* Roman von **Artur Landsberger.** (1.–10. Tsd.) – Hannover
(Copyright 1925). 330 (6) S. 8°. Kartoniert und Leinen (Umschlagentwurf signiert: »L«)

Eine Titelauflage der Steegemann-Ausgabe erschien 1926 im Wiener Löwit
Verlag. – Widmung: »Dem Retter Deutschlands«. S. (6): Bismarck-Motto.

122   *Jüdische Miniaturen.* Schnurren und Schwänke von **Paul Nikolaus.** Mit 11
Zeichnungen von Paul Simmel [10 im Text und eine farbige auf dem
Umschlag]. (6.–10. Tsd.) – Hannover und Leipzig (1925). 174 (2) S. 8°

Veränderte Neuauflage von Nr. 112. – Widmung: »Meinem lieben Onkel Rabin
Dranath Tagore und seiner Frau Berta geb. Oppenheimer«. – Gegenüber der
Erstausgabe (Nr. 112) vermehrt um ›1000 Worte Jüdisch (Erste Lieferung)‹
(S. 163–166) und ein ›Nachwort zur zweiten Auflage‹ (S. 167 f.), das die Kon-
troverse Steegemanns mit Reimann um die Weiterverwendung des ›Minia-
turen‹-Titels dokumentiert.

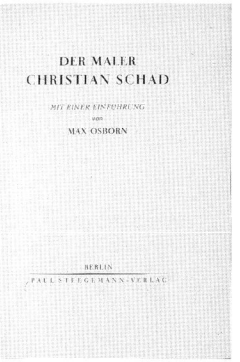

121 125 126 Titelblatt

1926

123 **Friedrich Koch-Wawra** *Auf nach Karthago!* – Leipzig (Copyright 1926).
77 (3) S. 8°. Halbleinen
Druck: WALTER GRÜTZMACHER, Berlin

Widmung: »Teure Friedel Haustein!«

124 *Der verhaftete Doktortitel.* Von **Friedrich Koch-Wawra** – Hannover (und Leipzig)
(Copyright 1926). 30 (2) S. 8°

Auf dem Umschlag die Widmung: »Der philosophischen Fakultät der Universität Münster«. Im Buch: »Für Marie Ney«. – Das Vorwort ist datiert: 1. Januar
1926.

125 *Das Geheimnis der kalten Mamsell.* Schnurren und Schwänke von **Hermann
Richter.** ([Farbige Umschlagzeichnung von R. vom Endt.] 1.–3. Tsd.) –
Hannover und Leipzig (Copyright 1926). 216 S. 8°. Kartoniert und Pappband
Druck: OTTO THIELE, Halle (Saale)

1927

126 *Der Maler Christian Schad.* Mit einer Einführung von MAX OSBORN. – Berlin
[1927]. (2) 19 (1) S. + 14 ungez. Tafeln. Gr. 8°. Pappband
Druck: GUSTAV WENZEL & Sohn, Braunschweig

127 *Letzte Lockerung.* Ein Handbrevier für Hochstapler und solche die es werden
wollen. Von **Walter Serner.** (Titelzeichnung [Schutzumschlag] von CHRISTIAN
SCHAD. 4.–6. Tsd. des ersten Teils, 1.–3. Tsd. des zweiten Teils.) – Berlin
(1927). 215 (5) S. 8°. Leinen mit Schutzumschlag
Druck: GUSTAV WENZEL & Sohn, Braunschweig

Wesentlich vermehrte Ausgabe von Nr. 39. – Widmung: »Anton von Hoboken
gewidmet«. – 1. Teil: ›Das prinzipielle Handbrevier‹ (S. 7–82); 2. Teil: ›Das
praktische Handbrevier‹ (S. 83–217).

127   128   129   130

128   *Der Pfiff um die Ecke.* Zweiundzwanzig Kriminalgeschichten von **Walter Serner.** (Umschlagzeichnung [Schutzumschlag] von CHRISTIAN SCHAD. 1.–3. Tsd.) – Berlin [1927]. 253 (3) S. 8°. Leinen mit Schutzumschlag
Druck: JULIUS KLINKHARDT, Leipzig

Titelauflage der Erstausgabe, die 1925 als 4. Band der *Sammlung Die tollen Bücher* mit einer Umschlagzeichnung von HANS BELLMER im Berliner ELENA GOTTSCHALK Verlag erschienen war (vgl. Abb. S. 132). – »Dorothée Herz gewidmet«

129   *Posada oder Der große Coup im Hotel Ritz.* Ein Gauner-Stück in drei Akten von **Walter Serner.** (Titelzeichnung [Schutzumschlag] von CHRISTIAN SCHAD. 1.–3. Tsd.) – Berlin (1927). (4) 194 (2) S. 8°. Leinen mit Schutzumschlag
Druck: JULIUS KLINKHARDT, Leipzig

Umschlagentwurf vgl. Abb. S. 12. Dieser STEEGEMANN-Ausgabe ging 1926 ein wohl von SERNER selbst veranstalteter Druck in vermutlich nur wenigen Exemplaren voraus: Wien: Dezember-Verlag (Copyright 1926). 221 (3) S. 8 ° - Ein Exemplar mit der gestempelten Verlagsangabe befindet sich in der Sammlung KURT PINTHUS im Deutschen Literaturarchiv in Marbach a. N., ein Exemplar ohne Verlagsangabe in der Sammlung EDIGIO MARZONA, Bielefeld (Druck: WALDHEIM- EBERLE A.G., Wien; Kartoniert).

130   *Die tückische Straße.* Neunzehn Kriminalgeschichten von **Walter Serner.** (Titelzeichnung [Schutzumschlag] von CHRISTIAN SCHAD. 1.–3. Tsd.) – Berlin (1927). 253 (3) S. 8°. Leinen mit Schutzumschlag
Druck: Julius Klinkhardt, Leipzig

Nach Mitteilung CHRISTIAN SCHADS ging dieser STEEGEMANN- Ausgabe (wie der vorigen Nummer) ein von SERNER selbst veranstalteter Druck in kleiner Auflage voraus: Wien 1926.

131   *Die Tigerin.* Eine absonderliche Liebesgeschichte von **Walter Serner.** (Umschlagzeichnung [Schutzumschlag] von CHRISTIAN SCHAD. 1.–3. Tsd.) – Berlin [1927]. 175 (1) S. 8°. Leinen mit Schutzumschlag
Druck: JULIUS KLINKHARDT, Leipzig

Titelauflage der mit einer Umschlagzeichnung von HANS BELLMER erschienenen Erstausgabe von 1925 aus dem Berliner ELENA GOTTSCHALK Verlag (vgl. Abb. S 133). Am Schluß (S. 175) die Datierung: »Geschrieben 1921.«

131   102.2   103.2   132

Die Nummern 127 – 131 vereinigte STEEGEMANN 1927 mit Titelauflagen der
vorher in seinem Verlag erschienenen Bücher von WALTER SERNER, 102 und
103, in einer Kassette *Die Bücher von Walter Serner*. Abbildungen nach dem
Exemplar von Bettina Schad, vgl. Abb. S. 69.

102.2   *Der elfte Finger*. Fünfundzwanzig Kriminalgeschichten von **Walter Serner.**
(Umschlagzeichnung [Schutzumschlag] von [CHRISTIAN] SCHAD [im Impres-
sum noch die alte, nun falsche Angabe: TOULOUSE-LAUTREC]. I. – 5. Tsd.) –
Berlin [1927]. 260 (4) S. 8°. Leinen mit Schutzumschlag
Druck: JULIUS KLINKHARDT, Leipzig

103.2   *Zum blauen Affen*. Dreiunddreißig Kriminalgeschichten von **Walter Serner.**
(Umschlagzeichnung [Schutzumschlag] von CHRISTIAN SCHAD. 2. – 6. Tsd.) –
Berlin [1927]. 229 (3) S. 8°. Leinen mit Schutzumschlag
Druck: JULIUS KLINKHARDT, Leipzig

1928

132   **Ludwig Brinkmann** *Die Schatzgräber*. Eine unterhaltsame Geschichte aus
Spanien. ([Umschlagzeichnung von KARL HOLTZ.] I. – 5. Tsd.) – Berlin (Copy-
right 1928). 512 (4) S. 8°. Kartoniert und Leinen, beides mit Schutzumschlag
Druck: C. G. RÖDER GmbH, Leipzig

1929

133   **Roger de Campagnolle** *Der andere Christus*. Eine Weltchristmette. Sprechchor
in Rhythmen. – Berlin und Leipzig (1929). 118 (2) S. Gr. 8°
Druck: JULIUS KLINKHARDT, Leipzig

»Gedruckt bei Julius Klinkhardt in Leipzig 1929 in 1000 Exemplaren.«

134   *Die Limmburger Flöte*. Bericht über Pierre Nocké den berühmten Musikus aus
Limmburg der auf einer Flöte blasen konnte die er sich nicht erst zu kaufen
brauchte. Aufgezeichnet von **Norbert Jacques.** (I. – 3. Tsd.) – Berlin (Copyright
1929). 205 (3) S. Gr. 8°. Broschur und Halbleinen mit Schutzumschlag
(Umschlagzeichnung von WOLF)
Druck: JULIUS KLINKHARDT, Leipzig

Untertitel auf dem Umschlag: *Ein pantagruelischer Roman*. Die Erstausgabe,
illustriert von OTTOMAR STARKE, erschien 1927 in 120 Exemplaren als Privatdruck der Berliner Druckerei Gebr. Mann. Veränderte Neuauflagen vgl. unter
Nr. 183 und 197.

146

135   136   137   139

135   *Gardinen-Predigten* von **Katharina von Kardorff** und **Ada Beil** (1. – 4. Tsd.) – Berlin (1929). 211 (1) S. Gr. 8°. Kartoniert und Leinen, jeweils mit Schutzumschlag (Entwurf von KURON GOGOL).
Druck: JULIUS KLINKHARDT, Leipzig

136   **Artur Landsberger** *Die Unterwelt von Berlin*. Nach den Aufzeichnungen eines ehemaligen Zuchthäuslers. Mit einer Schlußbetrachtung von DR. MAX ALSBERG. (1. – 3. Tsd.) – Berlin (1929). 153 (3) S. 8°. Kartoniert und Halbleinen, farbiger Umschlagentwurf von KURON GOGOL.
Druck: JULIUS KLINKHARDT, Leipzig

Einleitendes Kapitel von LANDSBERGER ›Die Unterwelt von Berlin‹ (S. 7 – 27). Bericht eines Zuchthäuslers ›Die Unterwelt spricht‹ (S. 29 – 142). ›Schlußbetrachtung‹ von MAX ALSBERG (S. 143 – 153).

137   *Hat Erich Maria Remarque wirklich gelebt?* Der Mann. Das Werk. Der Genius. 1000 Worte Remarque. Von **Mynona** ([d. i.] **S**[alomo] **Friedlaender**).
(1. – 10. Tsd.) – Berlin (1929). 258 (6) S. 8°. Kartoniert und Halbleinen, jeweils mit Schutzumschlag
Druck: JULIUS KLINKHARDT, Leipzig

Umschlag-Untertitel: *Eine Denkmalsenthüllung.* Die Fotomontage auf dem Schutzumschlag ist signiert: KURON GOGOL. – Widmung: »Geweiht dem Andenken an J. B. Pérès«.

138   *Noah Hett, der König der Zauberer.* Ein Roman aus dem heutigen Amerika von **Martin Radt.** (1. – 3. Tsd.) – Berlin (1929). 187 (5) S. 8°. Leinen mit Schutzumschlag
Druck: JULIUS KLINKHARDT, Leipzig

»Meiner Schwester Else gewidmet«.

139.1   *Die voll und ganz vollkommene Ehe.* Nach Dr. Th. H. van de Velde von **Hans Reimann.** Medizynischer Verlag. (Umschlagzeichnung und Illustrationen von KARL HOLTZ. 1. – 10. Tsd.) – Berlin und Leipzig (1929). 141 (7) S. 8°. Kartoniert und Halbleinen, mit farbiger Umschlagzeichnung
Druck: JULIUS KLINKHARDT, Leipzig

Umschlaguntertitel: *Eine Parodie auf van de Velde.*
Widmung: »Meiner herztausigen Großmutti anläßlich ihrer Eignung zur Chauffeuse gewidmet«.

140   141   142

139.2 (11.–20. Tsd.) – Berlin und Leipzig (1929). 140 (8) S. 8°. Kartoniert und Halb-leinen, mit farbiger Umschlagzeichnung
Druck: Julius Klinkhardt, Leipzig

Umschlaguntertitel: *Eine Parodie auf van de Velde.*
Widmung: »Für Walter Mehring und für meine herztausige Großmutti anläß-lich ihrer Eignung zur Chauffeuse«.

139.3 (21. Tsd.) – Berlin und Leipzig (Copyright 1929). 141 (3) S. 8°

Weitere Angaben wie bei Nr. 139.2.

140   **Hans Reimann** *Männer, die im Keller husten.* Parodien auf Edgar Wallace.
(1.–12. Tsd.) – Berlin (1929). 219 (5) S. 8°. Kartoniert (mit Schutzumschlag)
und Halbleinen (mit illustriertem Einband)
Druck: Julius Klinkhardt, Leipzig

Umschlagbild: »Photomontage Kuron-Gogol; Ufa-Foto; Genthe-Leipzig«, dar-auf der Slogan: »Es ist unmöglich von Hans Reimann nicht parodiert zu sein!«
Widmung: »Das 1. Tausend ist Willy Schäffers gewidmet, der das Husten im Keller erfunden hat. Die übrigen Tausende: dem nordischen Walther Brüg-mann und dem weniger nordischen Eugen Lewin-Dorsch in Freundschaft.«

141   *Amerika »Das Land Gottes«.* Das Gesicht des neuen Amerika von **Herman George Scheffauer.** (Einzige durch den Verfasser autorisierte Übersetzung von Karl Federn. 8. u. 9. Tsd.) – Berlin (1929). (2) 271 (1) S. 8°. Kartoniert und Leinen
Druck: Julius Klinkhardt, Leipzig

Widmung: »Meinem teuren Freunde John L. Stoddard dem Vorbild edelsten Amerikanertums gewidmet«. – Veränderte Neuauflage von Nr. 101.

1930

142   *Die Gaffeeganne und andere Sächsische Miniaturen* von **Hans Reimann.**
([Umschlagzeichnung wohl von Karl Holtz.] 1.–6. Tsd.) – Berlin und Leipzig (Copyright 1930). 94 (2) S. 8°. Broschur und Halbleinen
Druck: Dr. Kurt Säuberlich, Leipzig.

Nebentitel: *Sächsische Miniaturen von Hans Reimann. Fünfter Band.*

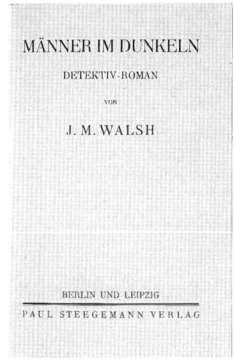

143   144   145 Titelblatt

143   *Lausbub in Leipzig.* Jugend-Erinnerungen von **Hans Reimann.** Mit vierzehn
Zeichnungen von Karl Holtz [13 im Text und eine Umschlagzeichnung].
(15.–20. Tsd. des *Paukerbuches.*) – Berlin und Leipzig (1930). 98 (2) S. 8°. Broschur und Halbleinen
Druck: DR. KURT SÄUBERLICH, Leipzig

Veränderte Neuauflage von Nr. 83. Nebentitel: *Sächsische Miniaturen von
Hans Reimann. Vierter Band.* – Mit den unter den Nummern 82, 100, 98, 143
und 142 verzeichneten Titeln liegen die *Sächsischen Miniaturen* nunmehr
abgeschlossen vor.

144   *Mathilde Müller und andere Sächsische Miniaturen* von **Hans Reimann.** Mit
sechzehn Zeichnungen von Paul Simmel [eine auf dem Umschlag wiederholt].
(16.–18. Tsd.) – Berlin und Leipzig (1930). 93 (3) S. 8°. Kartoniert und
Halbleinen
Druck: DR. KURT SÄUBERLICH, Leipzig

Veränderte Neuauflage von Nr. 100. – Nebentitel: *Sächsische Miniaturen von
Hans Reimann. Zweiter Band.* Widmung: »Herrn Professor G. Winter in
Meißen und Ironie gewidmet!«

145   *Männer im Dunkeln.* Detektiv-Roman von **J[ames] M[organ] Walsh.** (Autorisierte Übertragung des Romans *The Company of shadows* von KLAUS THOMAS.) –
Berlin und Leipzig [1930]. 256 (4) S. 8°. Kartoniert und Leinen, mit Schutzumschlag
Druck: Buchdruckerei des Waisenhauses, Halle a. d. Saale

146   *Die grünen Augen.* Detektiv-Roman von **J[ames] M[organ] Walsh.** (Autorisierte
Übertragung des Romans *The images of Hân* von DR. RICHARD PETERSEN.) –
Berlin und Leipzig [1930]. 236 (4) S. 8°

147   *Die weiße Maske.* Detektiv-Roman von **J[ames] M[organ] Walsh.** (Autorisierte
Übertragung des Romans *The white mask* von EVA MELLINGER.) – Berlin und
Leipzig [1930]. 224 (8) S. 8°

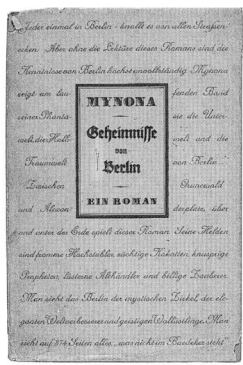

148   149   150

1931

148   *Gasgefahren im täglichen Leben.* Von Dr. med. **Clara Bender,** Breslau. –
Berlin und Leipzig (Copyright 1931). 32 S. Kl. 8°. Kartoniert, farbig illustriert
(= Miniaturbibliothek für Hauswirtschaft und Gesundheitspflege.)
Druck: Buchdruckerei des Waisenhauses, Halle a. d. Saale

149   *Geheimnisse von Berlin.* Ein Roman von **Mynona** ([d. i.] **S**[alomo] **Friedlaender**).
(Mit [6] Zeichnungen von L[othar] Hohmeyer.) – Berlin und Leipzig [1931].
374 S. 8°. Kartoniert und Leinen, mit Schutzumschlag
Druck: PETZSCHKE & GRETSCHEL, Dresden

Titelauflage des Buches *Graue Magie. Berliner Nachschlüsselroman,* das 1922 im
RUDOLF KAEMMERER Verlag in Dresden erschienen war.
Widmung: »Dem Philosophen Ernst Marcus dessen (leider noch nicht veröffentlichte) ›Theorie der natürlichen Magie‹ den spielerischen Vorspuk dieser
›grauen‹ erst ermöglicht hat.«

150   *Der Holzweg zurück oder Knackes Umgang mit Flöhen* von **Mynona** ([d. i.]
S[alomo] **Friedlaender**).– Berlin und Leipzig (Copyright 1931). 76 (4) S. Gr. 8°.
Kartoniert
Druck: Norddeutsches Druck- und Verlagshaus, Hannover

Das Buch trug bei Erscheinen eine Banderole mit der Aufschrift »Gegen Kurt
Tucholsky«. – »Gewidmet allen Kannitkantverstans«

151   *Der Mann aus Harek.* Detektiv-Roman von **J**[ames] **M**[organ] **Walsh.** (Autorisierte Übertragung des Romans *The Crimes of Cleopatra's needle* von KLAUS
THOMAS.) – Berlin und Leipzig [1931]. 248 (8) S. 8°. Kartoniert und Leinen,
mit Schutzumschlag
Druck: Buchdruckerei des Waisenhauses G.m.b.H., Halle a. d. Saale

152   *Simeon Hex.* Detektiv-Roman von **J**[ames] **M**[organ] **Walsh.** (Autorisierte
Übertragung des Romans *Exit Simeon Hex* von KLAUS THOMAS.) – Berlin und
Leipzig [1931]. 227 (5) S. 8°. Kartoniert und Leinen, mit Schutzumschlag
Druck: Buchdruckerei des Waisenhauses G.m.b.H., Halle a. d. Saale

153   *Schüsse in die Nacht.* Detektiv-Roman von **J**[ames] **M**[organ] **Walsh.** (Autorisierte Übertragung des Romans *The black ghost* von KLAUS THOMAS.) – Berlin
und Leipzig [1931]. 260 (4) S. 8°. Kartoniert und Leinen, mit Schutzumschlag
Druck: Buchdruckerei des Waisenhauses G.m.b.H., Halle a. d. Saale

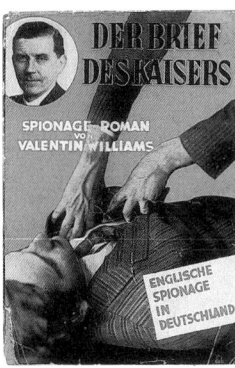

155

154 *5. Juli 14.* Spionage-Roman von **Valentin[e] Williams.** (Autorisierte Übertragung des Romans *The crouching beast* von LUIS BRINGER.) – Berlin und Leipzig [1931]. 290 (6) S. 8°. Kartoniert und Leinen, mit Schutzumschlag
Druck: MÄNICKE & JAHN AG., Rudolstadt

155 *Der Brief des Kaisers.* Spionage-Roman von **Valentin[e] Williams.** (Autorisierte Übertragung des Romans *The man with the clubfoot* von EVA MELLINGER.) – Berlin und Leipzig [1931]. 234 (2) S. 8°. Kartoniert und Leinen, mit Schutzumschlag
Druck: MÄNICKE & JAHN AG., Rudolstadt

Zusatz auf dem Schutzumschlag: »Englische Spionage in Deutschland«.

1932

156 *Es riecht nach Gas.* Detektiv-Roman von **F[reeman] W[ills] Crofts** [d. i. **Clara Bender**]. (Autorisierte Übertragung des Romans *Sudden death* von KARL SOHM.) – Berlin und Leipzig [1932]. 223 S. 8° (= *Florin-Bücher.*)

Bei diesem Buch der Breslauer Ärztin (vgl. Nr. 148) wurden nicht nur der Verfassername fingiert, sondern auch die Angaben zum angeblichen Originaltitel und Übersetzer, schließlich sogar – nachträglich – die Auflösung der abgekürzten Vornamen.

157 *Giftgefahren im täglichen Leben.* Von **H[ermann] Gerbis** – Berlin und Leipzig (1932). 31 (1) S. Kl. 8° (= Miniaturbibliothek für Hauswirtschaft und Gesundheitspflege.)

158 *Anti-Freud.* Heitere Geschichten von **Mynona** ([d. i.] **S[alomo] Friedlaender**). (Mit [10, davon eine (von S. 95) z. T. verwendet für den Umschlag] Zeichnungen von HANS BELLMER.) – Berlin und Leipzig [1932]. 183 (3) S. 8°. Kartoniert und Leinen, mit Schutzumschlag
Druck: HERROSÉ & ZIEMSEN G.m.b.H. & Co., Wittenberg (Bez. Halle).

Titelauflage des Buches *Das Eisenbahnglück oder der Anti-Freud*, das 1925 als zweiter Band der *Sammlung Die tollen Bücher* mit Zeichnungen von Hans Bellmer im Berliner Elena Gottschalk Verlag erschien. S. (5): Motto von Jean Paul und Widmung: »Herrn Professor S. Freud in Wien mit dem herzinnigsten ›Coeo, ergo sum!‹ gewidmet«.

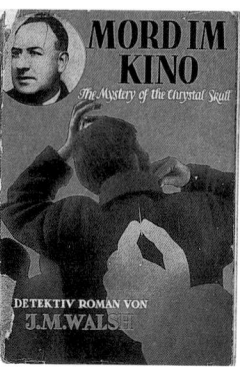

159   160 Titelblatt   161

159   *Die Gadze und andere Sächsische Miniaturen* von **Hans Reimann.** Mit vierzehn
Zeichnungen von GEORGE GROSZ [13 im Text und eine Umschlagzeichnung].
(31.–33. Tsd.) – Berlin und Leipzig (1932). 84 (8) S. 8°. Kartoniert und Halb-
leinen
Druck: Buchdruckerei des Waisenhauses G.m.b.H., Halle (Saale)
Veränderte Neuauflage von Nr. 82. – Nebentitel: *Sächsische Miniaturen von
Hans Reimann. Erster Band.*

160   *Der Mann hinter dem Vorhang.* Detektiv-Roman von **J[ames] M[organ] Walsh.**
(Autorisierte Übertragung des Romans *The man behind the curtain* von
KARL SOHM.) – Berlin und Leipzig [1932]. 214 (6) S. 8°. Kartoniert und Leinen,
mit Schutzumschlag
Druck: Buchdruckerei des Waisenhauses, Halle a. d. Saale

161   *Mord im Kino.* Detektiv-Roman von **J[ames] M[organ] Walsh.** (Autorisierte
Übertragung des Romans *The mystery of the crystal skull* von SCHMIDT-
SCHULZE.) – Berlin und Leipzig [1932]. 235 (5) S. 8°. Kartoniert und Leinen,
mit Schutzumschlag
Druck: Buchdruckerei des Waisenhauses, Halle a. d. Saale

1933

162   *Männer der Tat.* Spionage-Roman von **Frank Arnau** – Berlin und Leipzig
(Copyright 1933). 223 (1) S. 8°. Kartoniert und Leinen, mit Schutzumschlag
Druck: Buchdruckerei des Waisenhauses G.m.b.H., Halle a. d. Saale.

Fortsetzung des 1930 bei GOLDMANN in Leipzig erschienenen Romans
Kämpfer im Dunkel. – Vorzugsausgabe: 30 numerierte und vom Autor signierte
Exemplare auf Bütten, die nicht in den Handel kamen. (Vgl. S. 89)

163   **Wilhelm Frick** *Erziehung zum lebendigen Volke*. – Berlin (Copyright 1933).
47 (1) S. 8°. Pappband (= *Die Erhebung. Dokumente zur Zeitgeschichte.*)
Enthält die Titelansprache vom 9. Mai 1933 und die Ansprache ›Bevölkerungs-
und Rassenpolitik‹ vom 28. Juni 1933.

164   **Hermann Göring** *Der Geist des neuen Staates.* (Einbandentwurf von F. A. WIT-
TIG.) – Berlin (Copyright 1933). 45 (3) S. 8°. Pappband (= *Die Erhebung*. Doku-
mente zur Zeitgeschichte.)
Druck: MÄNICKE & JAHN A.-G., Rudolstadt. Abb. S. 137

Rede des Ministerpräsidenten vom 18. Mai 1933 im Preußischen Landtag.

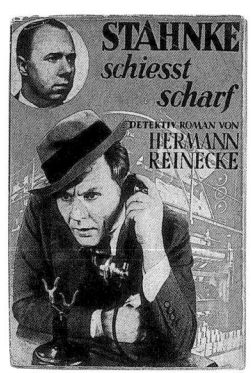

167   168   169   170

165 **Adolf Hitler** *Frieden und Sicherheit.* (Einbandentwurf von F. A. WITTIG.) – Berlin (Copyright 1933). 31 (1) S. 8°. Pappband (= *Die Erhebung.* Dokumente zur Zeitgeschichte.)

Rede im Deutschen Reichstag vom 17. Mai 1933.

166 *Nur nicht weich werden, Susanne!* Roman von **Peter Hagen** [d. i. **Willi Krause**]. – Berlin und Leipzig (1933). 181 S. 8°

167 **Peter Hagen** [d. i. **Willi Krause**]. *Soldat der Revolution.* (Einbandentwurf von F. A. WITTIG.) – Berlin (Copyright 1933). 47 (1) S. 8°. Pappband (= *Die Erhebung.* Dokumente zur Zeitgeschichte.)
Druck: MÄNICKE & JAHN A.G., Rudolstadt

»Dieses Spiel ist die Bearbeitung des Romans *SA-Kamerad Tonne* vom selben Verfasser. Es wurde am 10. Juli 1933 in der ›Stunde der Nation‹ über alle deutschen Sender uraufgeführt.« Die Romanvorlage erschien 1933 im Berliner »Freiheitsverlag«.

168 *Wir bauen eine Straße.* Von **Peter Hagen** [d. i. **Willi Krause**] und **Hans Jürgen Nierentz**. – Berlin (Copyright 1933). 45 (3) S. 8°. Pappband (= *Die Erhebung.* Dokumente zur Zeitgeschichte.)
Druck: MÄNICKE & JAHN A.G., Rudolstadt

»Diese Dichtung wurde am 5. August 1933 in der ›Stunde der Nation‹ über alle deutschen Sender uraufgeführt.« Eine Neuauflage erschien 1936 in der Hanseatischen Verlagsanstalt in Hamburg in der Reihe *Deutsche Spiele.*

169 *Stahnke schießt scharf.* Roman eines Erpressers von **Hermann Reinecke.** – Berlin und Leipzig (Copyright 1933). 240 S. 8°. Kartoniert und Leinen, mit Schutzumschlag
Druck: Buchdruckerei des Waisenhauses G.m.b.H., Halle a. d. Saale

170 **John Retcliffe** ([d. i.] HERMANN [OTTOMAR FRIEDRICH] GOEDSCHE). *Auf dem Judenkirchhof in Prag.* Eingeleitet und hrsg. von Dr. JOHANN VON LEERS. – Berlin (Copyright 1933). 46 (2) S. 8°. Pappband (= *Die Erhebung.* Dokumente zur Zeitgeschichte.)
Druck: MÄNICKE & JAHN A.G., Rudolstadt

Aus dem Roman *Biarritz* (1868 ff.).

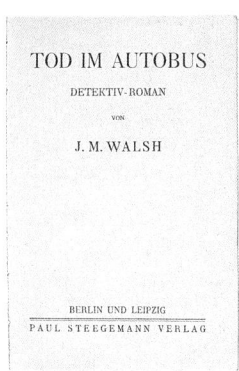

171 Titelblatt   173

171   *Tod im Autobus*. Detektiv-Roman von **J[ames] M[organ] Walsh.** (Autorisierte Übertragung des Romans *The Mystery of the green caterpillars* von KLAUS THOMAS.) – Berlin und Leipzig [1933]. 237 (3) S. 8°. Kartoniert und Leinen, mit Schutzumschlag
Druck: Buchdruckerei des Waisenhauses, Halle a. d. Saale

1934

172   *Nur nicht weich werden, Susanne!* Eine Komödie in 5 Aufzügen von **Friedrich Bubendey.** Nach dem gleichnamigen Roman von PETER HAGEN [d. i. WILLI KRAUSE]. – Berlin (Copyright 1934). 96 S. 8°. Pappband (= *Die Erhebung.* Dokumente zur Zeitgeschichte.)

Mehrfach angekündigt unter den Verfassernamen PETER HAGEN und HANNS DEYBEN. Die Romanvorlage vgl. unter Nr. 166 der Bibliographie. – Abweichend vom Umschlag lautet auf dem Titelblatt der Reihenuntertitel diesmal: *Eine neue Bücher-Reihe.*

173   **R[ichard] Walther Darré** *Im Kampf um die Seele des deutschen Bauern.* – Berlin (Copyright 1934). 61 (3) S. 8°. Pappband (= *Die Erhebung.* Dokumente zur Zeitgeschichte.)
Druck: HANEWACKER & Co., G.m.b.H., Berlin

Enthält Rundschreiben, einen offenen Brief und Reden.

174   **Wilhelm Frick** *Der Neuaufbau des Reichs.* – Berlin (Copyright 1934). 64 S. 8°. Pappband (= *Die Erhebung.* Dokumente zur Zeitgeschichte.)

Enthält vier Ansprachen.

175   **Adolf Hitler** *Führung und Gefolgschaft.* – Berlin (Copyright 1934). 61 (1) S. 8°. Pappband (= *Die Erhebung.* Dokumente zur Zeitgeschichte.)

»Die beiden großen Kultur-Reden des Reichskanzlers Adolf Hitler, am 1. und 3. September 1933 auf dem Parteitag in Nürnberg gehalten, sind hier vereinigt.«

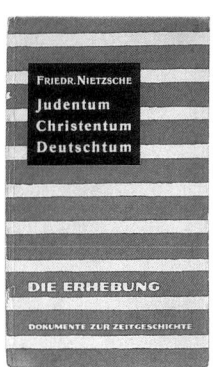
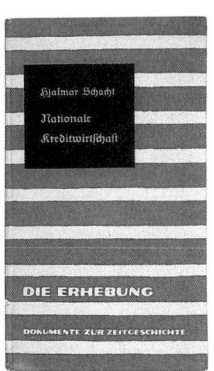

177   178   179   180

176 **Peter Hagen** [d. i. **Willi Krause**] *Lichtnacht der Wende.* – Berlin (Copyright 1934). 46 S. 8°. Pappband (= *Die Erhebung. Dokumente zur Zeitgeschichte.*)

»Diese Dichtung wurde am 24. Dezember 1933 in der ›Stunde der Nation‹ über alle deutschen Sender uraufgeführt.«

177 **Friedrich Nietzsche** *Judentum / Christentum / Deutschtum.* – Berlin [1934]. 84 S. 8°. Pappband (= *Die Erhebung. Dokumente zur Zeitgeschichte.*) Druck: August Hopfer, Burg bei Magdeburg

Auszüge aus den Werken Nietzsches. ›Nachwort‹ von Paul Bergenhagen.

178 **Hjalmar Schacht** *Nationale Kreditwirtschaft.* – Berlin (Copyright 1934). 51 (5) S. 8°. Pappband (= *Die Erhebung. Dokumente zur Zeitgeschichte.*) Druck: Mänicke & Jahn A.-G., Rudolstadt

Enthält sieben Ansprachen.

179 *Deutschland muß leben.* Gesammelte Briefe von **Albert Leo Schlageter.** Hrsg. und mit einem Nachwort versehen von Friedrich Bubendey. – Berlin (Copyright 1934). 77 (3) S. 8°. Pappband (= *Die Erhebung. Dokumente zur Zeitgeschichte.*) Druck: Mänicke & Jahn A.-G., Rudolstadt

Bauchbinde mit Werbetext: »Das heldische Leben und Sterben Schlageters findet in seinen Briefen einen erhebenden, erschütternden Ausdruck. Sie sind ein Vermächtnis, ein Zeugnis unvergänglicher Größe eines vorbildlichen Lebens; sie gehören in jedes deutsche Haus.« – S. (4): »Den Herren Dr. Peter Derichsweiler und Heinz Oskar Hauenstein sind Herausgeber und Verlag für das Zustandekommen dieser Sammlung zu großem Dank verpflichtet.« S. (5): Mottoverse von Baldur von Schirach.

180 **Goetz Otto Stoffregen** *Spuk in Frankreich.* Mit Zeichnungen von Hans Meid. – Berlin (Copyright 1934). 62 (2) S. 8°. Pappband (= *Die Erhebung. Dokumente zur Zeitgeschichte.*) Druck: August Hopfer, Burg bei Magdeburg

Enthält Erzählungen von Kriegs- und Nachkriegserlebnissen Deutscher in Frankreich: *Das Unheimliche, Der Reiter im Moor, Der Keller von Dompierre* und *Die drei Weisen im Graben.* – Reihenuntertitel auf dem Titelblatt (abweichend vom Umschlag): *Eine neue Bücher-Reihe.*

181   183   184

181 **Richard Wagner** *Das Judentum in der Musik.* – Berlin [1934]. 64 S. 8° .
Pappband (= *Die Erhebung.* Dokumente zur Zeitgeschichte.)
Druck: AUGUST HOPFER, Burg bei Magdeburg

Enthält neben dem Titel-Aufsatz die Schrift *Die Rache des Judentums.*

1949

182 *Orpheus in der Unterwelt.* Eine Parodie von **Werner Finck** und **Wilhelm
Meissner-Ruland.** (Umschlagzeichnung von HERBERT DÖBLIN.) – Berlin
(Herbst 1949). 32 S. Gr. 8°. Kartoniert (= *Die Bank der Spötter.*)
Druck: A. SEYDEL & Cie., Berlin. Abb. S. 140.

Von verschiedenen Heften der Reihe *Die Bank der Spötter* im ursprünglichen
›Magazin-Format‹ kommen gebundene Halbleinen-Exemplare vor, die zu je
drei Bänden in Schubern mit gedrucktem Reihen-Rückentitel erhältlich waren.

183 *Pitter de Poep oder Die Limmburger Flöte.* Ein sehr heiterer Roman von **Norbert
Jacques.** (Umschlagzeichnung von EDUARD HEDTSTÜCK.) – Berlin (Herbst
1949). 31 (1) S. Gr. 8°. Kartoniert (= *Die Bank der Spötter.*)
Druck: A. SEYDEL & Cie., Berlin

Veränderte Neuauflage von Nr. 134. – Eine weitere veränderte Neuauflage vgl.
unter Nr. 197.

184 **Friedrich Theodor Vischer** *Faust.* Der Tragödie dritter Teil. Treu im Geiste des
zweiten Teils des Goetheschen Faust gedichtet von Deutobold Symbolizetti
Allegoriowitsch Mystifizinsky. Mit einem Vorwort von WERNER FINCK.
(Umschlagzeichnung von EDUARD HEDTSTÜCK.) – Berlin (Herbst 1949). 48 S.
Gr. 8°. Kartoniert (= *Die Bank der Spötter.*)
Druck: A. SEYDEL & Cie., Berlin.

Umschlagtitel: *Faust/Dritter Teil. Parodie.*
Auf der Rückseite des Titelblatts eine kurze Vorbemerkung PAUL STEEGE-
MANNS über den Autor.

185

187

1950

185   *Hinter dem Hoftheater gleich links um die Ecke.* Jugenderinnerungen von **Karl Escher.** (Umschlagzeichnung von HANS THIEMANN.). – Berlin (Copyright 1950). 52 S. Gr. 8°. Kartoniert (= *Die Bank der Spötter.*)
Druck: A. SEYDEL & Cie., Berlin

186   **Ursula Kardos** *Hellsehen.* Hundert Fälle aus meiner Praxis. (1.–3. Tsd.) – Berlin (Copyright 1950). 228 S. 8°. Kartoniert und Leinen, jeweils mit Schutzumschlag
Druck: A. SEYDEL & Cie., Berlin

›Einführung‹ von HANS VON NOORDEN (S. 6–8).

187   **Ursula Kardos** *Die Kunst, das Schicksal zu meistern.* Gedanken zur Lebensweisheit. – Berlin (Copyright 1950). 87 (1) S. Kl. 8°. Leinen mit Schutzumschlag
Druck: A. SEYDEL & Cie., Berlin.

S. 83–87: ›Kleines Nachwort‹ von PAUL STEEGEMANN. – 1949 angekündigt als erster Band einer Buchreihe *Die Bank der Philosophen.*

188   *Das Theater am Broadway.* Vorträge und Essays von **Frederic Mellinger.** – Berlin (Copyright 1950). 126 (2) S. Gr. 8°. Pappband (= *Die Bank der Kritiker.*)
Druck: Druckhaus Tempelhof, Berlin

Vorwort des Verlegers ›Ein paar Worte über Frederic Mellinger‹ (S. 7f.).

189   *Ich war Hitlers Schnurrbart.* Eine Groteske von **Günter Neumann.** (Umschlagzeichnung von E[DUARD] HEDTSTÜCK.) – Berlin (Copyright 1950). 24 S. Gr. 8°. Kartoniert (= *Die Bank der Spötter.*)
Druck: A. SEYDEL & Cie., Berlin. Abb. S. 141.

Vorwort von CURT RIESS ›Das Kabarett als politisch-moralische Anstalt‹ (S. 3f.); Nachwort von PAUL STEEGEMANN ›Gab es nicht schon eine Hitler-Parodie?‹ (S. 21f.).

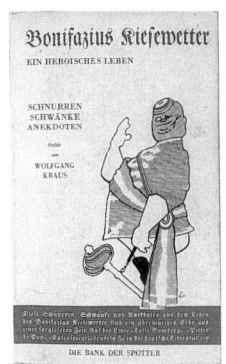

190   191   192.2

190   **Curt Seibert** *Das poetische Holzbein.* Ein Buch des fröhlichen Un-sinns. (Umschlagzeichnung von HANS THIEMANN.) – Berlin (Copyright 1950). 32 S. Gr. 8°. Kartoniert (= Die Bank der Spötter.)
Druck: A. SEYDEL & Cie., Berlin

Umschlagtitel: *Das poetische Holzbein. Bonifazius Kiesewetter, Die Wirtin von der Lahn, Der Lazarettgehilfe Neumann. Parodiert von Curt Seibert.* – Veränderte Neuauflage vgl. unter Nr. 198.

1951

191   *Bonifazius Kiesewetter.* Ein heroisches Leben. Berichtet von **Wolfgang Kraus.** (Umschlagzeichnung von Hans Thiemann. 1.–3. Tsd.) – Berlin (Copyright 1951). 39 (1) S. Gr. 8°. Kartoniert (= *Die Bank der Spötter.*)
Druck: A. SEYDEL & Cie., Berlin

Vorwort des Verlegers ›Habent sua fata libelli‹ (S. 2). – Veränderte Neuauflage vgl. unter Nr. 195.

192.1   **Arthur Schnitzler** *Reigen.* Zehn Dialoge. (Umschlagzeichnung von EMIL ORLIK. 1.–3. Tsd.) – Berlin (1951). 32 S. Gr. 8°. Kartoniert (= *Die Bank der Spötter.*)
Druck: Graphische Gesellschaft Grunewald, G.m.b.H., Berlin-Grunewald

Die ORLIK- Zeichnung auf dem Umschlag ist von WILHELM KLEMMS Gedicht-band *Die Satanspuppe* (1922) übernommen (vgl. Nr. 72). – Vorwort des Verle-gers ›Zwei, drei Worte zuvor‹ (S. 3 f.); am Schluß STEEGEMANNS ›Piston-Solo eines Verlegers‹ (S. 32).

192.2   (4.–6. Tsd.) – Berlin (1951). 32 S. Gr. 8°
Einband und Druck, Vor- und Schlußwort wie bei 192.1.

193   **Karl Valentin** *Der Knabe Karl.* Jugendstreiche. Aus dem Nachlaß hrsg. von GERHARD PALLMANN. Mit 11 Zeichnungen von LUDWIG GREINEN [eine auch auf dem Umschlag]. (1.–3. Tsd.) – Berlin (Copyright 1951). 31 (1) S. Gr. 8°. Kartoniert (= *Die Bank der Spötter.*)
Druck: A. SEYDEL & Cie., Berlin

Auf dem Umschlag ein Motto von »SCHNILLER«: »Der Knabe Karl fängt an mir fürchterlich zu werden«.

193   196   197

1953

194 **Wolfgang Buhl** *Äpfel des Pegasus.* Neue Parodien. (Umschlagzeichnung von
Hans Thiemann. 1.–5. Tsd.) – Berlin-Onkel Toms Hütte (1953). (2) 75 (3) S.
8°. Pappband (= *Die Bank der Spötter.* 3.)
Druck: Graphische Gesellschaft Grunewald, Berlin-Grunewald

Auf der Rückseite des Titelblatts eine Notiz über den Inhalt des Buches:
›Paul Steegemanns neueste Nachrichten‹. – Mit drei Zeichnungen wohl des
Verfassers.

195 *Bonifazius Kiesewetter.* Ein heroisches Leben. Berichtet von **Wolfgang Kraus.**
(Umschlagzeichnung von Hans Thiemann. 4.–8. Tsd.) – Berlin-Onkel Toms
Hütte (1953). 99 (1) S. 8°. Kartoniert und Pappband (= *Die Bank der
Spötter.* 2.)
Druck: A. Seydel Druck und Buchbinderei G.m.b.H., Berlin

Veränderte Neuausgabe von Nr. 191. Das 9.–11. Tsd. erschien 1954.

196 *Der Lazarettgehilfe Neumann.* Ein Denkmal gesetzt von **Curt Seibert**, Hauptmann z. V. (Umschlagzeichnung von Hans Thiemann. 1.–5. Tsd.) – Berlin-
Onkel Toms Hütte (Copyright 1953). (2) 62 (4) S. oder 62 (2) S. 8°. Kartoniert
und Pappband (= *Die Bank der Spötter.* 4.)
Druck: Graphische Gesellschaft Grunewald, G.m.b.H., Berlin-Grunewald

Abbildung des Umschlagentwurfs S. 144.

1954

197 *Pitter oder Die Limmburger Flöte.* Ein sehr heiterer Roman von **Norbert Jacques.**
(Umschlagzeichnung von Hans Thiemann. 7.–9. Tsd.) – Berlin (1954).
90 (2) S. 8°. Kartoniert und Pappband (= *Die Bank der Spötter.* 6.)
Druck: A. Seydel Druck und Buchbinderei G.m.b.H., Berlin

Veränderte Neuauflage von Nr. 134 und 183.

198 **Curt Seibert** *Das poetische Holzbein.* Ein Buch des fröhlichen Un-sinns. 15.–17.
Tsd. (Umschlagzeichnung von Hans Thiemann.) – (Berlin 1954.) 74 (2) S. 8°
(= *Die Bank der Spötter.* 1.)

Veränderte Neuauflage von Nr. 190.

Aus anderen Verlagen übernommene Bücher

Diese alphabetische Liste enthält nur diejenigen Übernahmen, die PAUL STEE-
GEMANN in Verlagsannoncen und -katalogen zwar zusammen mit seiner eigenen Produktion angeboten, die er aber offenbar nicht mit neuen Titelblättern
seines Verlages versehen hat. Den umfangreichsten Komplex der Liste bilden
die 1922 übernommenen Restbestände des hannoverschen Zweemann-Verlages. Auch die übrigen Titel sind wohl alle innerhalb der ersten fünf Jahre des
Paul Steegemann Verlages übernommen worden.

199 **Charles Baudelaire** *Der Verworfene*. Nachdichtungen von HANS HAVEMANN.
Mit sechs Urholzschnitten von CURT STOERMER. – Hannover: Der Zweemann-
Verlag 1920. 79 (1) S. Gr. 8°
Druck: EDLER & KRISCHE, Hannover

»Diese Ausgabe wurde im Sommer 1920 als Privatdruck in einmalig 1000
Exemplaren nur für Subskribenten durch die Offizin Edler & Krische, Hanno-
ver, hergestellt«: Nr. 1–50 auf Zanders-Bütten in Ganzleder, Nr. 51–300 auf
Zanders-Bütten in Halbleder und handgemaltem Buntpapier, Nr. 301–1000
im Pappband mit Einbandzeichnung von ERNST SCHÜTTE. – Enthält erotische
Gedichte aus den *Fleurs du mal*, vor denen ein »Großer« unter den deutschen
Nachdichtern (STEFAN GEORGE) »Halt gemacht« habe. HANS HAVEMANNS
›Vorrede‹ (S. 5) ist datiert: »Hannover, April 1920«.

200 **Barthold Heinrich Brockes** *Irdisches Vergnügen in Gott*. (Die Herausgabe
besorgte WILHELM FRAENGER.) – Hannover: Der Zweemann-Verlag 1920.
104 S. Gr. 8°. Pappband (= Der Zweite der einmaligen *Zweemanndrucke*.)
Druck: EDLER & KRISCHE, Hannover

»Von diesem Buche wurden im Frühjahr 1920 in der Offizin Edler &
Krische in Hannover einmalig 500 Exemplare hergestellt und handschriftlich
numeriert, davon die ersten Hundert als Vorzugsausgabe in Halbpergament
gebunden.«

201 **Crébillon** *Das Sofa*. (Die Übertragung besorgte E[RNST] SANDER. Die [6] Steinzeichnungen schuf E[RNST] SCHÜTTE.) – Hannover: Der Zweemann-Verlag
1920. 249 (3) S. Gr. 8°. Pappband

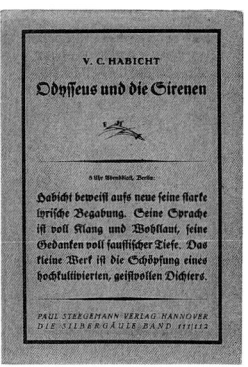

204 Schutzumschlag

»Diese Ausgabe wurde als Privatdruck in einmalig tausend numerierten Exemplaren nur für Subskribenten hergestellt, Nr. 1–100 Vorzugsausgabe«. – Widmung: »E. Sander gab diese Übersetzung den Berliner Freunden zu eigen.« S.
(7) Untertitel: *Eine moralische Geschichte*. – S. 247 ›Schlußbemerkung‹ des
Übersetzers, datiert: »Berlin, im Februar 1920.«

202   *Ernst Moritz Engert.* Verzeichnis seiner graphischen Arbeiten mit 40 Abbildungen und 6 Originalholzschnitten auf Japan. Hrsg. von KONRAD WEINMAYER. –
München: Fr. Seybolds Verlagsbuchhandlung 1914. Gr. 2°

Die einmalige Auflage von 100 numerierten und vom Künstler signierten
Exemplaren übernahm STEEGEMANN 1919.

203   **Victor Curt Habicht** *Der Funke Gott.* Gedichte. – Hannover: Der Zweemann-
Verlag 1919. 60 (2) S. Gr. 8°. Pappband
Druck: EDLER & KRISCHE, Hannover-Berlin

PAUL STEEGEMANN übernahm das Buch 1921 als Nummer 113–118 in seine
Buchreihe *Die Silbergäule*; diese Übernahme wurde nur durch einen Schutz-
umschlag seines Verlages kenntlich gemacht. – S. (4): »Die Gedichte dieses
Buches sind eine Auswahl aus lyrischen Fassungen der Jahre 1909–1919«.

204   **Victor Curt Habicht** *Odysseus und die Sirenen.* Ein Gespräch. – Hannover:
Der Zweemann-Verlag 1920. 30 (6) S. Gr. 8°. Kartoniert
Druck: EDLER & KRISCHE, Hannover

PAUL STEEGEMANN übernahm das Buch 1921 als Nummer 111–112 in seine
Buchreihe *Die Silbergäule*; diese Übernahme wurde nur durch einen Schutz-
umschlag seines Verlages kenntlich gemacht. – Widmung: »Dem Dichter des
Maropampa, dem lieben Bruder vom einzigen Mittelrhein widme ich diese
Dichtung in kameradschaftlicher Freundschaft.«

205   [Umschlagtitel:] *Symbol und Pflicht.* Ein Hochzeits-Gedichte-Kranz von
V[ictor] C[urt] Habicht. – (Hannover: August Grimpe 1918.) 12 ungez. S. Gr. 8°

PAUL STEEGEMANN übernahm diesen Privatdruck wohl 1919. – Widmung:
»Frau Elsi Jänecke, geb. Lange zum Vorabende des 31. Mai 1918 vom Verfasser.«

207 209

206 **Resi Langer** *Kinotypen.* Vor und hinter den Filmkulissen. Zwölf Kapitel aus der Kinderstube des Films. ([Umschlagzeichnung von ERNST SCHÜTTE.] 1.–10. Tsd.) – Hannover: Der Zweemann Verlag 1919. 76 (2) S. 8°. Kartoniert und Pappband
Druck: EDLER & KRISCHE, Hannover-Berlin.

S. (5): »Diese Skizzen entstanden etwa zwei Jahre vor Kriegsanfang [...] R. L.«

207 **Jean Paul** *Polymeter.* (Die Herausgabe besorgte FRIEDRICH W[ILHELM] WAGNER. Den Einband entwarf ERNST SCHÜTTE.) – Hannover: Der Zweemann Verlag (1919). (4) 55 (3) Bl. 8°. Pappband

»Hergestellt im Sommer des Jahres 1919 durch die Graphische Kunstanstalt Edler & Krische, Hannover in einmalig fünfhundert handschriftlich numerierten Exemplaren, davon Nr. 1–100 in Halbleder als Vorzugsausgabe.«

208 **Walter Petry** *Angst und Erlösung.* Verse. (1. Tsd.) – Hannover: Der Zweemann-Verlag (Sommer) 1920. 26 S. 8°. Kartoniert (= *Zweemannbücher neuer Dichtung.* 4.)
Druck: EDLER & KRISCHE, Hannover

209 **E[dgar] A[llan] Poe** *Romantische Liebesgeschichten.* (Deutsch von PAUL STEEGEMANN. [5] Zeichnungen und Einband von ERNST SCHÜTTE.) – Hannover: Der Zweemann Verlag ROBERT GOLDSCHMIDT & Co. 1919. 117 (3) S. 8°. Pappband
Druck: EDLER & KRISCHE, Hannover-Berlin

Vorzugsausgabe: 100 numerierte Exemplare auf Japan-Alexandra-Bütten in Halbleder.

210 **Hans Reimann** *Der Floh.* Skizzen aus der Kriegszeit. ([Umschlagzeichnung von EMIL PREETORIUS.] 3. Aufl.) – München: GEORG MÜLLER 1918 (4) 99 (9) S. 8°. Kartoniert
Druck: MÄNICKE & JAHN, Rudolstadt

STEEGEMANN zeigt die 10. Auflage des Buches an.

211 **Hans Reimann** *Kaktusse.* Ausgewählte Grotesken. – München: GEORG MÜLLER 1920. 107 (5) S. 8°. Kartoniert mit farbig illustriertem Schutzumschlag

STEEGEMANN zeigt die 5. Auflage des Buches an, also wohl ein im Buch nicht ausgewiesenes 1.–5. Tsd.

218 Schutzumschlag

212 *Pax.* Ein friedliches Buch von **Hans Reimann.** ([Umschlag von EMIL PREE-
TORIUS.] 1.–4. Tsd.) – München: Georg Müller Verlag 1919. (8) 213 (3) S. 8°.
Kartoniert
Druck: MÄNICKE & JAHN, Rudolstadt

Steegemann zeigt 1922 die 4., manchmal auch die 5. Auflage des Buches an.

213 **Leonhard Schüler** *Schlaf und Nacht.* Verse. (1. Tsd.) – Hannover: Der Zweemann-Verlag 1920. 16 S. 8°. Kartoniert (= *Zweemannbücher Neuer Dichtung.* 3.)
Druck: EDLER & KRISCHE, Hannover

214 **Hermann Schütte** *Die zehn Gebote.* Umschlag von HEINRICH VOGELER,
Worpswede. – Hannover: Der Zweemann Verlag (Copyright 1920). 29 (3) S.
8°. Kartoniert (= *Zweemannbücher neuer Dichtung.* 6.)
Druck: KONRAD HANF DWB., Hamburg

215 [Umschlagtitel:] *Die bildende Kunst im neuen Hannover.* Von **Christof
Spengemann.** – Berlin: Verlag Licht und Schatten (1919). 16 S. 8°

216 **Christof Spengemann** *Kunst, Künstler, Publikum.* Fünf Kapitel als Einführung
in die heutige Kunst. (1.–10. Tsd.) – Hannover: Der Zweemann Verlag 1919.
77 (3) S. 8°. Kartoniert und Pappband
Druck: EDLER & KRISCHE, Hannover-Berlin

217 **Christof Spengemann** *Die Wahrheit über Anna Blume.* Kritik der Kunst. Kritik
der Kritik. Kritik der Zeit. (1.–3. Tsd.) – Hannover: Der Zweemann-Verlag
1920. 29 (3) S. Gr. 8°. Kartoniert
Druck: EDLER & KRISCHE, Hannover-Berlin

Widmung: »Allen deutschen Kunstrichtern, die es nicht fassen können, Den
betrübten Lohgerbern aller Länder leise weinend zugeeignet!« – STEEGEMANN
zeigt die 10. Auflage des Heftes an.

218 **Carl Sternheim** *Fairfax.* (1.–10. Tsd.) – Berlin: Ernst Rowohlt Verlag 1921.
85 (3) S. Gr. 8°

Steegemann versah diese 1923 übernommene ROWOHLT-Auflage mit einem
Schutzumschlag seines Verlages mit einer Zeichnung von FRANS MASEREEL. –
Im Jahre 1926 übernahm der Wiener PAUL ZSOLNAY Verlag noch 3000 Exem-
plare der ROWOHLT-Ausgabe aus der Druckerei DIETSCH und BRÜCKNER in
Weimar.

219 **Voltaire** *Die Jungfrau.* (Deutsche Bearbeitung von CURT MORECK. Einband von
ERNST SCHÜTTE. 1.–3. Tsd.) – Hannover: Der Zweemann Verlag 1920.
223 (1) S. 8°. Pappband
Druck: EDLER & KRISCHE, Hannover

Vorzugsausgabe: 100 numerierte Exemplare auf Japan-Alexandra-Bütten in
Halbleder.

220 **Friedrich W[ilhelm] Wagner** *Irrenhaus.* Ein Cyclus von 20 Gedichten. (1. Aufl.)
– Hannover: Der Zweemann-Verlag 1920. 26 (2) S. 8°. Schwarz kartoniert
Druck: E. GUNDLACH, Bielefeld

221 **Friedrich W[ilhelm] Wagner** *Untergang.* Ein Buch Gedichte. – (Bad Kreuznach
Sommer 1918: Hofbuchdruckerei R. Voigtländer Nachf.) 61 (3) S. Gr. 8°.
Kartoniert

Von diesem in 200 numerierten und vom Verfasser signierten Exemplaren
erschienenen Privatdruck kommen Exemplare vor mit dem handschriftlichen
Vermerk auf dem Titelblatt: »1919. Verlag Paul Steegemann. Hannover«.
Im Juli und August 1919 hat STEEGEMANN das Buch in Annoncen der ersten
Silbergäule mit angezeigt.

222 *Der Zweemann.* Monatsblätter für Dichtung und Kunst. Hrsg. von F[RIEDRICH]
W[ILHELM] WAGNER und CHRISTOF SPENGEMANN ([ab Heft 4:] Hrsg. von HANS
SCHIEBELHUTH und CHRISTOF SPENGEMANN). Die 1. Jahresfolge. Das 1. Heft:
November 1919 (–8./9./10. Heft: Juni/Juli/August 1920). – Hannover: Der
Zweemann-Verlag 1919 (–1920). Broschierte Hefte
Druck: EDLER & KRISCHE, Hannover

226 Titelblatt innen

Graphikmappen

Diese alphabetische Liste verzeichnet die Mappenwerke, die PAUL STEEGE-MANN laut Anzeigen und Annoncen in den Jahren 1919 und 1920 in kleinen numerierten und von den Künstlern signierten Auflagen verlegt oder doch annonciert hat. (Eine geplante Mappe ist nicht erschienen: Nr. 227.)

223   **Max Burchartz** *Die Dämonen*. 8 Steinzeichnungen [zu F. M. Dostojewskis Roman]. Hannover [1919].

50 vom Künstler numerierte und Blatt für Blatt bezeichnete und signierte Exemplare auf handgeschöpftem Zandersbütten; jedes Blatt in Passepartout (das Titelblatt auf dem Deckel der Mappe wiederholt). Nr. 1–10: Mappe in Seide; Nr. 11–50: Mappe in Halbleinen. (In der Sammlung EGIDIO MARZONA, Bielefeld, Exemplar Nr. 14.; Abb. S. 36.) Bildformat (Passepartout-Ausschnitt): 21 × 13 cm; Mappenformat: 36 × 25 cm. – Vorzugsausgabe zu Band 43–44 der *Silbergäule* (vgl. Nr. 2).

224   **Fritz Burger-Mühlfeld** *13 Steinzeichnungen*.

50 vom Künstler numerierte und signierte Exemplare auf Alpha-Papier in leichter Mappe.

225   **Fritz Burger-Mühlfeld** *6 Steinzeichnungen*.

50 vom Künstler numerierte und signierte Exemplare auf Alpha-Papier in Halbleinen-Mappe.

226   **Elisabeth Coing** *Marienleben*. Zehn Holzschnitte. Hannover 1919.

25 von der Künstlerin auf den Passepartouts numerierte und bezeichnete und auf den Blättern signierte Exemplare; jedes Blatt in Passepartout; zwei zusätzliche Holzschnitt-Titelblätter (Extrablatt in der Mappe und – bild-mäßig – auf dem Deckel der Mappe). Bildformat (Passepartout-Ausschnitt): ca. 19 × 14 cm; Mappenformat: 44,5 × 34 cm. (In der Sammlung EGIDIO MARZONA, Bielefeld, Exemplar Nr. XVIII.) – (Blätter zu Rilkes Dichtung *Das Marienleben* von 1913.)

228   230

227   **Bernhard Dörries** *Iwan Karamasoff.* 10 Originallithographien zu
DOSTOJEWSKI.

Nicht erschienen! »Die Karamasoffzeichnungen plante ich zwar, habe sie aber
nicht mehr gemacht, da mein Künstler-Ideal plötzlich Holbein wurde und ich
von nun an sehr genaue Portraits malte.« (Brief von B. Dörries vom 29. 5. 73)

228   **Bernhard Dörries** *Mittelalter,* zehn Steinzeichnungen. Hannover [1919].

50 vom Künstler numerierte und Blatt für Blatt signierte Exemplare auf Japan-
Alexandra-Bütten; jedes Blatt in Passepartout (ein Blatt auf dem Mappendeckel
wiederholt). Nr. 1–10 in Seide gebunden; Nr. 11–50 in Halbleinenmappe.
(In der Sammlung EGIDIO MARZONA, Bielefeld, Exemplar ohne Numerierung.)
Format der Blätter: 35 x 25 cm. – Vorzugsausgabe zu Band 15 der *Silbergäule*
(vgl. Nr. 3).

229   **Ernst Moritz Engert** *Kleine Mappe.* 6 Holzschnitte.

75 vom Künstler numerierte und signierte Exemplare auf Japan. Es handelt
sich um die 6 Holzschnitte, die auch das von KONRAD WEINMAYER heraus-
gegebene Werkverzeichnis der Graphik von ENGERT im Original enthält (vgl.
Nr. 202).

230   **Otto Hohlt** *Peer Gynt.* 8 Steinzeichnungen. Hannover o. J.

90 vom Künstler numerierte und signierte Exemplare; eine Lithographie auf
der Mappe wiederholt. Nr. 1–30 in Mappe; Nr. 31–90 in Umschlag. (In der
Sammlung EGIDIO MARZONA, Bielefeld, Exemplar Nr. 52, nicht signiert.)
Mappenformat: 46,3 x 30,3 cm.

231   *Krieg.* Acht Lichtdrucke nach Zeichnungen von **Ludwig Meidner**. – (Berlin-
Wilmersdorf: Alfred Richard Meyer Verlag [o. J.])

PAUL STEEGEMANN hat 1919 Exemplare der Auflage übernommen.

232

232 **Käthe Schmidt** *Erlösung*. Zehn Original-Lithographien. – Hannover: Heinrich Böhme/Verlag [o. J.]
Druck: Mandruck Gesellschaft, München

110 von der Künstlerin numerierte und Blatt für Blatt signierte Exemplare auf Bütten. Nr. 1 – 5: Auf schwerem flämischen Bütten, Mappe in Rohseide, hand-aquarelliert. Nr. 6 – 20: In Mappe mit handgemaltem Überzug. Nr. 21 – 100: Auf Imperial-Bütten. Nr. I – X: In Rohseide, mit aquarellierten Lithographien. (In der Sammlung Egidio Marzona, Bielefeld, Exemplar Nr. 86.) – Mit einem Begleittext von Paul Steegemann. – Format der Blätter: ca. 20 x 25 cm; Format der Mappe: ca. 26 x 21 cm.

Kurt Schwitters: Lichtbildkarten

1. Malerei

2. Plastik

3. ›Der Mensch‹

Alle Postkartenformat.

Angekündigte Bücher

Die Titel dieser Liste hat PAUL STEEGEMANN annonciert; sie sind aber entweder niemals oder nicht in seinem Verlag erschienen. Eine chronologische Gliederung ist hier naturgemäß nur in Ansätzen möglich: Unter den Stichworten *Silbergäule* (1919–1922), Zwanziger Jahre, *Erhebung* (1933–1934) und *Die Bank der Spötter* (1949–1954) sind deshalb die Autoren und Titel jeweils alphabetisch verzeichnet.

1. Nicht erschienene *Silbergäule* (1919–1922)

244 **Fritz Burger-Mühlfeld** *13 Steinzeichnungen.*
Geplant als Band 37–38 der *Silbergäule*. Wohl als einfache Ausgabe zu der unter Nr. 224 verzeichneten Mappe gedacht.

245 **Jan van Mehan** [d. i. **Hans Havemann**] *Das Gegenspiel.* Kosmos. Erstes Buch.
Geplant als Band 78 (später 78–78a) der *Silbergäule*.– Vgl. auch Nr. 283. Der 98jährige HANS HAVEMANN schrieb mir dazu am 27. August 1985: »Mein Mskr. ›Das Gegenspiel‹ wird von Steegemann als Silbergaul in Vorbereitung behandelt, also [diese Folgerung aus der Reihenzugehörigkeit ist allerdings falsch] als ein dadaistisches Opus. Es hat aber damit nicht das Geringste zu tun. Es ist mein Erstlingsopus, das bei Franz Blei und Martin Buber Interesse fand, die sich auch um einen Verlag bemühten. Dieser (Hegner, Hellerau) trödelte so lange, bis der erste Weltkrieg ausbrach. ›Das Gegenspiel‹ ist nicht erschienen.«

246 **Wilhelm Michel** *Pan singt.* Gedichte.
Geplant als Band 33 der *Silbergäule*. Ersetzt durch einen Essayband desselben Verfassers mit der Zählung 33–33a (vgl. Nr. 36).

247 **Karl Schenzinger** *Berggang.* Ein Drama.
Geplant als Band 107–108 der *Silbergäule*. Dazu sollte eine Vorzugsausgabe in 200 Exemplaren erscheinen, die Nummern 1–10 mit den Originalen der Bühnenbildentwürfe von ERNST SCHÜTTE. – Zu den Gründen des Nichterscheinens dieses Dramas vgl. S. 42.

248 **Hans Schiebelhuth** *Schwabinger Sonette.*
Geplant als Band 76–77 der *Silbergäule*.

249 **Ernst Schütte** *O Mensch!* Zeichnungen der Verwesung.
Geplant als Band 85–86 der *Silbergäule*.

250 **Maximiliane Ackers** *Freundinnen.*
1932 plante Steegemann eine preiswerte Neuauflage dieses Romans
(vgl. Nr. 91) innerhalb einer neuen Reihe *Florin-Bücher.*

251 *Der neue Agathon.* Eine Anthologie.
1921 annonciert. Gedacht wohl als eine Art Fortsetzung der Zeitschrift *Agathon,* deren Heft 2/3 – zugleich das letzte Heft – im Juli 1918 bei HEINRICH
BÖHME in Hannover in 280 Exemplaren erschienen war. (Vgl. S. 19 f.)

252 *Apokalypse.* Die Offenbarung Johannis. Übertragen von VICTOR CURT
HABICHT. Mit den Holzschnitten von ALBRECHT DÜRER.
1921 annonciert.

253 **Frank Arnau** *Gegen den Weißen Adler.* (Der Kämpfer im Dunkel kehrt wieder.)
Spionage-Roman.
1932 für die geplante Reihe *Florin-Bücher* vorgesehen. Wohl identisch mit dem
1933 unter dem Titel *Männer der Tat* von STEEGEMANN veröffentlichten Roman
(vgl. Nr. 162).

254 **Honoré de Balzac** *Tolle Geschichten.* Die *Contes drôlatiques* übertragen von
CURT MORECK. Illustriert von DORÉ.
1921 f. annonciert.

255 **Aubrey Beardsley.** *Venus und Tannhäuser.* Neue, veränderte Ausgabe.
1922 als Ersatz für die beschlagnahmte Erstausgabe annonciert (vgl. Nr. 27).

256 **Abu Becker** *Gott Stinnes!* Die Philosophie eines Emporkömmlings. Ein
ethisches Pamphlet.
Annonciert 1921. – 1922 erschien das Pamphlet *Gott Stinnes* von EUGEN
ORTNER (vgl. Nr. 76).

257 **Franz Blei** *Der Würfelbecher der Literatur.*
Zum Frühjahr 1925 angekündigter Fortsetzungsband zu BLEIS *Das Kuriositäten-Kabinett der Literatur* (vgl. Nr. 106).

258 **Edward Bulwer** *Das Gespensterhaus.* Illustriert von ERNST SCHÜTTE.
1921 annonciert.

259 **Roger de Campagnolle** *Der Geheimbefehl.* Gedichte für Männer.
Von STEEGEMANN zum Frühjahr 1930 zur Subskription gestellt.

260 **Rudolf von Delius** *Flammenvogel.* Gedichte.
1921 f. annonciert.

261 **Dostojewski:** *Der Doppelgänger.* Illustriert.
1921 annonciert.

262 **Paul Englisch** *Geschichte der erotischen Weltliteratur.*
1921 annonciert. – Das Werk erschien erst 1926 f. unter dem Titel *Geschichte
der erotischen Literatur* in 13 Lieferungen bei J. PÜTTMANN in Stuttgart.

263 **Ottomar Enking** *Das Sofa auf Nr. 6.* Ein lustiger Roman.
1932 für die geplante Reihe *Florin-Bücher* vorgesehen.

264 **Paul Féval** [**fils**] *Dein Körper gehört mir!* Ein Roman.
1929 annonciert. Die Originalausgabe *Ton corps est à moi* erschien 1927 in den Pariser Editions Radot.

265 **Manfred Georg** *Eine Nacht in Kattowitz.* Ein abenteuerlicher Roman.
1932 für die geplante Reihe *Florin-Bücher* vorgesehen; Druckplatten und Auflage von den Nazis vernichtet (vgl. Abb. S. 136). – Erster Vorabdruck 10. 9. – 30. 10. 1930 in: *Neue Berliner Zeitung. Das 12 Uhr Blatt.*

266 **Gogol** *Das Biest.* Eine unheimliche Geschichte. Illustriert von ERNST SCHÜTTE.
1921 annonciert.

267 **Gogol** *Der Zauberer.* Eine okkulte Erzählung.
1922 annonciert.

268 **Victor Curt Habicht** *Ayanu.* Ein Roman aus Indien.
1921 annonciert.

269 **Walter Hasenclever** *Der Sohn. – Jenseits. – Antigone. – Gobseck. – Die Pest. – Die Menschen. – Der Retter. – Die Entscheidung. – Der Jüngling. – Tod und Auferstehung. – Der politische Dichter.*

STEEGEMANN zeigt diese ursprünglich in den Verlagen von KURT WOLFF, PAUL CASSIRER und ERNST ROWOHLT erschienenen Titel 1923 an. In seinem *Katalog 1919–1924* teilt er dann mit: »Walter Hasenclever: Sämtliche Werke gingen an den Verlag Die Schmiede, Berlin, über« (vgl. S. 76).

270 **Adolf von Hatzfeld** *An Gott.* Gedichte.
1922 annonciert. STEEGEMANN plante wohl eine Titelauflage des 1919 bei PAUL CASSIRER in Berlin erschienenen Buches.

271 **Fred Heller** *Die fesche Stadt.* Wiener Histörchen.
Als zweiter Band der *Österreichischen Miniaturen* zum Frühjahr 1925 angekündigt. (Vgl. Nr. 119.)

272 **Hans Hermann** *Verbotene Liebe.* Aus den Briefen eines Verlorenen.
1921 annonciert. Denselben Titel annonciert STEEGEMANN im gleichen Jahr auch unter dem Verfassernamen HANS SIEMSEN (vgl. Nr. 305). SIEMSEN erwog das Pseudonym HANS HERMANN als Anspielung auf seinen Freund HERMANN HORSTMANN, einen später in der UdSSR verschollenen Düsseldorfer Rechtsanwalt.

273 **Magnus Hirschfeld** *Lebenserinnerungen.*
1922 annonciert.

274 **Norbert Jacques** *Pitter de Poep.* Roman.
1932 plante STEEGEMANN eine preiswerte Neuauflage des ursprünglich *Die Limmburger Flöte* betitelten Romans (vgl. Nr. 134) innerhalb einer neuen Reihe *Florin-Bücher.*

275 **Felix Brazil** [d. i. **Wilhelm Klemm**] *Der Leichenheinrich.* Groteske Verse.
1922 f. in einer Auflage von 800 Exemplaren angekündigt.

276 **Adolf Kobitsch** *Die Abenteuer der Herzogin.* Ein Kriminalroman.
1922 annonciert.

277 **Michail Kusmin** *Flügel.* Eine Novelle. Illustriert.
1921 annonciert.

278 **Artur Landsberger** *Raffke II. Der neue Mensch.* Roman
Zum Herbst 1924 als Fortsetzung zu Landsbergers Roman *Raffke & Cie.
Die neue Gesellschaft* angekündigt (vgl. Nr. 108).

279 **Rudolf Leonhard** *Heraus aus den Universitäten!* Eine Kampfschrift.
1921 f. annonciert.

280 **Rudolf Leonhard** *Heinrich Mann.* Eine Monographie.
1921 f. annonciert.

281 **Klaus Mann** *Vor dem Leben.* Novellen.
1924 annonciert. – KLAUS MANNS Erstling erschien 1925 im Hamburger
Gebr. ENOCH Verlag (vgl. S. 71f.).

282 **Rolf Mayr** *Uaha Kwinkwe.* Der groteske Roman eines jungen Mannes.
1921 annonciert.

283 **Jan van Mehan** [d. i. **Hans Havemann**] *Das Gegenspiel.* Kosmos im Spiegel und
Tanz eines Gedankens. Fünf Bücher.
1921–1923 unter wechselnden Titeln annonciert: zuerst 1921 als Band 78 der
Silbergäule unter dem Titel *Das Gegenspiel. Kosmos. Erstes Buch* (vgl. Nr. 245);
noch im selben Jahr als *Das Gegenspiel. Kosmos. Fünf Bücher* und unter dem
oben angegebenen Titel; 1923 schließlich als *Das Gegenspiel. Umrisse einer
Denkweise.*

284 **Wilhelm Michel** *Rudolf Steiner, der Anthroposoph.* Eine philosophische Hin-
richtung.
1921 annonciert. – Der Plan ist wohl eingegangen in MICHELS Essayband
von 1923 *Der abendländische Zeus* (vgl. Nr. 97).

285 **Curt Moreck** *Die Pole des Eros.* Ein Roman um Stefan George.
1921 f. annonciert. – Die Erzählung war 1918 mit 7 Lithographien von JOSEF
EBERZ bei HEINRICH BÖHME in Hannover erschienen.

286 **Hans Müller-Schlösser** *Tünnes und Köbes.* Schwänke und Schnurren im rheinischen Dialekt. Illustriert von PAUL SIMMEL.
Als zweiter Band der *Rheinischen Miniaturen* 1924 angekündigt (vgl. Nr. 111).

287 **Kurt Münzer** *Rafaelino.* Erzählung.
1921 annonciert.

288 **Mynona** [d. i. **Salomo Friedlaender**] *Raffke.* Roman.
Der auch unter dem Verfassernamen HANS REIMANN von STEEGEMANN
angekündigte Roman dieses Titels erschien 1924 von ARTUR LANDSBERGER
(vgl. Nr. 108).

289 **Paul Nikolaus** *Jüdische Miniaturen.* Band 2.
1925 annonciert. – (Vgl. Nr. 112 und 122.)

290 **Olaf** [d. i. **Carl Maria Weber**] *Erfüllte Stunde.* Eine romantische Erzählung
des antiken Eros.
1922 annonciert.

291 **August von Platen** *Gedichte an Freunde.*
1921 annonciert.

292 **Platon** *Symposion.* Übertragen von Bruno Snell. Mit einer Einleitung von Rudolf von Delius.
1921 f. annonciert.

293 **Georg Reik** *Anna und der Fremde.* Ein Liebes-Roman.
1932 für die geplante Reihe *Florin-Bücher* vorgesehen.

294 **Hans Reimann** *Größenwahn.* Eine Anthologie neuer Chansons fürs Kabarett. 50 Autoren.
1922 annonciert.

295 **Hans Reimann** *Hundertjähriger Kalender.* Ein literarischer Zeitweiser fürs deutsche Volk.
1922 annonciert.

296 **Hans Reimann** *Neulehmannsland.* Eine kuriose Geschichte aus der Südsee.
1924 annonciert. – Erschien 1926 bei Carl Reissner in Dresden in dem Reimann-Band *Aquaria. Lohengrin. Neulehmannsland.*

297 **Hans Reimann** *Raffke.* Der Roman eines Schiebers. Illustriert von Paul Simmel.
1923 annonciert. – Der auch unter dem Verfassernamen Mynona von Steegemann angekündigte Roman dieses Titels erschien 1924 von Artur Landsberger (vgl. Nr. 107).

298 **Hermann Reinecke** *Revolverjournalisten.* Ein Roman.
1932 für die geplante Reihe *Florin-Bücher* vorgesehen.

299 **Marquis de Sade** *Triumph der Lüge.* Auswahl aus seinen Schriften.
1921 annonciert.

300 **Arthur Schopenhauer** *Das Problem des Todes.*
1921 annonciert.

301 **Kurt Schwitters** *Franz Müllers Drahtfrühling.* Der Liebesroman der Anna Blume. Annonciert 1921 f. – Über diesen nie vollendeten Roman sagt Paul Steegemann im *Marstall:* »Der Roman spielt in der Siedlung, in der Herr Schwitters zu leben gezwungen ist, und erzählt vom Wandel und Handel der Eingeborenen« (S. 11). Es erschien zunächst nur das erste Kapitel des Textes in Herwarth Waldens *Sturm* (13, 1922, S. 158–166): »Ursachen und Beginn der großen glorreichen Revolution in Revon«. Im zweiten Band der Kurt Schwitters-Ausgabe *Das literarische Werk* liegt der gesamte Text des Fragments vor (Köln 1974, S. 29–46).

302 **Walter Serner** *Das fette Fluchen.* Dada-Roman.
1921 annonciert.

303 **Walter Serner** *Der isabelle Hengst.* 25 Kriminalgeschichten.
1922 annonciert. – Möglicherweise ist hier der Prosaband gemeint, der 1923 unter dem Titel *Der elfte Finger. 25 Kriminalgeschichten* erschien (vgl. Nr. 102).

304   **Walter Serner** *Die Tigerin*. Kriminal-Roman.
1932 plante STEEGEMANN eine preiswerte Neuauflage dieses Romans
(vgl. Nr. 131) innerhalb einer neuen Reihe *Florin-Bücher*.

305   **Hans Siemsen** *Verbotene Liebe*. Aus den Briefen eines Verlorenen.
1921 annonciert. Denselben Titel kündigte STEEGEMANN im gleichen Jahr auch
unter dem Verfassernamen HANS HERMANN an (vgl. Nr. 272). – 1927 erschien
das Werk von SIEMSEN unter dem Titel *Verbotene Liebe. Briefe eines Unbekannten*
im Berliner Verlag Die Schmiede als Band 5 der *Berichte aus der Wirklichkeit*.

306   **Paul Simmel** *Von zwölf bis sechzehn*. Ein Berliner Bilderbuch.
1924 angekündigt für das folgende Jahr.

307   **Carl Sternheim** *Fairfax*. Eine Erzählung mit 10 Zeichnungen von FRANS
MASEREEL.
1923 annonciert. – Neben der Übernahme der 1921 bei ERNST ROWOHLT
erschienenen Erstausgabe (vgl. Nr. 218) plante STEEGEMANN offenbar eine
Neuauflage der Erzählung mit den Lithographien von MASEREEL, die 1922
im 17. *Druck der Galerie Flechtheim* in einer Auflage von 200 Exemplaren
erschienen waren.

308   **Carl Sternheim** *Das Fossil*. Der Szenen aus dem bürgerlichen Heldenleben
letzter Teil. Mit 10 Zeichnungen von GEORGE GROSZ.
1923 annonciert. – Das Werk erschien 1925 bei GUSTAV KIEPENHEUER in
Potsdam.

309   **Carl Sternheim** *Gesammelte Werke* in etwa 10 Bänden komplett.
1923 annonciert: Die Werkausgabe »erscheint auf Subskription in verschiedenen Ausgaben als ›Edition Sternheim‹ im Herbst 1923«. (Vgl. S. 76.)

310   **Dési Stinnes** *Die Pest*. Ein Roman.
1922 annonciert.

311   **Ferdinand Timpe** *Skandal*. Ein Roman.
1922 annonciert.

312   **Paul Verlaine** *Männer. Frauen. Freundinnen.*
1924 zur Subskription gestellt.

313   **James Morgan Walsh** *Die weiße Maske*. Detektiv-Roman.
1932 plante STEEGEMANN eine preiswerte Neuauflage dieses Romans
(vgl. Nr. 147) innerhalb einer neuen Reihe *Florin-Bücher* (vgl. Abb. S. 136).

314   **Walt Whitman** *Calamus*. Menschliche Verse. Übertragen von ADOLF VON
HATZFELD. Mit einem Vorwort von THOMAS MANN. Mit 10 Holzschnitten von
FRANS MASEREEL.
1924 annonciert.

315   **Walt Whitman** *Grasblätter*. Erste deutsche Ausgabe bisher unübertragener
Verse von RUDOLF VON DELIUS.
1921 annonciert.

316   **Oscar Wilde** *Gesammelte Werke* in 5 Bänden. Hrsg. und übertragen von
FRANZ BLEI.

1924 annonciert. Neben der Normalausgabe sollte eine Vorzugsausgabe von 100 Exemplaren auf Bütten in Ganzleder erscheinen. Der Band *Der Priester und der Meßnerknabe und andere apokryphe Erzählungen* von 1924 (vgl. Nr. 116) war als Ergänzungsband zu der geplanten Werkausgabe konzipiert.

3. Nicht erschienene Bände der *Erhebung* (1933–1934)

317   **Gottfried Feder**   *Deutsche Wirtschaft.*

318   **Hans Frank**   *Das kommende Deutsche Recht.*

319   **Joseph Goebbels**   *Revolution des Geistes.*
Auch unter dem Titel *Umbruch des Geistes* angekündigt.

320   **Lydia Gottschewski**   *Die Aufgaben der Frau.*

321   **Arthur Gütt**   *Tätige Rassenpflege.*

322   **Eugen Hönig**   *Die Kunst im Dritten Reich.*

4. *Die Bank der Spötter* – nicht erschienene Bücher 1949–1954

323   *Die Dame ohne Unterleib.* 50 Jahre Chansons und Zeitgedichte von Frank Wedekind über Klabund, Ringelnatz, Alfred Kerr, Walther Mehring, Erich Kästner bis Günter Neumann.

324   **Delphine de Girardin**   *Der zauberhafte Spazierstock des Herrn von Balzac.* Ein charmanter Roman.

325   **Hans Hömberg**   *Die Wirtin von der Lahn.* Schnurren und Schwänke.

326   **Wolfgang Kraus**   *Der krasse Fuchs.* Anekdoten vom jungen Bonifazius Kiesewetter.

327   *Schenzinger: Scheibenkleister.* Roman einer Industrie. Parodie von **Mischa Mleinek.**

328   **François Rabelais**   *Camera Occulta oder Das astrologische Astloch.* Nachwort von Fritz Wehrle.

329   **Ottomar Starke**   *Der kurzweilige Lebenswandel des Herrn Ottomark Starke.* Die Autobiographie des Illustrators, Bühnenbildners, Regisseurs und Schriftstellers Ottomar Starke erschien 1956 bei Herbig in Berlin unter dem Titel *Was mein Leben anlangt. Erinnerungen.*

330   **Voltaire**   *Die unheilige Johanna.* Eine Jeanne d'Arc-Parodie.

Register zur Bibliographie

Die Buchreihen des Paul Steegemann Verlages

Die Zugehörigkeit der einzelnen Titel zu den Buchreihen des Verlages wird bei ihrer Reihenfolge in der Bibliographie nicht berücksichtigt. Die folgende Übersicht dient dem leichteren Auffinden der innerhalb von Serien erschienenen Bücher. Zu jedem Reihenband wird die Nummer der Bibliographie angegeben.

Die Silbergäule
(1919–1922)
Die eingeklammerten Bände und Nummern in Klammern sind nicht erschienen.

Band		Nr.	Band		Nr.	Band		Nr.
1–2	=	**14**	34–35	=	**18**	83–54	=	**55**
3	=	**15**	36	=	**24**	(85–86	=	**249**)
4	=	**11**	(37–38	=	**244**)	87–88	=	**29**
5–7	=	**6**	39–40	=	**20, 85**	89–90	=	**53**
8–9	=	**16, 54**	41–42	=	**38**	91–98	=	**62**
10–11	=	**4**	43–44	=	**2**	99–100	=	**48**
12	=	**22**	45–47	=	**37**	101–106	=	**50**
13–14	=	**13**	48–49	=	**44**	(107–108	=	**247**)
15	=	**3**	50–51	=	**32**	109–110	=	**64**
16	=	**19**	52–53	=	**26**	111–112	=	**204**
17	=	**5**	54	=	**43**	113–118	=	**203**
18	=	**17**	55–56	=	**40**	119–125	=	**52**
19	=	**23**	57–58	=	**28**	126–127	=	**61**
20	=	**9**	59–61	=	**42**	128–131	=	**60**
21–22	=	**10**	62–64	=	**39**	132–134	=	**58**
23–24	=	**8**	65–66	=	**34**	135–136	=	**47**
25–26	=	**1**	67–68	=	**45**	137–138	=	**63**
27–28	=	**12**	69–75	=	**30**	139–146	=	**59**
29–30	=	**7**	(76–77	=	**248**)	147–151	=	**56**
31–32	=	**25**	(78–78a	=	**245**)	152	=	**70**
(33	=	**246**)	79	=	**33**	153	=	**71**
33–33a	=	**36**	80–82	=	**49**			

Miniaturbibliothek für Hauswirtschaft und Gesundheitspflege
(1931 f.)

Nr. **148, 157**

Florin-Bücher
(1932)

Erschienener Band: Nr. **156**
Angekündigte Bände: Nr. **250, 253, 263, 265, 274, 293, 298, 304, 313**

Die Erhebung (1933–1934)	Erschienene Bände: Nr. **163–165, 167, 168, 170, 172–181** Angekündigte Bände: Nr. **317–322**
Die Bank der Spötter (1949–1954)	Erschienene Bände: Nr. **182–185, 189–198** Angekündigte Bände: Nr. **323–330**
Die Bank der Kritiker (1950)	Erschienener Band: Nr. **188**

Verlagsprospekt, 1950

Quellen

Schriften von Paul Steegemann

Das enthüllte Geheimnis der Anna Blume. – In: *Der Marstall*. Zeit- und Streit-schrift des Verlages Paul Steegemann. 1920. Heft 1/2. S. 11–31. (Zusammenstellung von Pressestimmen, Leserzuschriften etc. zur *Anna Blume* von KURT SCHWITTERS mit Kommentaren STEEGEMANNS.)

Schwarze und Weiße Magie. Lothar Brieger / Der geschäftstüchtige Eros / Paul Verlaine. – In: *Der Marstall*. 1920. Heft 1/2. S. 48–52. (Zusammenstellung von Pressestimmen etc. zum Streit um den Gedichtband *Frauen* von PAUL VERLAINE mit Kommentaren STEEGE-MANNS.)

Mitteilungen für Bücherfreunde. – In: *Der Marstall*. 1920. Heft 1/2. S. 57f.

Ein kompetentes Urteil. – In: *Die Pille*. 1. 1920. S. 65. (Replik auf eine Besprechung des *Marstall*.)

DADA auf den Weihnachtstisch! – In: *Börsenblatt für den Deutschen Buchhandel*. 87. 1920. Nr. 271. 1. Dez. 1920. S. 14504 f

(Brief zum ›Fall Schenzinger‹.) – In: *Die Pille*. 2. 1921. S. 200.

GUSTAV BOCK: Von Bismarck zur Baisse-Mark. – In: *Störtebeker*. 1924. S. 17–20.

Geschichten von Lilofee. – In: *Störtebeker*. 1924. S. 22 f.

Lieber Großvater Ey. In: *Störtebeker*. 1924. S. 23.

Die Zeitschrift ›Störtebeker‹. – In: *Störtebeker*. 1924. S. 23 f.

GUSTAV BOCK: Von Kali-Kuxen und Einfamilienhäusern. – In: *Störtebeker*. 1924. S. 42 f.

Neue Geschichten von Lilofee. – In: *Störtebeker*. 1924. S. 46 f.

Der Ärztestreik, zweiter Teil. – In: *Störtebeker*. 1924. S. 47.

Zwei Gedichte aus Darmstadt. – In: *Störtebeker*. 1924. S. 47 f.

GUSTAV BOCK: Von Austern, Devisen und Henry Ford. – In: *Störtebeker*. 1924. S. 69–72.

Fünf Jahre Verleger. – In: *Das Stachelschwein*. 1. 1924. Heft 6. S. 3–5 (dazu nach S. 16 ein Photo PAUL STEEGEMANNS). Auch in: *Katalog 1919–1924. Paul Steegemann Verlag*. Hannover 1924. S. 3–7. Neudruck in: *Imprimatur. Ein Jahrbuch für Bücherfreunde*. NF 3. 1961–1962. S. 258 f. Neudruck in: *Expressionismus. Aufzeichnungen und Erinnerungen der Zeit-genossen*. Hrsg. u. mit Anmerkungen versehen von PAUL RAABE. Olten u. Freiburg i. Br. 1965. S. 267–269.

Seriöses Nachwort. In: *Das Stachelschwein*. 1. 1924. Heft 10. S. 16.

Kurioser Lebensbeginn. – In: *Das Stachelschwein*. 2. 1925. Heft 1. S. 13 f. Auch in: *Berliner Börsen-Courier*. 19. März 1925.

Berliner Abenteuer. – In: *Roland*. 23. 1925. Nr. 17. S. 11.

   Auch in: *Berliner Börsen-Courier*. 10. Juli 1926.

Histörchen von Thomas Mann. – In: *Kieler Zeitung*. 1. März 1926. Beilage: Unterhaltung und Wissen.

   Auch in: *Hamburger Anzeiger*.

Schön ist die Jugend. – In: Vorwärts. 6. März 1926.

   Auch in: Berliner Börsen-Courier. 23. Juli 1926.

Der Roman von Fred Hildenbrandt. (Über *Hochstapler*, 1926.) – In: *Badische Presse*. 2. Juli 1926. Beilage: Literarische Umschau.

Chaplin in Pantoffeln. – In: *Berliner Börsen-Courier*. 21. Juli 1926.

Der elektrische Backenzahn. – In: *Berliner Börsen-Courier*. 27. Juli 1926.

Jürgens. – In: *Die Weltbühne*. 22. 1926. S. 565 f.

   Als ›Herr Hauptmann Jürgens‹ auch in: *Vorwärts*. 28. April 1926.

Kuriose Jugend. – In: *Die Weltbühne*. 23. 1927. S. 1030–1034.

   (Fortsetzung von ›Kurioser Lebensbeginn‹.)

Künstler-Anekdoten. Gesammelt und neu erzählt. – In: *Hamburger Anzeiger*. 12. Oktober 1929.

Abenteuer mit Ludwig Brinkmann.– In: *Börsenblatt für den Deutschen Buchhandel*. 97. 1930. Nr. 90. 16. April 1930. S. 3193

   Als ›Abenteuer mit einem Autor‹ auch in: *Deutsche Allgemeine Zeitung*. 2. Juli 1930. Beilage: Das Unterhaltungsblatt.

(Notiz über Fr. Th. Vischer.) – In: FRIEDRICH THEODOR VISCHER: *Faust. Der Tragödie dritter Teil*. Berlin 1949. S. 2.

Gab es nicht schon eine Hitler-Parodie? – In: GÜNTER NEUMANN: *Ich war Hitlers Schnurrbart*. Eine Groteske. Berlin 1950. S. 21 f.

Piston-Solo eines Verlegers. – Als ›Kleines Nachwort‹ in: URSULA KARDOS: *Die Kunst, das Schicksal zu meistern*. Gedanken zur Lebensweisheit. Berlin 1950. S. 83–87.

   Auch in: KARL ESCHER: *Hinter dem Hoftheater gleich links um die Ecke*. Jugenderinnerungen. Berlin 1950. S. 51.

   Auch in: ARTHUR SCHNITZLER: *Reigen*. Zehn Dialoge. Berlin 1951. S. 32.

Ein paar Worte über Frederic Mellinger. – In: FREDERIC MELLINGER: *Das Theater am Broadway*. Vorträge und Essays. Berlin 1950. S. 7 f.

Habent sua fata libelli. – In: WOLFGANG KRAUS: *Bonifazius Kiesewetter*. Ein heroisches Leben. Berlin 1951. S. 2.

Zwei, drei Worte zuvor. – In: ARTHUR SCHNITZLER: *Reigen*. Zehn Dialoge. Berlin 1951. S. 3 f.

Klabund finanzierte Alfred Henschke. – In: *Neue Zeitung*. Berlin. 3. November 1951.

Paul Steegemanns neueste Nachrichten. – In: WOLFGANG BUHL: *Äpfel des Pegasus*. Neue Parodien. Berlin 1953. S. 4.

50 Jahre W.G.O. Ein Leben zwischen 30 000 Büchern: Walter G. Oschilewski. – In: *Nachtdepesche*. Berlin. 22. Juli 1954. Nr. 167.

Paul Steegemann an Frau Erna Klemm. – In: *Expressionismus. Literatur und Kunst 1910–1923*. Eine Ausstellung des Deutschen Literaturarchivs im Schiller-Nationalmuseum Marbach a. N. München 1960. S. 240.

   (Aus einem Brief vom 15. 4. 1921 über KURT SCHWITTERS.)

(Auszug aus einem Brief vom 15. 4. 1921 an Herbert von Garvens-Garvensburg.) – In: *Die Zwanziger Jahre in Hannover. Bildende Kunst, Literatur, Theater, Tanz, Architektur 1916–1933*. Ausstellungskatalog des Kunstvereins Hannover 1962. S. 95.

Zeitgenössische Äußerungen über Paul Steegemann und seinen Verlag

A-E-I-O-U. – In: *Frankfurter Zeitung.* 15. Jan. 1921. Abendblatt. Nr. 38. S. 1. (Besprechung des Bandes 83/84 der *Silbergäule: Weltgericht* von JAN VAN MEHAN. Van Mehan, d. i. HANS HAVEMANN, antwortete darauf im Abendblatt der *Frankfurter Zeitung* vom 14. Feb. 1921, Nr. 118, S. 2.)

Beschlagnahmen von Büchern. – In: *Börsenblatt für den Deutschen Buchhandel.* 87. 1920. S. 1546.

GOTTFRIED BEUTEL: Der Lenker der Silbergäule auf der Bank der Spötter. Paul Steegemann – Porträt eines passionierten Verlegers. In: *Die Kultur.* München. 25. Sept. 1954.

(PHILIPP) BOUHLER: Gegen Überproduktion pseudonationalsozialistischer Schriften. – In: *Börsenblatt für den Deutschen Buchhandel.* 101. 1934. S. 875.

HANNS MARTIN ELSTER: Die Silbergäule. – In: *Die Flöte.* Monatsschrift für neue Dichtung. 3. 1920/21. S. 116–120.

Erklärung (gegen STEEGEMANNS REIMANN-Plakate). – In: *Börsenblatt für den Deutschen Buchhandel.* 90. 1923. S. 5862.

WERNER FINCK: Zuvor ein Wort. – In: HANS REIMANN: *Mein blaues Wunder.* Lebensmosaik eines Humoristen. München 1959. S. 11 f.

M(ANFRED) G(EORGE): Unverwüstlich. – In: *Aufbau.* New York. 3. Sept. 1954. (Zum 60. Geburtstag STEEGEMANNS.)

(MANFRED GEORGE:)»Enfant terrible« unter den Verlegern. Paul Steegemann gestorben. – In: *Aufbau.* New York. 3. Feb. 1956.

BERNHARD GRÖTTRUP: Haut die Dadaisten! – In: *Die Pille.* 1. 1920. S. 44 f.

(BERNHARD GRÖTTRUP:) Zum Geburtstag. – In: *Die Pille.* 1. 1920. S. 92.

BERNHARD GRÖTTRUP: Schweinereien. – In: *Die Pille.* 2. 1921. S. 142–145.

OSSIP KALENTER: Die Silbergäule. Ein Aufklärungsfilm. In: *Die Pille.* 1. 1920. S. 377–380

OSSIP KALENTER: Künstleranekdoten. Paul Steegemann freundschaftlich gewidmet. – In: *Der Drache.* 3. 1921/22. H. 18. 1. Feb. 1922. S. 97 f.

TONY KELLEN: Der Büchernarr. Von Gustave Flaubert. – In: *Börsenblatt für den Deutschen Buchhandel.* 88. 1921. S. 14.

Ein Kreuzzug und sein Ausgang. – In: *Börsenblatt für den Deutschen Buchhandel.* 88. 1921. S. 1756. (Über STEEGEMANNS Stellung zur »Vereinsbuchhandelsfrage«.)

MORITZ LEDERER: Auferstandene Silbergäule. – In: *Neue literarische Welt.* 3. 1952. Nr. 7. S. 16.

MORITZ LEDERER: Ein Chamäleon. – In: *Neue literarische Welt.* 3. 1952. Nr. 15. S. 1.

MORITZ LEDERER: Reimann taucht auf. – In: *Deutsche Rundschau.* 79. 1953. S. 183–186.

MORITZ LEDERER: Reimann der Taucher. – In: *Deutsche Rundschau.* 80. 1954. S. 163–165.

MORITZ LEDERER: Raubzüge in die Literatur. – In: *Deutsche Rundschau.* 82. 1956. S. 1014–1016.

MORITZ LEDERER: Hans Reimann berichtigt! – In: *Deutsche Rundschau.* 83. 1957. S. 262–265.

MORITZ LEDERER: Eine Erklärung. – In: *Deutsche Rundschau.* 84. 1958. S. 1087–1088.

THEODOR LESSING: Der Maupassant der Kriminalistik. – In: *Prager Tagblatt.* 10. Mai 1925. (Dieser Artikel über WALTER SERNER zitiert Angaben PAUL STEEGEMANNS über SERNER.)

Der internationale Mädchenhandel. – In: *Der Weltkampf.* Hrsg: ALFRED ROSENBERG. 2. 1924/25. S. 529–538. (Beschäftigt sich auf S. 536–538 mit THEODOR LESSINGS Artikel über WALTER SERNER im *Prager Tagblatt* vom 10. 5. 1925. Einen Neudruck

dieses Abschnitts enthält der *Völkische Beobachter* vom 8. 7. 1925 unter
    dem Titel ›Professor und Mädchenhändler. Professor Lessing als
    Bewunderer eines Bordellpoeten‹.)

THOMAS MANN: Brief an einen Verleger. – In: THOMAS MANN: *Rede und Ant-*
    wort. Gesammelte Abhandlungen und kleine Aufsätze. Berlin 1922.
    S. 318 f.
    U. a. auch in: TH. MANN: *Briefe 1889–1936.* Hrsg. von ERIKA MANN.
    Frankfurt a. M. 1961. S. 181 f.

BRUNO MANUEL: Fünf Jahre Steegemann. – In: *Das blaue Heft.* 6. 1924/25.
    S. 274–276.

RICHARD MATTHEUS: Verleger aus Leidenschaft. Zum Tode von Paul Steege-
    mann. – In: *Telegraf.* Unabhängige Zeitung für das freie Berlin. 22. Jan.
    1956. Nr. 9/11. S. 7.

RICHARD MATTHEUS: Nachruf auf Paul Steegemann. – In: *Hannoversche Presse.*
    11. 1956. Nr. 20.

Mehr Männer wie Walther Wirth! – In: *Börsenblatt für den Deutschen Buchhan-*
    del. 90. 1923. S. 394.
    (Kontroverse ERNST HAHN – PAUL STEEGEMANN.)

WILHELM MICHEL: *Die Silbergäule.* – In: *Frankfurter Zeitung.* 11. Jan. 1921.
    1. Morgenblatt. Nr. 24. S. 2.

ROBERT NEUMANN: (Rezension von: Hans Reimann *Männer, die im Keller*
    husten.) – In: *Die Literatur.* 32. 1929/30. S. 112.

ROBERT NEUMANN: Die Meute hinter Remarque. – In: *Die Literatur.* 32.
    1929/30. S. 199 f.

PAUL NIKOLAUS: Nachwort zur zweiten Auflage. – In: P. NIKOLAUS: *Jüdische*
    Miniaturen. Schnurren und Schwänke. Hannover u. Leipzig 1925.
    S. 167 f.

WALTHER G. OSCHILEWSKI: Abseits des Althergebrachten. Zum Tode Paul Stee-
    gemanns. – In: *Rhein-Neckar-Zeitung.* Heidelberg. 24. Jan. 1956.

JÖRN OVEN: Siehe unter WILL VESPER.

(Plagiatsprozeß ERNST SANDERS gegen PAUL STEEGEMANN.) – In: *Hannover-*
    scher Anzeiger. 31. 1923. Nr. 95. S. 7.

(Zum Plakat des Paul Steegemann Verlages zu HANS REIMANN: *Sächsische*
    Miniaturen.) – In: *Börsenblatt für den Deutschen Buchhandel.* 90. 1923.
    S. 755.

Ein Protest. – In: *Volkswille.* Organ für die Interessen der arbeitenden Bevölke-
    rung der Provinz Hannover. 31. 1920. Nr. 144. S. 2.
    (Leserbrief zu STEEGEMANNS Plakataktion für *Anna Blume.* Entgegnung
    darauf von KURT SCHWITTERS ebd. Nr. 146, S. 2.)

HANS REIMANN: Steegemann. – In: *Die Weltbühne.* 18. 1922. S. 455–457.

HANS REIMANN: Unnötige Erlebnisse in Breslau. – In: *Die Weltbühne.* 20. 1924.
    S. 706–710.

(HANS REIMANN:) Paul Steegemann. – In: *Das Stachelschwein.* 1. 1924. Heft 6.
    S. 29 f.
    (Enthält den Wortlaut der Geburtsurkunde STEEGEMANNS.)

HANS REIMANN: Kleiner Protest gegen ein Buch. – In: *Das Stachelschwein.* 1.
    1924. Heft 10. S. 15 f.

Der Schriftsteller Walter Serner, der Maupassant der Kriminalistik. –
    In: *Börsenblatt.* 94. 1927. S. 11609–11613.
    (Anzeigenseiten des Paul Steegemann Verlages.)

WALTER SERNER: Ich . . . – In: Die Neue Bücherschau. 3 (als Folge 3, 5. Jahr).
    1924/25. Schrift 4. S. 23–26.

KURT TUCHOLSKY: Die Sittlichen. – In: K. TUCHOLSKY: *Gesammelte Werke.* Hrsg.
    von MARY GEROLD-TUCHOLSKY u. FRITZ J. RADDATZ. Bd. 1: 1907–1924.
    Reinbek bei Hamburg 1960. S. 718–720.

Kurt Tucholsky: Der Zensor geht um! – Ebd. S. 764–766.

Kurt Tucholsky: Sächsische Miniaturen. – Ebd. S. 813–815.

Kurt Tucholsky: Die Unzüchtigen. – Ebd. S. 1057–1059.

Kurt Tucholsky: König contra Reimann. – Ebd. S. 1150–1152.

Kurt Tucholsky: Eine deutsche Kindheit. – Ebd. S. 1274–1279.
(Rezension von Leopold von Wiese: *Kindheit*.)

Kurt Tucholsky: Wo. – In: K. Tucholsky: *Gesammelte Werke*. Bd. 2: 1925–1928. Reinbek bei Hamburg 1961. S. 153.

Kurt Tucholsky: Hat Mynona wirklich gelebt? – In: K. Tucholsky: *Gesammelte Werke*. Bd. 3: 1929–1932. Reinbek bei Hamburg 1961. S. 282–286.
(Im Anschluß an diesen Verriß von Mynonas Remarque-Buch hat Tucholsky am 4. März 1930 in den redaktionellen ›Antworten‹ der *Weltbühne* (26, 1930, S. 373) noch einmal gegen Mynona und Paul Steegemann polemisiert.)

Verbot von Verlaines *Männer* und *Frauen*. – In: *Börsenblatt für den Deutschen Buchhandel*. 88. 1921. S. 1808.

Jörn Oven (d. i. Will Vesper): Die Erhebung. Dokumente zur Zeitgeschichte. – In: *Die Neue Literatur*. 35. 1934. S. 40.

Will Vesper: (Über Steegemanns Schriftenreihe *Die Erhebung* und über seinen Bruch mit Hans Reimann.) – In: *Die Neue Literatur*. 35. 1934. S. 244 f.

(Waschzettelwettbewerb des Paul Steegemann Verlages.) – In: *Börsenblatt für den Deutschen Buchhandel*. 95. 1928. S. 1307 u. 1367 f.

Hans von Weber: (Über die von Paul Steegemann mitherausgegebene Zeitschrift *Agathon*.) – In: *Der Zwiebelfisch*. 10. 1919. S. 51–54.

Hans von Weber: (Glosse über Paul Steegemann.) – In: *Der Zwiebelfisch*. 10. 1919. S. 118.

Hans von Weber: Kleiner Wegweiser für Verleger-Embryos. – In: *Der Zwiebelfisch*. 11. 1920. S. 4–7.

Hans von Weber: Verlag Paul Steegemann, Hannover. – In: *Der Zwiebelfisch*. 13. 1922. Heft 4/6. S. 54.

Das schönste Weihnachtsgeschenk für Schüler! – In: *Börsenblatt für den Deutschen Buchhandel*. 89. 1922. S. 1688.
(Kontroverse Ernst Hahn – Paul Steegemann.)

N. Wendevogel: Der Spaßmacher unter den deutschen Verlegern. Paul Steegemann wollte eine Hitler-Parodie *Mein Krampf* herausbringen. – In: *Berliner Tageblatt*. 2. 1950. Nr. 116/117. 29./30. April 1950. S. 14

Zank um Verlaine? – In: *Börsenblatt für den Deutschen Buchhandel*. 87. 1920. S. 774 f.

Zeichen der Zeit. – In: *Deutsche Volkszeitung*. Neue Hannoversche Landeszeitung. 54. 1920. Nr. 14378.
(Leserbrief zu Steegemanns Plakataktion für *Anna Blume* von Kurt Schwitters.)

Zum Anzeigenteil des Börsenblatts. – In: *Börsenblatt für den Deutschen Buchhandel*. 92. 1925. S. 370 f.
(Kontroverse W. Ruprecht – Paul Steegemann.)

Erwähnungen Paul Steegemanns in Erinnerungen der Zeitgenossen

EMIL BELZNER: *Die Fahrt in die Revolution oder Jene Reise*. Aide-mémoire. München, Wien, Basel 1969.
(Über STEEGEMANN: S. 288 f.)

STEFAN GEORGE, FRIEDRICH GUNDOLF: *Briefwechsel*. Hrsg. von ROBERT BOEHRINGER mit GEORG PETER LANDMANN. München, Düsseldorf 1962.
(Erwähnung STEEGEMANNS: S. 308).

ERNST JÜNGER: *Drogen und Rausch*. Stuttgart 1970.
(Über STEEGEMANN: S. 259.)

KLAUS MANN: *Kind dieser Zeit*. Berlin 1932.
(Über STEEGEMANN: S. 319.)

WALTHER G. OSCHILEWSKI: Aus der Berliner Rabenpressenzeit. Persönliche Erinnerungen an V. O. Stomps und seinen ersten Verlag. – In: *Imprimatur*. Ein Jahrbuch für Bücherfreunde. N. F. 5. 1967. S. 121–130.
(Erwähnung STEEGEMANNS: S. 129.)

HANS REIMANN: *Mein blaues Wunder*. Lebensmosaik eines Humoristen. München 1959.
(Über STEEGEMANN: S. 11, 177, 245, 248, (263 f.), 440–445, 489, 498, 508.)

CHRISTIAN SCHAD: Relative Realitäten. Erinnerungen um Walter Serner. – In: W. SERNER: *Die Tigerin*. Eine absonderliche Liebesgeschichte. München 1971. S. 211–312.
(Erwähnungen STEEGEMANNS: v. a. S. 282, 301 f., 307 f., 309.)

WERNER SCHUMANN: Damals in Hannover. Erinnerungen und Begegnungen. – In: *Hannover. Porträt einer Stadt*. Hrsg. von Heinz Lauenroth. Hannover 1959. S. 163–171. *Über Schweitzer:*
(Über STEEGEMANN: S. 165 f.) *S. 166 f.*

OTTOMAR STARKE: *Was mein Leben anlangt*. Erinnerungen. Berlin-Grunewald 1956.
(Erwähnungen STEEGEMANNS: S. 132, 168, 245.)

Unveröffentlichte Quellen

Akademie der Künste, Berlin

KARL SCHODDER: Briefe an SALOMO FRIEDLAENDER (1. 6. 1933 und 25. 8. 1939) und HEINZ L. FRIEDLAENDER (11. 9. 1947)

Schiller-Nationalmuseum / Deutsches Literaturarchiv, Marbach a. N.

PAUL STEEGEMANN: Nachlaß (Manuskripte, Korrespondenzen, Lebens- und Bilddokumente). – Außerdem in anderen Beständen:

PAUL STEEGEMANN: Briefe an ARMIN T. WEGNER (20. 8. 1918), HERMANN HESSE (13. 9. 1920), GEORG MINDE-POUET (1920f.), KARL ROSNER (7.2.1931), ALEXANDER MORITZ FREY (10. 8. 1950) und BERTHOLD VIERTEL (7. 5. und 14. 8. 1950)

PAUL STEEGEMANN und MANFRED GEORG: Briefwechsel 1932 (10 Briefe); Brief an M. GEORG (30. 11. 1946)

SALOMO FRIEDLAENDER: Briefe und Postkarten an ANNA und SALOMON SAMUEL (insbesondere 4. 2. 1930 und 25. 11. 1930)

SALOMO FRIEDLAENDER und DORIS HAHN/KARL SCHODDER: Briefwechsel 1935/36 (insbesondere SCHODDER an FRIEDLAENDER, 14. 3. 1935 und 15. 4. 1935, und FRIEDLAENDER an SCHODDER, 17. 3. 1935 und 24. 5. 1935)

HANS REIMANN: Nachlaß, darin u. a. Prozeß-Akten aus den Jahren 1932 und nach 1945

WILL VESPER: Korrespondenz mit HANS REIMANN 1953 ff.

LUDWIG MEIDNER: Porträt PAUL STEEGEMANN, Ölkreidezeichnung (63 × 50 cm, 1919)

BENEDIKT FRED DOLBIN: Porträt PAUL STEEGEMANN, Bleistiftzeichnung (28,5 × 22,4 cm, um 1930)

Stadtbibliothek Hannover
PAUL STEEGEMANN: Brief an CHRISTOF SPENGEMANN (26. II. 1919)
CHRISTOF SPENGEMANN: Brief an PAUL STEEGEMANN (1. 12. 1919)

Christiane Doukas, Berlin
PAUL STEEGEMANN: Fotos

Heinz L. Friedlaender †
PAUL STEEGEMANN / SALOMO FRIEDLAENDER: Verlagsvertrag über FRIED-
    LAENDERS Roman *Die Bank der Spötter* (20. 5. 1931)
SALOMO FRIEDLAENDER: PAUL STEEGEMANN betreffende Eintragungen aus
    einem Notizbuch (1930 ff.)

Walther G. Oschilewski †
Unterschiedliche Materialien, insbesondere zum Paul Steegemann Verlag
    nach 1949.

Georg R. Schodder, Aachen
KARL SCHODDER: *Memories* (Typoskript mit handschriftlichen Korrekturen,
    104 Blätter, 1965 f.)
Foto KARL SCHODDERS
Briefliche und mündliche Auskünfte von
    FRANK ARNAU, EMIL BELZNER, BERNHARD DÖRRIES, ERNST MORITZ
    ENGERT, WERNER FINCK, HANS HAVEMANN, JOHN JAHR, OSSIP KALENTER,
    WALTHER G. OSCHILEWSKI, ERNST SANDER, CHRISTIAN SCHAD, ANTON
    SCHNACK, FRITZ USINGER, HEINZ WANDERS, KURT WEGNER, FRANZ
    JOHANNES WEINRICH.

Sekundärliteratur   **Über den Paul Steegemann Verlag**

GÜNTHER ERKEN: Der Expressionismus – Anreger, Herausgeber, Verleger. –
    In: *Handbuch der deutschen Gegenwartsliteratur.* Hrsg. v. HERMANN
    KUNISCH. 2., verb. u. erw. Aufl., Bd. 2. München 1970. S. 335–364.
    (Über den Paul Steegemann Verlag: S. 354 f.)
JOCHEN MEYER: *Der Paul Steegemann Verlag (1919–1935 und 1949–1960).*
    Geschichte, Programm, Bibliographie. Stuttgart 1975. (= *Bibliographien*
    des Antiquariats Fritz Eggert. Bd. 5.)
JOCHEN MEYER: Erfolg ohne Tendenz. Tucholsky im Streit um Remarque.
    (Über die öffentliche Polemik um Mynona/S. Friedlaenders bei Steege-
    mann 1929 erschienene Schrift *Hat Erich Maria Remarque wirklich*
    gelebt?) – In: J. MEYER: *Entlaufene Bürger.* Kurt Tucholsky und die Seinen.
    Marbach a. N. 1990. (= *Marbacher Kataloge.* 45.) S. 582–603.
JOCHEN MEYER: Paul Steegemann. – In: *Literatur Lexikon.* Hrsg. v. WALTHER
    KILLY. Bd. 11. München 1991. S. 143 f.
HELMUT PAPE: *Paul Steegemann. Ein Verlag und sein Programm.* Unveröffent-
    lichte Staatsexamensarbeit im Fach Deutsch. Hannover: 6. Feb. 1973.
    Matr.-Nr. 246 343. Az.: HG 361.
PAUL RAABE: Die Silbergäule (Bibliographie und Charakteristik). –
    In: P. RAABE: *Die Zeitschriften und Sammlungen des literarischen Expressio-*
    nismus. Repertorium der Zeitschriften, Jahrbücher, Anthologien, Sam-
    melwerke, Schriftenreihen und Almanache 1910–1921. Stuttgart 1964.
    S. 188–192.
FRITZ REDLICH: German Literary Expressionism and its Publishers. –
    In: *Harvard Library Bulletin.* 18. 1969. S. 143–168.
    (Über den Paul Steegemann Verlag: S. 167 f.)

Henning Rischbieter: Der Verlag Paul Steegemann. – In: *Die Zwanziger Jahre in Hannover. Bildende Kunst, Literatur, Theater, Tanz, Architektur 1916–1933*. Ausstellungskatalog des Kunstvereins Hannover 1962. S. 90–95.

W. Christian Schmitt: Paul Steegemann Verlag: Avantgarde im Karton. – In: *Hannoversche Allgemeine Zeitung*. 18. Mai 1973. Beilage: Hannover – 100 Jahre Großstadt.

dr. walter serner. 1889 – 1942. Ausstellungsbuch. Ausstellung, Katalog und Auswahl der Texte von Herbert Wiesner in Zusammenarbeit mit Ernest Wichner. Literaturhaus Berlin. 1989. (=*Texte aus dem Literaturhaus Berlin. 4.*)

(Verzeichnet und zitiert zahlreiche Leihgaben aus dem Nachlaß Paul Steegemanns im Deutschen Literaturarchiv, Marbach a. N.)

Allgemeines

Ernst Willy Bredt: *Alfred Kubin*. München 1922.

Ludwig Dietz: Kurt Wolffs Bücherei *Der jüngste Tag*. Seine Geschichte und Bibliographie. – In: *Philobiblon*. 7. 1963. S. 96–118.

Expressionismus. Aufzeichnungen und Erinnerungen der Zeitgenossen. Hrsg. u. mit Anmerkungen versehen von Paul Raabe. Olten u. Freiburg i. Br. 1965. (= *Walter-Texte und Dokumente zur Literatur des Expressionismus.*)

Expressionismus. Literatur und Kunst 1910–1923. Eine Ausstellung des Deutschen Literaturarchivs im Schiller-Nationalmuseum Marbach a. N. Ausstellung u. Katalog von Paul Raabe u. Heinz Ludwig Greve. München 1960. (= *Sonderausstellung des Schiller-Nationalmuseums. Katalog Nr. 7.*)

Salomo Friedlaender/Mynona. 1871–1946. Ausstellung anläßlich der Eröffnung der Sammlung Salomo Friedlaender/Mynona im Archiv der Akademie der Künste. Berlin 1972.

Thomas Grochowiak: *Ludwig Meidner*. Recklinghausen 1966.

Fritz Homeyer: *Deutsche Juden als Bibliophilen und Antiquare*. Tübingen 1963.

Die Zwanziger Jahre in Hannover. Bildende Kunst, Literatur, Theater, Tanz, Architektur 1916–1933. Katalog und Ausstellung wurden vorbereitet und gestaltet von Henning Rischbieter. Kunstverein Hannover. 1962.

Paul Raabe: *Alfred Kubin. Leben, Werk, Wirkung*. Im Auftrage von Kurt Otte, Kubin-Archiv, zusammengestellt. Hamburg 1957.

Paul Raabe: *Die Zeitschriften und Sammlungen des literarischen Expressionismus*. Repertorium der Zeitschriften, Jahrbücher, Anthologien, Sammelwerke, Schriftenreihen und Almanache 1910–1921. Stuttgart 1964. (= *Repertorien zur Deutschen Literaturgeschichte*. Hrsg. von Paul Raabe. Bd. 1.)

Werner Schmalenbach: *Kurt Schwitters*. Köln 1967.

Albert Soergel: *Dichtung und Dichter der Zeit*. Eine Schilderung der deutschen Literatur der letzten Jahrzehnte. Neue Folge: Im Banne des Expressionismus. Leipzig 1925.

Kurt Wolff: *Autoren, Bücher, Abenteuer*. Betrachtungen und Erinnerungen eines Verlegers. Berlin 1965. (= *Quarthefte. 1.*)

Schwenge 42 169 184

50 139 190

Berlin
S. 57, 78-81